t.

TRAUNER VERLAG

UNIVERSITÄT

REIHE B:
Wirtschafts- und
Sozialwissenschaften

152

GEORG WEICHHART

Der Dalton Plan im E-Learning: Transformation einer Reformpädagogik ins Web

Impressum

Reihe B – Wirtschafts- und Sozialwissenschaften

Georg Weichhart
Der Dalton Plan im E-Learning:
Transformation einer Reformpädagogik ins Web

© 2013
Johannes Kepler Universität Linz

Approbiert am 23. Mai 2013

Begutachterin:
Univ. Prof. Dr. C. Stary
(JKU: Wirtschaftsinformatik/Com-
munications Engineering)
Univ. Prof. Dr. M. Appel
(Uni Koblenz/Landau: Inst. f.
Kommunikationspsychologie und
Medienpädagogik)

Herstellung:
Kern:
Johannes Kepler Universität Linz,
Altenberger Straße 69, 4040 Linz,
Österreich/Austria

Umschlag:
TRAUNER DRUCK GmbH & Co KG,
4020 Linz, Köglstraße 14,
Österreich/Austria

ISBN 978-3-99033-281-8
www.trauner.at

Vorwort

Die vorliegende Arbeit ist das Ergebnis eines dreijährigen Doktoratsstudiums an der Sozial– und Wirtschaftswissenschaftlichen Fakultät der Johannes Kepler Universität (Dissertationsgebiet: Wirtschaftsinformatik). Sie beschäftigt sich mit der theorie– und praxisgeleiteten Transformation des reformpädagogischen Ansatzes „Dalton Plan" in das E–Learning zur Unterstützung des selbstorganisierten Lernens. Damit wird erstmalig die Transformation einer Reformpädagogik ins E–Learning untersucht, implementiert und dokumentiert.

Für die Unterstützung meiner Arbeit möchte ich mich vorallem bei meiner Lebenspartnerin Ursula Robausch–Weichhart bedanken. Dank für seine Ausdauer gebührt Christian Stary, der mich und meine Forschung seit Jahren begleitet. Dank gilt auch Markus Appel, der mit mir die empirischen Teilen diskutierte und mir mit seinen Kommentaren und Fragen weiterhalf. Meinen beiden Kindern Klara Antonia und Jan Antonius möchte ich danken, dass sie es mir ermöglichten verschiedene Aspekte der Reformpädagogik zu vertiefen. Ich möchte mich auch bei den Experten bedanken, die wesentlichen Input für die Arbeit lieferten.

Aufbau der Arbeit

Im ersten Teil der Arbeit wird die Zielsetzung motiviert und der Ablauf zur Zielerreichung skizziert (Teil I — Einleitung und Ziele der Arbeit). Interviews mit E–Learning Experten zeigen individuelle Anforderungen an die Nutzung des Dalton Plans im E–Learning auf (Teil II — Rekonstruktion von Wissensbeständen zum Thema „Anwendung der Dalton Plan Instrumente im E–Learning"). Die individuellen Sichten der Experten werden mittels Concept Maps dokumentiert. Aus einer Concept Map basierten Zusammenführung der einzelnen abstrakten Sichten der Experten werden allgemeine Anforderungen an die Dalton Plan Instrumente und eine Unterstützung im E–Learning abgeleitet (Teil III — Ableitung der Anforderungen und Funktionalitäten). Die Anforderungen bilden die Basis für konzeptionelle Benutzungsschnittstellen. Durch den Transfer des Dalton Plan Ansatzes in das (web–basierte) E–Learning werden Änderungen an den pädagogischen Instrumenten notwendig. Ein E–Learning System hat spezielle Anforderungen aufgrund der Asynchronität der Interaktion im Rahmen des Lernprozesses. Im Rahmen der Arbeit werden diese Änderungen begründet und ein Software Design eines Dalton Plan E–Learning Moduls und ein methodisches Design einer Erklärungskomponente vorgeschlagen (Teil IV — Design). Mittels Web 2.0 Technologie wird dieses Modul für die E–Learning Plattform scholion 2.0 realisiert (Teil V — Implementierung).

Diese Implementierung wird durch die E–Learning Experten qualitativ evaluiert (Teil VI — Evaluierung). Die Evaluation nutzt ein laufendes Blended Learning Seminar in welchem Pensen und die E–Learning Plattform verwendet wurden. Die Evaluierung zeigt die Brauchbarkeit der Umsetzung der Anforderungen an die Dalton Plan Instrumente. Auch zeigt die Evaluierung das Potential des Ansatzes für die Wissensvermittlung mittels selbst-organisiertem Lernen. Durch die konsequente Nutzung des Concept Mapping Ansatzes werden der Transformationsprozess und die Evaluierung nachvollziehbar dokumentiert. Die Arbeit schließt mit einer Reflexion ab (Teil VII — Reflexion). Im Anhang wird das zur Evaluation herangezogene Blended Learning Seminar beschrieben (Teil IX — Anhang). In Teil VIII befindet sich das Literaturverzeichnis. Hier findet sich auch ein kurzer Lebenslauf des Autors und ausgewählte Publikationen.

Stichwörter

E–Learning; Reformpädagogik; Dalton Plan; Concept Mapping;

Inhaltsverzeichnis

Inhaltsverzeichnis

Abbildungsverzeichnis

Tabellenverzeichnis

Teil I.

Einleitung und Ziele der Arbeit

1. Der Mehrwert von pädagogisch fundiertem E–Learning

1.1. Einleitung

Anderson et al. (2001) haben basierend auf den Arbeiten von Bloom et al. (1956) eine Taxonomie für Lernziele konstruiert. In dieser Taxonomie wird Wissen und Lernen entlang mehrerer Dimensionen geordnet. In der Dimension „Kognitive Prozesse" („Cognitive Process Dimension") wird die Fähigkeit Wissen zu reproduzieren („remember") als unterstes Kompetenzniveau und die Fähigkeit neues Wissen zu konstruieren („create") als höchstes Kompetenzniveau kategorisiert (Krathwohl, 2002). In der modernen Informationsgesellschaft wird gefordert, dass Lernumgebungen (wie Schulen) Lernenden nicht nur Fakten vermitteln, sondern auch die Fähigkeit vermitteln sich selbstständig Wissen anzueignen, um Problemlösungen zu generieren. Die Übermittlung dieses Kompetenzniveaus wird immer wichtiger für die Entwicklung unserer modernen Gesellschaft (Rocard et al., 2007).

Elektronische Lernumgebungen bieten Möglichkeiten den steigenden Bedarf an einer selbstverantwortlichen Wissensakquisition zu stillen (Friedman und Deek, 2003; Jong et al., 2012). E–Learning Umgebungen, die selbstverantwortliches Lernen unterstützen sind effektiv (Jong et al., 2012) und effizient (Auinger und Stary, 2005). Um dieses Potential umsetzten zu können, soll das Unterrichtsdesign die E–Learning Umgebung berücksichtigen. Ein Unterrichtsdesign, das moderne, auf konstruktivistischen Prinzipien basierende Lerntheorien berücksichtigt, zeigt die vielversprechendsten Ergebnisse bezüglich einer langfristigen Wissensaneignung (Davis et al., 2008; Jong et al., 2012). Konstruktivistische Lerntheorien rücken den aktiven Lernenden in den Mittelpunkt. Die Ausrichtung des Unterrichts auf den Lernenden fordert eine motivierende Lernumgebung, die den Lernenden unterstützt, selbständig und in Gruppen, Probleme zu analysieren, Wissen zu konstruieren, dieses kreativ anzuwenden und umzusetzen (Stary und Weichhart, 2012; Casanova et al., 2011; Jong et al., 2012). Diese Überlegungen zu selbstorganisiertem, problemlösungs-orientiertem Lernen finden sich ebenfalls in Ansätzen der Reformpädagogik :

„Die Reformpädagogik widmet sich der Lernfähigkeit des Menschen und der bestmöglichen Unterstützung beim Erwerb von Erkenntnissen, Wissen und Fähigkeiten, indem sie den individualisierten und selbst gesteuerten Zugang zu Information und praktischen Tätigkeiten in den Mittelpunkt von Bildung und Ausbildung rückt." (Eichelberger et al., 2008, S. 1)

Damit eignet sich die Reformpädagogik als allgemeiner Ansatz zur Ausbildung von selbstorganisierten, selbstverantwortlichen Lernenden, welche im sozialen Umfeld gemeinsam und alleine Problemlösungen konstruieren können. Elektronische Lernumgebungen müssen, um dieses Potential zu ermöglichen, mit einem pädagogischen Ansatz synchronisiert sein:

„The effective use of technology in education, however, is not instantaneous and must take into account that it must be used with thoughtful planning, design, reflection and testing." (Casanova et al., 2011, S. 895)

Der Dalton Plan ist ein aus der Praxis entwickelter und erprobter, reformpädagogischer, Ansatz „für die Anwendung selbstorganisierter Lernkonzepte im Unterricht" (Auinger und Stary, 2005, S. 75). Ein Unterricht nach dem Dalton Plan setzt Lernziele und motiviert Lernende sich selbsttätig und aktiv in ein Thema einzuarbeiten. Durch die Vorgabe von Lernzielen befindet sich der Dalton Plan in der Mitte des Spektrums von lehrerzentrierten Ansätzen, in denen der Lehrende die objektive Wahrheit übermittelt, und Ansätzen in denen Lernende ohne jegliche Hilfestellung selbstverantwortlich arbeiten und lernen.

Konkret liegen dem Dalton Plan die folgenden Prinzipien zugrunde (Parkhurst, 2010; Eichelberger et al., 2008, S. 75):

Umgang mit Freiheit zu erlernen

Kreativität zu erlernen

in einer Gemeinschaft als Mitglied agieren zu können

Erziehung zur Selbstständigkeit

Um die Umsetzung dieser Prinzipien zu unterstützen, wurden im Dalton Plan zwei Instrumente entwickelt:

(Arbeits–) Pensen und

(Feedback–) Graphen.

3

Pensen ermöglichen die Strukturierung und Unterstützung individueller Lernprozesse und der Zusammenarbeit zur Entwicklung einer Problemlösungskompetenz (Parkhurst, 2010; Konrad und Traub, 1999). Feedbackgraphen dienen dazu die Lernleistungen transparent für Lernende und Lehrende zu machen. Ein Arbeiten nach dem Dalton Plan zielt auf die Erziehung zu einem selbstständigen und selbstverantwortlichen Lernmanagement ab (Auinger und Stary, 2005).

1.2. Pensum Struktur nach Helen Parkhurst

Helen Parkhursts Dalton Plan ist nach der Stadt Dalton in Massachusetts benannt, in der sie ab 1919 in der „Dalton Public High School" unterrichtete (Eichelberger, 2002a). 1923 erschien ihr Buch „Education on the Dalton Plan" (Parkhurst, 2010).

Der folgende Text ist eine zusammenfassende Übersetzung von Helen Parkhursts Pensenbeschreibung. In Klammer sind die originalen englischen Bezeichnungen der Teile des Pensums beziehungsweise aktuelle Übersetzungen.

1.2.1. Hinführung (Preface / Orientation section)

Der erste Teil des Pensums dient der Motivation der StudentInnen und SchülerInnen. Er soll das Interesse wecken und präsentiert die wesentlichen Elemente um die Frage „Warum soll ich das machen¿' zu beantworten.

1.2.2. Thema (Topic / Objectives)

Dieser Teil präsentiert worum es geht. Dieser Teil soll - gerade bei jüngeren Kindern - immer gegeben sein. Dieser Teil präsentiert auch die zentrale Idee, die es zu entwickeln gilt.

1.2.3. Problemstellung und Aufgaben (Problems / Tasks)

Die eigentliche Aufgabe wird hier präsentiert. Die Problemstellung kann viele Formen annehmen. Es können Karten gezeichnet werden, Bilder analysiert werden, eine Reaktion stimuliert werden. Hier wird das Ziel des Pensums präsentiert. Problemstellungen sind Beispiele oder Theoreme, die es auszuarbeiten gilt oder Experimente, die durchgeführt werden.

1.2.4. Dokumentationsarbeit (Written Work)

In diesem Teil werden Dokumente und Dokumentationen die zu erstellen sind aufgelistet. Diese Arbeiten werden der LehrerIn abgegeben. Jede Aufgabe soll auch mit einem Abgabedatum versehen werden.

1.2.5. Verständnisarbeit (Memory Work)

Dieser Teil informiert über kognitive Aufgaben, die durchzuführen sind.

1.2.6. Interaktion (Conferences)

In diesem Teil werden Treffen vereinbart, bei denen bestimmte Themen diskutiert werden. So können sich StudentInnen und SchülerInnen selbstständig vorbereiten.

1.2.7. (fachliche) Verweise und Referenzen (References)

Hier werden Verweise zu notwendiger und weiterführender Literatur, wie Skripten und Fachartikel, notiert. Auch soll angegeben werden, welche Seiten oder Kapitel relevant sind und wo die Literatur zu finden ist.

1.2.8. Leistungseinheiten (Angabe von Units / Equivalents)

In diesem Teil wird SchülerInnen gezeigt, wie und wann man Fortschritte auf dem eigenen Fortschrittsgraphen vermerkt. Die oben erwähnten Fortschrittsgraphen sind ein Bild der eigenen Leistung und ein „Kompass", der es SchülerInnen ermöglicht, die eigenen Bedürfnisse im Bezug zur gestellten Aufgabe zu entdecken und zu befriedigen. Dieser Graph sollte von Labor (d.h. Klassenraum) zu Labor und zu allen Klassenkonferenzen mitgenommen werden, und täglich vermerkt werden wie weit die Aufgaben erledigt wurden. Damit ergibt sich ein anschauliches Bild vom Fortschritt (siehe unten). Hier wird auch berücksichtigt, wenn die Arbeit an einem Pensum für mehrere Fächer gültig ist (siehe unten Departmental Cuts).

1.2.9. Aktuelle Mitteilungen (Bulletin Study)

Hier werden aktuelle Informationen den Lernenden zur Verfügung gestellt.

1.2.10. Anerkennung der fächerübergreifenden Leistung (Departmental Cuts)

Da es bei Parkhurst auch um Pensen geht, welche fächerübergreifend angewendet werden, kann die Arbeit an diesen auch für mehrere Fächer zählen. In diesem Teil wird notiert wie viele Punkte (oder z.b. ECTS) es für welche Fächer gibt.

1.2.11. Graphen Methode nach Parkhurst

Die folgende Abbildung (1.2.1 auf der nächsten Seite) zeigt zwei Graphenblätter (Parkhurst, 2010). Graphen dienen dazu den Lernprozess transparent für SchülerInnen und LehrerInnen zu machen.

„Graphs are, moreover, very helpful to a teacher in the choice of the right moment to offer special help or instruction to her pupils. If, for instance, she observes that several children have reached the same stage in their work on any given subject, she can give them an appointment to meet her together on the following day at a fixed hour in the laboratory belonging to that subject. These appointments should be posted on the students general notice board." (Parkhurst, 2010, S 138)

Im Hintergrund ist ein Formular aus der LehrerInnensicht. Der Fortschritt einzelner SchülerInnen einer Klasse wird entlang den dicken hell-grünen Linien vermerkt. Nachdem ein Pensum von der SchülerIn abgeschlossen wurde, vermerkt die LehrerIn den Fortschritt. Damit bietet der Graph einen Überblick über die gesamte Klasse. Gleichzeitig wird dieser Fortschritt auch im Graphenblatt der SchülerIn vermerkt (Formblatt im Vordergrund). Somit weiß ein(e) SchülerIn wo sie/er steht. Mehr zu den von Parkhurst vorgeschlagenen Graphen ist in Kapitel 10.1.4 auf Seite 102 zu finden.

1.3. Herausforderungen und Potentiale

Forschungsergebnisse legen nahe, dass die Verwendung der Instrumente des Dalton Plans im E–Learning LehrerInnen vor Herausforderungen stellt, aber Potentiale für Verbesserung ermöglicht:

Abbildung 1.2.1.: Dalton Plan Graphen für LehrerIn (hinten) und SchülerIn (vorne) nach Parkhurst, 2010, S. 137, S. 143

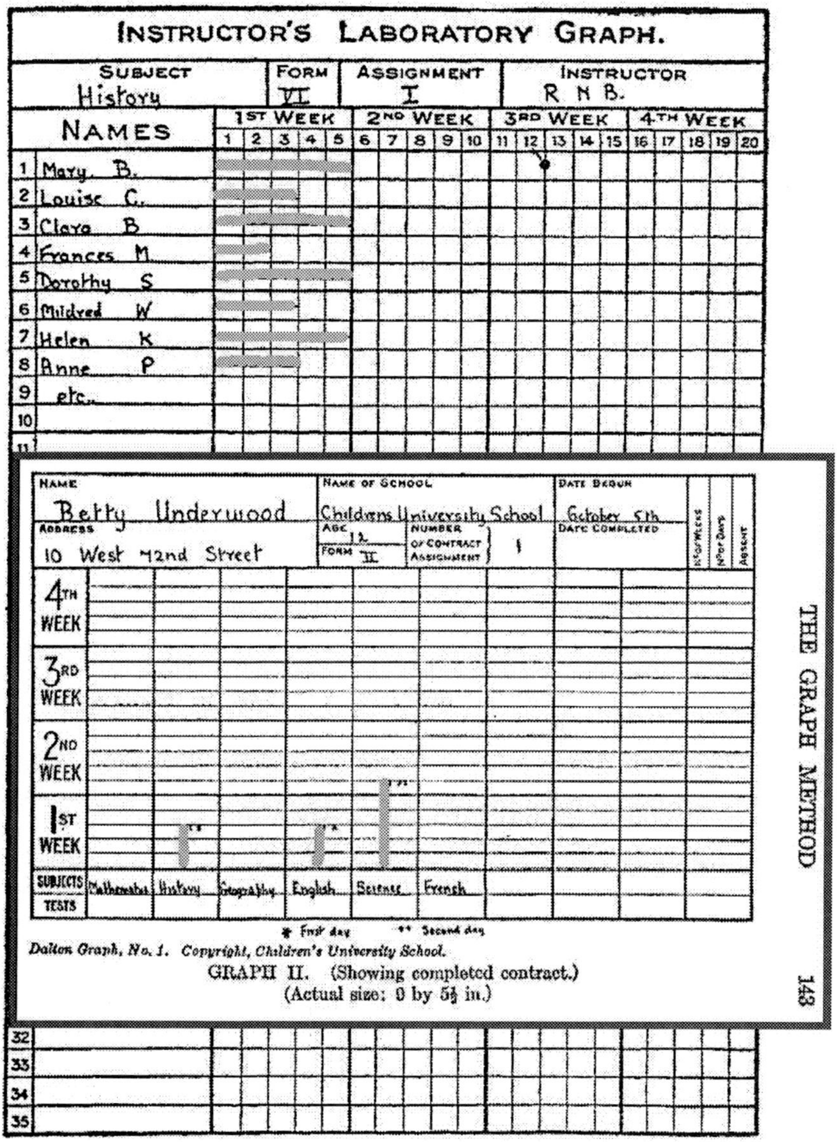

Potentiale für selbstorganisiertes Lernen:
E–Learning Technologien bieten die Möglichkeit selbstorganisiertes Lernen effektiv und effizient zu unterstützen (Jong et al., 2012; Friedman und Deek, 2003; Auinger und Stary, 2005). Die Pädagogik soll dieses Potential fördern. Reformpädagogiken (wie der Dalton Plan) bieten ein Unterrichtsdesign, welches Selbstorganisation fördert (Auinger und Stary, 2005; Eichelberger et al., 2008). Eine Lernumgebung, die E–Learning und Reformpädagogik integrativ anbietet, birgt damit ein hohes Potential für selbstorganisiertes Lernen.

Fehlende Unterstützung des Vermittelns von Wissen mittels selbstorganisierten Lernens: Die meisten LehrerInnen haben ihre eigene Lernerfahrungen in traditionellen Lernwelten gemacht. Die Rolle der Lehrenden und die Methodik der reformpädagogik–basierten Ansätze sind konträr zu traditionellen Ansätzen. LehrerInnen können daher bei der Lehre nicht auf persönliche Lernerfahrungen zurückgreifen um solche Erfahrungen in den eigenen Unterricht einzubringen. Auch die Anwendung von E–Learning Technologien fordert von Lehrenden neue Kompetenzen. Um die Potentiale der Reformpädagogik und des E–Learning für ein selbstorganisiertes Lernen zu ermöglichen, ist Unterstützung für LehrerInnen notwendig.

Fehlende Umsetzung des Dalton Plans im E–Learning:
Im E–Learning ist festzustellen, dass eine Integration von Pädagogiken fehlt (Pange und Pange, 2011; Zardas, 2008; MacDonald und Thompson, 2005). Im Speziellen gibt es auch keinen Ansatz der Lehrende bei der Verwendung der Dalton Plan Instrumente unterstützt. Die Erstellung von Pensen erfordert einen hohen Vorbereitungsaufwand von Seiten der LehrerInnen (Hackl, 2002). Die von Parkhurst entwickelten „Graphen Methode" unterstützen Lehrende den „richtigen" Moment für Feedback zu erkennen (Parkhurst, 2010), die Anwendung der Graphen Methode erfordert aber zusätzlichen Aufwand, um diese Graphen zu erzeugen und Feedback zu geben (Hackl, 2002; Neuhauser und Wittwer, 2002; Popp, 2002). Ein technische Unterstützung für Lehrende bei der Anwendung des Dalton Plans im E–Learning fehlt.

1.4. Zentrale Fragestellung und Ziele

Um die obigen Potentiale zu erschließen und die fehlenden Unterstützungen zu realisieren, verfolgt die vorliegende Arbeit das folgende Ziel:

Transferierbarkeit der Dalton Plan Instrumente in das E–Learning, zur Unterstützung von Lehrenden für die Schaffung einer Lernumgebung die selbstorganisierten Wissens- erwerb ermöglicht.

Dieses Ziel lässt sich in die folgenden zwei Teilziele (Zielaspekte) teilen:

Transferierbarkeit der Dalton Plan Instrumente ins E–Learning
Eine Untersuchung der Anforderungen an die Dalton Plan Instrumente im E– Learning und eine vollständige Implementierung dieser soll BenutzerInnen die Nutzung dieses pädagogischen Ansatzes ermöglichen. Es werden die Dalton Plan Instrumente als E–Learning Komponenten abgebildet. Die Qualität der Zielerreichung kann an der Brauchbarkeit der erarbeiteten Dal- ton Plan Komponenten gemessen werden. Dieses Ziel betrachtet *Daten– und Informationsstrukturen* die notwendig sind, um die Dalton Plan Instrumente im E–Learning anzuwenden.

E–Learning Unterstützung für die Wissensvermittlung mittels selbstorganisierten Lernens
Die E–Learning Umgebung soll Lehrende unterstützen ein Lernumfeld vorzube- reiten, dass eine Wissensvermittlung und Wissensaneignung mittels selbstorgani- sierten Lernens unterstützt. Lehrende sollen bei der Anwendung der Instrumente im E–Learning unterstützt werden. Die Erreichung dieses Zieles kann an der Qualität der Unterstützung der von Parkhurst vorgegebenen Prinzipien (Freiheit, Kreativität, Gemeinschaft, und Selb- ständigkeit) gemessen werden. Dieses Ziel betrachtet das *Prozesswissen* und damit den Umgang mit Methoden und Technologien zur Unterstützung der Wissensaneignung und Wissensvermitt- lung mittels selbstorganisierten Lernens.

1.5. Ergebnisse

Um das oben genannten Ziel und die zwei Zielaspekte zu erreichen, werden theorie- bzw. praxisgeleitet Methoden und Ansätze erarbeitet, die durch einen Prototypen in Scholion 2.0 unterstützt, beziehungsweise umgesetzt werden.

1.5.1. Rekonstruktion von Wissensbeständen zum Thema Dalton Plan im E–Learning

Parkhurst (2010) beschreibt die grundlegende Struktur von Pensen und die Graphen Methode. Parkhurst konnte in den 1920er Jahren nicht auf E–Learning eingehen. Eine Literaturstudie ergab dass es kaum Ansätze zur Verwendung des Dalton Plans nach Parkhurst im E–Learning gibt.

Die Literatur unterstreicht, dass ein Einbinden von Endanwenderwissen im Design– und Engineeringprozess die Qualität und Akzeptanz von Software verbessert (Pankowska, 2012; Baxter und Sommerville, 2011; Lindgaard et al., 2006). Durch die fehlenden beziehungsweise lückenhaften, exemplarischen Umsetzungen und theoretischen Arbeiten im Bereich der Anwendung des Dalton Plan im E–Learning, ist es notwendig vorhandenes ExpertInnenwissen empirisch zu rekonstruieren und zu Analysieren. Teilergebnisses sind:

Explizites Wissen zu Strukturen von Pensen und Feedbackgraphen im E–Learning

Explizites Wissen um bestehende Anwendungen und Prozesse zur Unterstützung von selbstorganisierter Wissensaneignung

- Prozess der Erstellung und Verbesserung von Pensen
- selbst-organisiertes Lernen mit Pensen und Feedbackgraphen (Anwendung im Unterricht)

1.5.2. Übersetzung der Wissensbestände in Software Anforderungen

Nach einer Erhebung und Dokumentation der Anwendung von Pensen und Graphen im E–Learning für selbstorganisiertes Lernen ist es notwendig diese erst in Anforderungen und dann in Software Funktionalitäten zu übersetzen. Das Wissen um die Anwendung soll in einer expliziten Form vorliegen, und Funktionalitäten sollen in einem Design und einer Implementierung entsprechend den Anforderungen umgesetzt werden. Teilergebnisse sind:

Dokumentation der Anforderungen an eine E–Learning Umgebung

Dokumentation der Funktionalitäten um den Dalton Plan im E–Learning zu unterstützen

Design einer E–Learning Unterstützung für ein selbst-organisiertes Aneignen von Wissen mit dem Dalton Plan

1.5.3. Integration von Pensen und Graphen im E–Learning

Das Design für die E–Learning Unterstützung wird in einer E–Learning Umgebung integriert. Teilergebnisse sind:

Integration von Daltonplan Instrumenten in einer E–Learning Umgebung; Technische Umsetzung des Designs

Integration einer Unterstützung für das Vermitteln von Wissen mit der Dalton Plan Pädagogik in einer E–Learning Umgebung; Methodische Umsetzung der Unterstützung gemäß Design

1.5.4. Evaluation der Qualität der Umsetzung

Der entwickelte Ansatz wird einer Evaluation durch Experten unterzogen, um die Qualität der Ergebnisse und den Grad der Zielerreichung festzustellen.

Teilergebnisse:

Evaluation der Brauchbarkeit der E–Learning Unterstützung für die Anwendung der Dalton Plan Instrumente

Evaluation der Qualität der E–Learning Umgebung zur Unterstützung von Wissensvermittlung mittels selbstorganisierten Lernens

2. Vorgehensweise

Um eine Vorgehensweise abzuleiten, ist der Kontext der Arbeit zu berücksichtigen. Diese Arbeit ist eingebettet in die Anwendungsforschung der Wirtschaftsinformatik. Die Leitidee der Wirtschaftsinformatik wird wie folgt dargestellt:

„Der spezifische Beitrag der Wirtschaftsinformatik besteht darin, Informations– und Kommunikationstechnologien in Wirtschaft und Verwaltung so einzusetzen und zu nutzen, dass ... primär betriebswirtschaftliche Ziele verfolgt und erreicht...werden. Im Mittelpunkt stehen Mensch-Aufgaben-Techniksysteme und damit verbunden die Konzeption, Entwicklung, Einführung, Nutzung und Wartung von Informations– und Kommunikationssystemen sowie das Management des Produktionsfaktors Information in Wirtschaft und Verwaltung." (Wührer et al., 2010a, S.16)

Die Wirtschaftinformatik erforscht den lösungsorientierten Einsatz von Informationssystemen im Anwendungskontext von Organisationen. Das heißt die Vorgehensweise muss den Prozess berücksichtigen um eine E–Learning Umgebung zur Anwendung zu bringen und diese von Lehrenden evaluieren zu lassen.

2.1. Rekonstruieren und Analysieren von Wissensbeständen zum Thema „Anwendung des Dalton Plan im E–Learning"

Das Design und die Implementierung der Software kann bezüglich seiner Qualität und Akzeptanz für BenutzerInnen verbessert werden, wenn Wissen von BenutzerInnen im Design– und Engineeringprozess integriert wird (Lindgaard et al., 2006; Baxter und Sommerville, 2011; Pankowska, 2012). Eine Literatursuche ergab, dass es zum Thema Lehren mit dem Dalton Plan (nach Parkhurst 2010) im E–Learning nur wenige Publikationen gibt (Erste Arbeiten hierzu sind Stary 2007, 2009; Eichelberger und Laner 2006;

Hölbling et al. 2008). Durch das Fehlen einer theoretischen Basis ergibt sich die Notwendigkeit eine empirische Erhebungsmethode anzuwenden um bestehendes Wissen aus der Praxis zu explorieren.

Pfadenhauer schlägt zur Rekonstruktion von Wissensbeständen das ExpertInneninterview vor (Pfadenhauer, 2002). Expertinneninterviews sind eine qualitative empirische Erhebungsmethode (Mieg und Näf, 2005).

Um die Daten aus der Erhebung für ein Design vorzubereiten, müssen die Daten ausgewertet werden. Die Interviews gehören analysiert und nach ihrem Beitrag zu dem Ziel der Arbeit (inklusive aller Zielaspekte) ausgewertet. Die Kernkonzepte und Zusammenhänge müssen dokumentiert werden. Da diese Auswertung die Basis für ein Design darstellen, werden die Analyseergebnisse validiert.

Die Rekonstruktion von Wissensbeständen und deren Analyse wird in Teil II begründet und die Durchführung dokumentiert. Das detaillierte methodische Vorgehen wird im Kapitel 4 abgeleitet und begründet.

2.2. Ableiten von Anforderungen an die E–Learning Unterstützung

Aus den empirischen Ergebnissen können sowohl spezifische als auch allgemeine Anforderungen abgeleitet werden. Dazu werden die Ergebnisse der empirischen Erhebung gemäß den Zielaspekten (siehe oben) analysiert und nach Anforderungen an eine Unterstützung ausgewertet.

Basierend auf dieser Analyse wird ein Anforderungskatalog mit von den Experten geforderten Unterstützungsfunktionalitäten und –methoden detailliert. Diese Funktionalitäten werden in einem letzten Schritt in konzeptionellen UI (User Interface) Sichten gruppiert. Eine solche konzeptionelle UI Sicht gruppiert Softwarefunktionalitäten und methodische Aspekte die, gemeinsam und integriert, BenutzerInnen bei Aktivitäten im Rahmen der Arbeit mit Pensen unterstützen.

Die angewandte Methodik zur Erhebung der Anforderungen und Funktionalitäten, beziehungsweise die Durchführung der gewählten Methoden wird in Teil III beschrieben.

2.3. Design von Software und Methode

Die im vorigen Schritt entwickelten konzeptionellen UI Sichten bilden, gemeinsam mit den in Scholion 2.0 vorhanden Funktionalitäten und Modulen, die Basis für ein Software Design und ein methodisches Design. Ausgehend von diesen Sichten wird konsequenterweise ein Design für das User Interface abgeleitet. Erste UI Design Vorschläge zeigen auf, welche Funktionen und Komponenten für BenutzerInnen zusammenspielen müssen, um eine Unterstützung zu bieten. Damit sind Input für das Softwaredesign: die Struktur nach Parkhurst, die vorhandene Architektur in Scholion 2.0 und die Aktivitäten der BenutzerInnen unterstützt durch die Funktionalitäten dokumentiert in konzeptionellen UI Sichten.

Die Überlegungen und Vorgehensweisen beim Design sowie die Umsetzung des Designs werden in Teil IV beschrieben.

2.4. Software und Methode Implementieren

Nach diesem UI und Methoden Design wird ein Prototyp implementiert. Die Implementierung wird in die bestehende Plattform Scholion 2.0 eingebettet und integriert. Die Vorgehensweise und die Resultate der Implementierung werden in Teil V begründet und dokumentiert.

2.5. Evaluieren

Im letzten Schritt dieser Arbeit wird der implementierte Prototyp durch die Experten evaluiert. Dazu wird der Prototyp auf einem öffentlich zugänglichen Server installiert und Experten zugänglich gemacht.

Durch die Experten wird die Qualität der Umsetzung und der Unterstützung entlang der Dimensionen und Zielaspekten dieser Arbeit evaluiert. Der Evaluierungsprozess und die Evaluierungsergebnisse sind in Teil VI dokumentiert.

Teil II.

Rekonstruktion von Wissensbeständen zum Thema „Anwendung der Dalton Plan Instrumente im E–Learning"

Obwohl in der Literatur gefordert wird, dass eine E–Learning Umgebung auf einer pädagogischen Basis implementiert werden soll, ignorieren Software Entwickler oft pädagogische Grundsätze (Pange und Pange, 2011). Auch der Dalton Plan findet im E–Learning kaum Anwendung. Die Integration der Dalton Plan Konzepte in einer E–Learning Umgebung stellen einen neuen methodischen und softwaretechnischen Ansatz dar. Die Literatur unterstreicht die Wichtigkeit der Integration von Wissen der BenutzerInnen im Design– und Engineeringprozess (Lindgaard et al., 2006; Baxter und Sommerville, 2011; Pankowska, 2012). Für eine Erhebung des bestehenden Wissens wurde eine initiale Literaturanalyse durchgeführt. Diese ergab, dass es zum Thema Lernen mit dem Dalton Plan (Parkhurst, 2010) im E–Learning nur wenige Publikationen gibt (z.b. Stary 2007, 2009; Eichelberger und Laner 2006).

Durch das Fehlen von explizitem Wissen zur Anwendung des Dalton Plans im E–Learning Kontext bei gleichzeitiger Wichtigkeit von benutzerzentrierten Design– und Entwicklungsansätzen ergibt sich die Notwendigkeit bestehendes Wissens empirisch zu erheben und im E–Learning-Kontext zu explorieren. Pfadenhauer (2002) schlägt für die Rekonstruktion von Wissensbeständen das ExpertInneninterview vor. Die Ergebnisse der Rekonstruktion der Wissensbestände werden in dieser Arbeit in einem E–Learning System umgesetzt und somit in eine formale und ausführbare Form gebracht. Traditionelle Anforderungsanalyse Methoden (Requirements Engineering) sind für die vielen verschiedenen im Prozess beteiligten Rollen schwierig zu nutzen und führen nicht immer zu einem gemeinsamen Verständnis (Cooper et al., 2009). Usability Methoden und Software Engineering Methoden sind wenig kompatibel und werden in der Praxis daher wenig genutzt (Pankowska, 2012; Nebe und Zimmermann, 2007; Lindgaard et al., 2006; Smart und Whiting, 2001).

Um das Design und die Implementierung einer benutzerfreundlichen Lernumgebung zu ermöglichen, wird im Folgenden eine Methode zur Erhebung und Dokumentation von Wissen aus der Anwendungsdomäne erarbeitet. Diese neue Methode soll den Transfer von Wissen aus der Anwendungsdomäne in die Informationssystem Domäne ermöglichen. Als Basis dienen soziologische Methoden der Rekonstruktion von ExpertInnenwissen. Diese setzten sich zum Ziel eine möglichst objektive Beschreibung von Erfahrungswissen zu ermöglichen (vlg. Bortz und Döring, 2002). Um das Ziel der Lösungsorientiertheit der Wirtschaftsinformatik zu erreichen werden die verwendeten Methoden erweitert, da eine reine Beobachtung bzw. Beschreibung des Istzustandes nicht ausreichend ist, sondern das erhobene Wissen in einem Design umgesetzt werden wird. Durch eine Kombination und Adaption von Methoden werden existierende Methoden dem Ziel der lösungsorientierten Rekonstruktion von Expertenwissen untergeordnet.

In den folgenden Teilen wird eine neue Methode entwickelt. Darauf folgend wird die Umsetzung dokumentiert und das Ergebnis der Auswertung präsentiert.

3. Literatursuche und Analyse

Für die Suche nach einem existierenden Theoriekörper und empirischen Untersuchungen wurden relevante Literaturdatenbanken genutzt. Für die bessere Nachvollziehbarkeit der Suche wurden in der Spalte „Suchbegriffe und Filter" die Beschreibungen wie in der Literaturdatenbank verwendet eins-zu-eins übernommen.

3.1. Dalton Plan und E–Learning

Im ersten Schritt wird nach der konkreten Methode im E–Learning gesucht. In der Spalte *„Anmerkungen"* sind relevante Publikationen vermerkt. *„Bedingt relevant"* bedeutet, dass die Publikation zwar keinen direkten Beitrag zur Frage der Anwendung des Dalton Plans im E–Learning liefern, aber Pensen oder Feedbackgraphen aus einer relevanten anderen Perspektive betrachten. Eine Anmerkung *„nicht relevant"* bedeutet, dass (im aktuellen Suchschritt) keine der gefundenen Publikationen einen Beitrag zur Fragestellung leistet. Siehe Tabelle 3.1.1 auf der nächsten Seite

Lemieux (2001) hat die Relevanz von „Learning Contracts" (und damit auch Pensen) für die Unterstützung des selbstverantwortlichen Lernens empirisch untersucht. Es wird hier aber nicht die (Unterstützung der) Anwendung diskutiert. Auch Mooij (2009) unterstreicht die Wichtigkeit des selbstorganisierten Erwerbs von (Lern-) Kompetenzen. Der Einsatz von Computern hilft bei der Individualisierung des Lernprozesses. Der Dalton Plan wird in dieser Arbeit als einer von mehreren Ansätzen zur Strukturierung des Lernprozesses erwähnt, aber es wird nicht näher auf den Dalton Plan eingegangen.

Stary (2007) diskutiert einen Pensum Ansatz für E–Learning, der auf den Arbeiten von Parkhurst basiert. Eichelberger et al. (2008) diskutieren den Einsatz von E–Learning

---

[1]http://ieeexplore.ieee.org
[2]http://springerlink.com, eine neuere version ab 2012 auch http://link.springer.com
[3]http://search.ebscohost.com/
[4]http://www.jstor.org/
[5]http://www.emeraldinsight.com/
[6]http://onlinelibrary.wiley.com/
[7]http://scholar.google.at

Tabelle 3.1.1.: Literatursuche zu den Begriffen „Dalton Plan" und „E–Learning"

Datenbank	Suchbegriffe und Filter	Artikel	Anm.
IEEE Xplore[1]	„dalton plan" in full text	2	(Stary, 2007)
IEEE Xplore	„parkhurst" in abstract	0	
Springer Link [2]	„dalton plan" in summary	2	nicht relevant
Springer Link	dalton plan	50	bedingt relevant: (Mooij, 2009)
EBSCOhost [3]	„dalton plan" in titel, abstract, subject terms in: Psychology and Behvioral Sciences Collextion, PsycINFO, SocINDEX	29	nicht relevant
EBSCOhost	„dalton plan" in All Text in: Psychology and Behavioral Sciences Collection, PsycINFO, PSYNDEX: Literature and Audiovisual Media with PSYNDEX Tests, SocINDEX	46	bedingt relevant: (Lemieux, 2001)
JSTOR[4]	„dalton plan" in abstract; type: journal article	0	
JSTOR	„dalton plan"	35	nicht relevant
JSTOR	„parkhurst" in abstract	0	
JSTOR	„parkhurst" in title	1	nicht relevant
emerald [5]	dalton plan	5	nicht relevant
emerald	parkhurst	9	nicht relevant
emerald	Content = All content, (parkhurst in All except full text) and (dalton in All except full text), inc. EarlyCite articles, inc. Backfiles content,subscribed content only	0	
emerald	Content = All content, (parkhurst in All fields) and (dalton in All fields), inc. EarlyCite articles, inc. Backfiles content,subscribed content only	0	
wiley online library[6]	parkhurst in All Fields AND dalton plan in All Fields	24	nicht relevant
scholar [7]	allintitle: E–Learning dalton plan	0	
scholar	"dalton plan" E–Learning	42	(Stary, 2007) (Eichelberger et al., 2008) (Neuhauser et al., 2008)

Technologien für verschiedenste reformpädagogische Ansätze. Neuhauser und Wittwer (2008) skizzieren kurz den auf Parkhurst aufbauenden Ansatz COOL - Cooperatives Offenes Lernen. Es fehlt allerdings eine Besprechung der Anwendung der Dalton Plan Instrumente im E–Learning.

3.2. Reformpädagogik und E–Learning

Um eine breitere Literaturbasis zu schaffen wurde die Suche auf Ansätze der Reformpädagogik im E–Learning erweitert. Siehe Tabelle 3.2.1 auf der nächsten Seite.

Auch hier wurden Werke von Stary zum Thema Intelligibility Catcher (einem für E–Learning adaptierten Ansatz zu Pensen) gefunden. Auch Eichelberger et al. (2008) wurde bereits oben gefunden. In dieser Arbeit wurden mehrere pädagogische Ansätze konzeptionell auf ihre Eignung in E–Learning Umgebungen untersucht. Bei der Beschreibung einer konkreten Implementierung wurde auf die Arbeiten von Stary verwiesen.

3.3. Erkenntnisse aus der Literatursuche und Analyse

Aufgrund dieser Ergebnisse wurde die Suche nach dem Intelligibility Catcher Ansatz verfeinert. Stary (2007; 2009) hat Parkhurst's Pensen Ansatz methodisch für E–Learning adaptiert. Diesem Ansatz fehlt aber eine technische Integration des Pensums in einer E–Learning Plattform, es gibt hier weder eine technische noch eine methodische Unterstützung der LehrerInnen für die Erstellung. Weiters berücksichtigt dieser Ansatz die Graphen Methode nicht. Es fehlt methodische und technische Unterstützung für Feedback von Lehrenden und Lernenden im Rahmen ihrer Arbeit an und mit Pensen.

Auch der in Neuhauser und Wittwer (2008) beschriebene Ansatz wurde weiter verfolgt. Die COOL Initiative (COoperatives Offenes Lernen; Neuhauser und Wittwer, 2002) ist ein praktischer Ansatz, der auf dem Dalton Plan basiert. Dieser Ansatz fokussiert methodisch auf die Unterstützung von selbstständigem Lernen in der Mittelstufe. Neben

[8]http://ieeexplore.ieee.org
[9]http://springerlink.com, eine neuere version ab 2012 auch http://link.springer.com
[10]http://search.ebscohost.com/
[11]http://www.jstor.org/
[12]http://www.emeraldinsight.com/
[13]http://scholar.google.at

Tabelle 3.2.1.: Literatursuche zu „Dalton Plan", „progressive education" und „e–learning"

Datenbank	Suchbegriffe und Filter	Artikel	Anm.
IEEE Xplore [8]	reformpädagogik	0	
IEEE Xplore	"progressive education"	1	
IEEE Xplore	"progressive pedagogy"	0	
Springer Link [9]	(full text) „progressive education" and e–learning	5	nicht relevant
Springer Link	(full text) 'progressive and paedagogic' and (e–learning or elearning)'	0	
Springer Link	(full text) reformpädagogik and (e–learning or elearning)'	21	(Stary, 2010)
EBSCOhost [10]	„progressive education" in full text and e–learning in full text in: Psychology and Behvioral Sciences Collextion, PsycINFO, SocINDEX	6	nicht relevant
EBSCOhost	„progressive education" in full text and e–learning in full text in: Psychology and Behavioral Sciences Collection, PsycINFO, PSYNDEX: Literature and Audiovisual Media with PSYNDEX Tests, SocINDEX	3	
JSTOR [11]	„progressive education" e–learning	2	nicht relevant
emerald [12]	Content = All content, (reformpädagogik in All fields) and (e–learning in All fields), inc. EarlyCite articles, inc. Backfiles content,subscribed content only	0	
emerald	Content = All content, ("progressive education" in All fields) and (e–learning in All fields), inc. EarlyCite articles, inc. Backfiles content,subscribed content only	23	nicht relevant
scholar [13]	allintitle:progressive education e–learning	1	
scholar	allintitle:reformpädagogik e–learning	1	(Stary & Stary 2007)
scholar	reformpädagogik e–learning	206	
scholar	reformpädagogik "e learning" (since 2005)	152	
scholar	reformpädagogik "e learning" (since 2008)	94	(Stary, 2010) (Eichelberger et al., 2008) bedingt: (Schrack, 2009)

dem Methodischen gibt es auch eine E–Learning Unterstützung (eCOOL) basierend auf dem moodle Plugin ePortfolio. Technisch ist hier der Fokus auf das sammeln, dokumentieren und verwalten von selbsttätig und in der Gruppe erarbeiteten Pensen (Hölbling et al., 2008). Der COOL Ansatz ist geprägt von einem starken Fokus auf eine praktische Umsetzung des Unterrichtens in berufsbildenden mittleren und höheren Schulen.

Es fehlt aber weiterhin ein Theoriekörper, der Wissen über die Anwendung des Dalton Plan bzw. reformpädagogischen Didaktiken aus Sicht der BenutzerInnen zur Verfügung stellt, um Design und Implementierung einer E–Learning Plattform für LehrerInnen bestmöglich nutzbar macht.

4. Theorie und Forschungsdesign für die Erhebung von ExpertInnenwissen

4.1. Theorie und Forschungsdesign der empirischen Erhebung

Die Literatur unterstreicht, dass ein Einbinden von BenutzerInnenwissen im Design– und Engineeringprozess die Qualität und Akzeptanz von Software verbessert (Pankowska, 2012; Baxter und Sommerville, 2011; Lindgaard et al., 2006). Vor allem die steigende Komplexität der zugrunde liegenden Technologien und die erhöhten Anforderungen an die Usability von Informationssystemen machen einen Transfer von Wissen der BenutzerInnen zu den SoftwareentwicklerInnen notwendig (Smart und Whiting, 2001). Trotz der „theoretischen" Wichtigkeit fehlt es sowohl an einer theoretischen als auch praktizierten Integration von User Centered Design Methoden mit Software Engineering– und Design Methoden (Pankowska, 2012; Lindgaard et al., 2006; Baxter und Sommerville, 2011). Im Gegenteil, es wurde von Nebe und Zimmermann (2007) erkannt, dass

> „It turned out that there is a relatively small compliance to the usability engineering activities across all software engineering models. This is an indicator that there only little integration between usability engineering and software engineering exists." (Nebe und Zimmermann, 2007, S. 202)

Zusätzlich zu dieser fehlenden Kompatibilität von Usability und Design– und Engineering Methoden, ist die Explizierung von implizitem Wissen aus der Anwendungsdomäne durch BenutzerInnen und die Transformation dieses Wissens für den Design– und Engineeringprozess problematisch (Pankowska, 2012).

Die Literaturstudie zeigte auf, dass es nur wenige Theorien und Untersuchungen zur Unterstützung der Anwendung von reformpädagogischen Methoden im E–Learning

gibt. Das impliziert, dass kein explizites Wissen zur Anwendung der Dalton Plan Instrumente im E–Learning vorliegt.

Um Wissen der BenutzerInnen im Software Design– und Engineering Prozess zu integrieren, wird im folgenden theoriegeleitet eine Methodik entwickelt, die es erlaubt
Wissen zur Erstellung, Verbesserung und Anwendung von Pensen und Graphen zu
erheben und transparent in den Design– und Engineering Prozess zu überführen. Dieses Wissens bildet die Basis für eine methodische und technische Unterstützung der
Lehre mit Pensen.

Im ersten Schritt wird die Entscheidung für einen quantitativen oder qualitativen Ansatz
zur Erhebung dieses Wissens getroffen. Das Pensum nach Parkhurst (Parkhurst, 2010)
ist ein didaktisches Instrument der Reformpädagogik (Skiera, 2003). In diesen Ansätzen wird die pädagogische Situation als einzigartig und komplex begriffen (Kiersch,
2007). *„Wenn man etwas über den Unterricht und das Unterrichten erfahren will, muss
man den Unterricht selbst erforschen; allgemeine (Labor-) Forschung zum Lernen liefert allenfalls Hintergrundwissen über Lernen"* (Terhart, 2009, S. 39). Eine auf einem
quantitativen Ansatz basierende Erhebungsmethodik ist unter Annahme dieser Komplexität nicht zielführend. Quantitative Methoden verlangen vorgegebene Konstrukte.
Es kann durch die fehlende theoretische Basis und dem Neuheitsgrad der Anwendung
des Dalton Plans im E–Learning kein a-priori Konstruktsystem theoriegeleitet begründet werden.

Zusätzlich bleibt es bei pädagogischen Ansätzen typischerweise den LehrerInnen über-
lassen, wie sie konkrete Methoden zur Anwendung zu bringen. Mayring (2002) kritisiert
quantitative Methoden: *„Standardisierte Instrumente lassen die 'Versuchsperson' nicht
zu Wort kommen, sondern reduzieren sie auf das Reagieren auf vorgegebene Kategorien"* (Mayring, 2002, S.9f.). Qualitative Forschungsdesigns bieten durch ihre starke
Orientierung am Subjekt (Mayring, 2002) eine bessere Möglichkeit die Anwendung von
Pensen und Graphen durch LehrerInnen zu erheben.

4.1.1. ExpertInneninterview

Aus dem Pool der qualitativen Methoden soll eine geeignete Methode ausgewählt werden. Durch das Fehlen von vorliegenden Datensätzen (wie Textdokumente) können alle Methoden ausgeschlossen werden, die Dokumente als Basis der empirischen Erhebung verlangen. Aus dem qualitativen Methodenpool bleibt das Interview. *„Mit dem Einsatz von ExpertInneninterviews wird, forschungslogisch, das Interesse verfolgt, Strukturen und Strukturzusammenhänge des ExpertInnenwissens/handelns zu analysieren"*
(Meuser und Nagel, 2002, S. 76).

Eine der identifizierten Funktionen von Experten Interviews ist die *Exploration*. Bei einem explorativen Ansatz werden *„Experteninterviews zur Herstellung einer ersten Orientierung in einem thematisch neuen ... Feld"* (Bogner und Menz, 2002, S. 37) genutzt. ExpertInneninterviews erlauben das Untersuchungsgebiet zu strukturieren und Hypothesen zu generieren (ibidem). In diesem Sinne eignet sich das ExpertInneninterview um die Erfahrungen aus der praktischen Anwendung des Dalton Plans im (E–Learning) Unterricht zu erheben, und die Ergebnisse in ein formales Software System einzuarbeiten.

In der Literatur werden ExpertInneninterviews für verschiedene Problemstellungen genutzt. Interviews eignen sich auch besonders für die Erhebung von Anforderungen an Software und Informationssysteme (Islam und Omasreiter, 2005). Das ExpertInneninterview erlaubt es, dass die Kenntnisse der ExpertInnen über alle Aspekte und Zusammenhänge der Anwendung von Pensen und Graphen mit erhoben werden.

4.1.2. Vorgehensweise bei der Auswahl ExpertInnen

Die Frage, welche Eigenschaften jemand als ExpertIn identifizieren, wird in der Literatur nicht eindeutig beantwortet beziehungsweise kontrovers diskutiert (Bogner und Menz, 2002). Die benötigten Eigenschaften sind abhängig von dem Ziel, welches das Interview erfüllen soll. Ein Experte soll allerdings langjähriges, spezifisches Wissen im relevanten Gebiet (hier Anwendung der Dalton Plan Instrumente im E–Learning) haben (Mieg und Näf, 2005). Da die Ergebnisse der Erhebung in die zu erarbeitende Software Lösung einfließen, wird das Wissen in einem formalen System abgebildet. Es stellt sich eine zusätzliche Anforderung an die ExpertInnen, dass das Wissen kommunikativ und reflexiv zur Verfügung steht. Diesen Anforderungen wird die *„wissenssoziologische Fokussierung"* des ExpertInneninterviews, bei der Definition der ExpertInnen gerecht (Bogner und Menz, 2002). Die mögliche Menge der ExpertInnen wird hier methodisch a-priori auf Personen eingeengt, die zum Thema E–Learning beziehungsweise Pensen geforscht und publiziert haben.

4.1.3. Strukturierung, Leitfaden

Explorative ExpertInneninterviews *„sollten möglichst offen geführt werden, doch empfiehlt es sich ... zumindest zentrale Dimensionen des Gesprächsablaufs vorab in einem Leitfaden zu strukturieren"* (Bogner und Menz, 2002, S. 37). Im Rahmen dieser Arbeit ist daher ein Leitfaden zu erstellen. Dieser hat sich an der Zielsetzung und den Herausforderungen (Kapitel 1.4 auf Seite 8) der Arbeit zu orientieren, um in die Ergebnisse (siehe Kapitel 1.5 auf Seite 9) einfließen zu können.

4.2. Theorie und Forschungsdesign für die Auswertung des erhobenen Wissen

Durch die lösungsorientierte Zielsetzung, die eine Überführung der Interviewergebnisse in ein formales Softwaresystem verlangt, ist es notwendig, dass die Ergebnisse der ExpertInneninterviews in einer möglichst expliziten Form vorliegen. Graphische Darstellungen eignen sich besonders dazu, die wesentlichen Konzepte und ihre Zusammenhänge in eine semi-formale Form zu bringen (Bortz und Döring, 2002). Hierbei wird ExpertInnenwissen in einem Modell dargestellt, welches den harten Kern einer Theorie herausarbeitet (ibidem).

> „Die graphische Modellbildung mündet in einer stärkeren Formalisierung und erleichtert durch ihre Übersichtlichkeit zugleich die Kommunikation zwischen Autor und Rezipienten; zudem regt die Anschaulichkeit des Modells zu Neuordnungen oder Ergänzungen von Elementen an, macht Lücken und Brüche sichtbar" *(Bortz und Döring, 2002, S. 367).*

Die auszuwählende Methode muss den Wissenstransfer zwischen ExpertInnen und InterviewerInnen unterstützen. Das heißt, das Wissen ist in einer repräsentativen Form darzustellen, die leicht von beiden Seiten begriffen werden kann um als Basis für ein System Design zu dienen. Werden zusätzlich die ExpertInnen an der Erstellung der Strukturen aktiv beteiligt, liegen diese an der Grenze *zwischen Erhebung und Auswertung* (Mayring, 2002). Aus diesen Überlegungen lassen sich folgende gewünschte Eigenschaften für eine Erhebungs– und Auswertungsmethode festhalten (siehe 4.2.1 auf der nächsten Seite)

Im Folgenden werden mehrere Methoden untersucht, und gemäß den oben geforderten Eigenschaften bewertet.

4.2.1. Graphische Modellieransätze der Softwareentwicklung

Aus Sicht der Softwareentwicklung sind Unified Modelling Language (UML) „Use Case" Diagramme das Verfahren um beobachtbare Verhaltensweisen und Eigenschaften zu erheben und zu dokumentieren (Génova et al., 2005):

> „Use cases are a means for specifying required usages of a system. Typically, they are used to capture the requirements of a system, that is, what a system is supposed to do." (Object Management Group, 2009, S. 587).

Tabelle 4.2.1.: Geforderte Eigenschaften der Erhebungs- / Auswertungsmethode

Eigenschaft	Beschreibung
Graphische Darstellung	Eine kompakte graphische Darstellung soll es ermöglichen die Sachverhalte anschaulich darzustellen.
Präzise Abbildung	Um die Überführung in ein formales Modell zu ermöglichen, muss der harte Kern der Theorie möglichst präzise abbildbar sein.
Komplexe Zusammen- hänge	Um den Wissenstransfer zwischen ExpertInnen und InterviewerInnen zu ermöglichen, muss es möglich sein, komplexe Zusammenhänge zwischen einzelnen Konzepten darzustellen.
Einfache (werkzeug- gestützte) Nutzung	Damit ExpertInnen sich bei der Erstellung der Modelle beteiligen können bzw. diese für die Validierung begreifen können, ist es notwendig eine Methode zu finden, die kein Vorwissen von den ExpertInnen verlangt. Weiters ist es für die Erstellung von Vorteil, wenn es Werkzeugunterstützung gibt.

Diese „Anwendungsfälle" (cf. Abbildung 4.2.1) sind allerdings sehr software-fokussiert, vage und oft mehrdeutig (Génova et al., 2005; Genilloud et al., 2006). Dadurch ist es schwierig mit Use Case Diagrammen komplexe Zusammenhänge aus den ExpertInneninterviews darzustellen und für ein Software Design nutzbar zu machen.

Abbildung 4.2.1.: Use Case Diagram Kleuker (2011, S. 59)

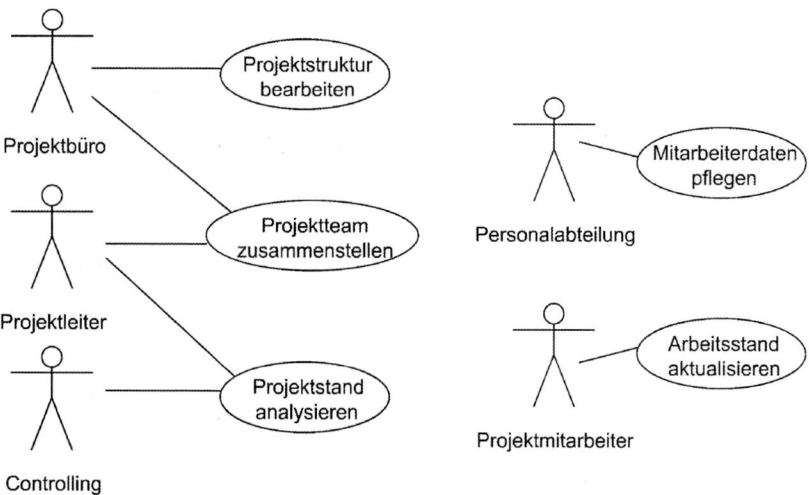

Tabelle 4.2.2.: UML Use Case Diagramme als Erhebungs- / Auswertungsmethode

Eigenschaft	UML Use Case Diagramme	Erfüllt Anforderung (Tab. 4.2.1)
Graphische Darstellung	UML Use Case Diagramme werden graphisch dargestellt	Ja
Präzise Abbildung	Use Case Diagramme sind nicht eindeutig	Nein
Komplexe Zusammen-hänge	Use Case Diagramme sind zu vage um komplexe Zusammenhänge explizit abzubilden	Nein
Einfache (werkzeug-gestützte) Nutzung	UML Diagramme wurden in einer Form gestaltet, die eine möglichst einfache Abbildung zulässt. Es existiert eine Vielzahl an Modellierungswerkzeugen	Ja

4.2.2. Graphische Modellierungsmethoden - Mapping

Davies begründet, dass Maps beziehungsweise Karten die mittels graphischer Modellierungsmethoden erstellt wurden leichter zu begreifen („follow") sind als verbale oder schriftliche Beschreibungen. Wenn Lernende (in diesem Fall der Interviewer) aktiv an der Erstellung von Maps beteiligt sind, unterstützt das den Verständnisprozess (Davies, 2011). Maps unterstützen außerdem ein „deep" (als Kontrast zu „surface") Lernen und damit ein tiefgreifendes Aneignen von Wissen. Davies bietet einen Überblick über drei Methoden Karten zu erstellen. Als weiterer Ansatz wird im Folgenden der Knowledge Mapping Ansatz untersucht:

Argument Mapping

Mind Mapping

Concept Mapping

Knowledge Mapping

Argument Mapping (siehe Abbildung 4.2.2) ist ein jüngerer Ansatz in dem Verbindungen zwischen Aussagen und Argumenten explizit modelliert werden. Diese Maps stellen eine eingeschränkte, aber fokussierte Möglichkeit Verbindungen zu ziehen zur Verfügung. Allerdings kann diese Methode nicht für allgemeine Fälle des Wissenstransfers benutzt werden (Davies, 2011).

Abbildung 4.2.2.: Argument Map (Davies, 2011, S. 287)

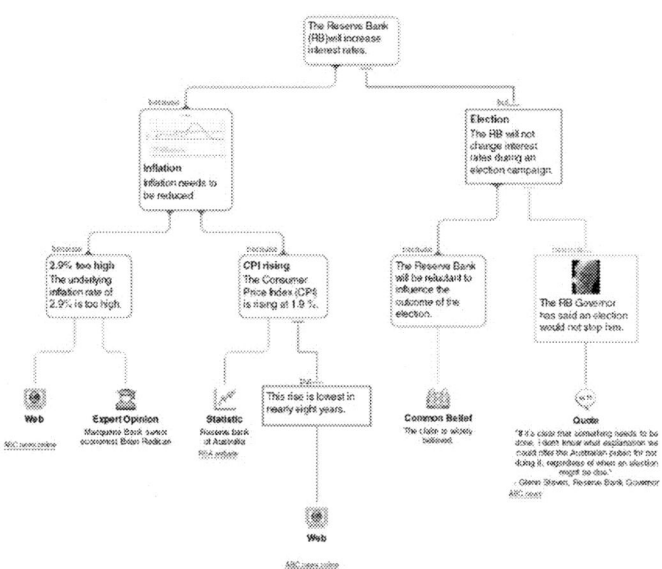

Tabelle 4.2.3.: Argument Maps als Erhebungs- / Auswertungsmethode

Eigenschaft	Argument Maps	Erfüllt Anforderung (Tab. 4.2.1)
Graphische Darstellung	Die Zusammenhänge zwischen Aussagen werden graphisch dargestellt	Ja
Präzise Abbildung	Mentale Modelle können in Form von Argumenten dargestellt werden	Ja
Komplexe Zusammenhänge	Es ist nicht möglich Zusammenhänge zwischen einzelnen Konzepten abzubilden (nur zwischen Argumenten)	Nein
Einfache (werkzeuggestützte) Nutzung	Diese Maps ermöglichen einen einfachen Überblick über Argumentationen. Allgemeine Zusammenhänge sind nur über Umweg darstellbar.	Nein

Mind Mapping (siehe Abbildung 4.2.3) unterstützt kreatives Denken und Brainstorming. Das Ziel von Mind Maps ist es, Verbindungen zwischen Ideen beziehungsweise Konzepten zu explorieren. Diese Verbindungen in Mind Maps sind einfach und können nicht benannt werden. Mind Maps sind sehr hierarchisch aufgebaut und eignen sich daher nicht um komplexe Sachverhalte darzustellen (Davies, 2011).

Abbildung 4.2.3.: Mind Map (Davies, 2011, S. 282)

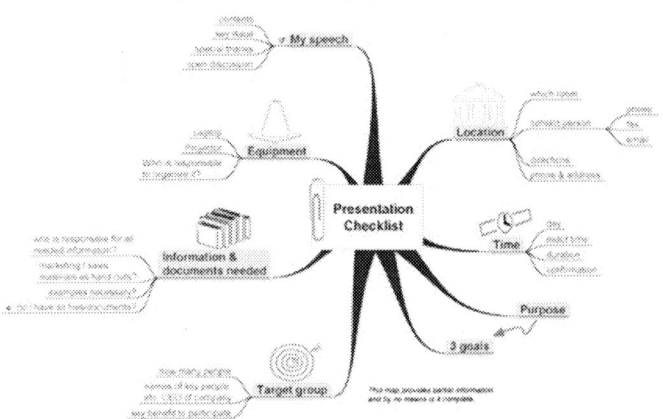

Tabelle 4.2.4.: Mind Maps als Erhebungs- / Auswertungsmethode

Eigenschaft	Mind Maps	Erfüllt Anforderung (Tab. 4.2.1)
Graphische Darstellung	Die Zusammenhänge zwischen Ideen werden graphisch dargestellt	Ja
Präzise Abbildung	Verbindungen zwischen Ideen sind einfach, können aber nicht benannt werden	Nein
Komplexe Zusammenhänge	Es ist nicht möglich komplexe Zusammenhänge abzubilden. Es wird von einer hierarchischen Struktur ausgegangen	Nein
Einfache (werkzeug-gestützte) Nutzung	Mind Maps sind einfach zu erstellen und es gibt Werkzeugunterstützung	Ja

Knowledge Mapping (siehe Abbildung 4.2.4) werden zum Transfer von ExpertInnen-wissen benutzt (O'Donnell et al., 2002). Knoten repräsentieren Konzepte die mit gerichteten Verbindungen (Links, Pfeile) verbunden werden. Bei Knowledge Maps sind Typen von Verbindungen vorgegeben. Drei Kategorien von Verbindungen werden unterschieden:

1. dynamische Verbindungen

2. statische Verbindungen

3. elaborierende Verbindungen

Dynamische Verbindungen charakterisieren einen temporären oder kausalen Zusammenhang (z.B. „Führt zu"). Strukturelle Zusammenhänge werden mittels statischer Verbindungen aufgezeigt (z.B. „Teil von"). Elaborierende Verbindungen werden benutzt um Detailinformationen einzubetten (z.B. „Beispiel"). (O'Donnell et al., 2002) Zusätzlich werden prototypische Strukturen („knowledge prototypes", z.B. Hierarchie, Cluster) zur Verfügung gestellt. Das impliziert, dass Knowledge Maps gut bei vorhandenen Ontologien (Begriffsstrukturen) verwendet werden können. Solche Begriffsstrukturen sind in diesem Fall allerdings nicht vorhanden. Weiters reduzieren diese Vorgaben die Flexibilität dieses Ansatzes.

Abbildung 4.2.4.: Knowledge Map (O'Donnell et al., 2002, S. 72)

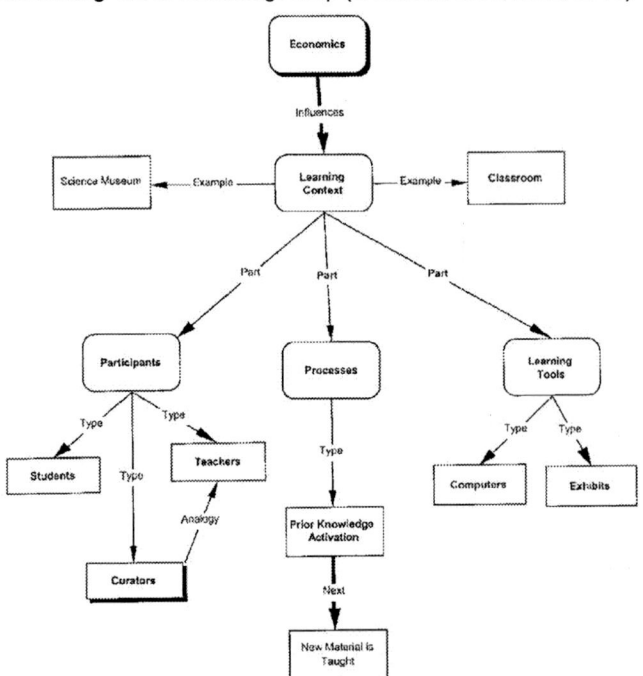

Tabelle 4.2.5.: Knowledge Map als Erhebungs- / Auswertungsmethode

Eigenschaft	Knowledge Map	Erfüllt Anforderung (Tab. 4.2.1)
Graphische Darstellung	Zusammenhänge werden graphisch dargestellt	Ja
Präzise Abbildung	Klare Abbildung von Kategorisierten Strukturen.	Ja
Komplexe Zusammenhänge	Es ist nicht möglich neue komplexe Zusammenhänge abzubilden da a-priori Struktur-typen vorhanden sein müssen	Nein
Einfache (werkzeuggestützte) Nutzung	Einschränkung der möglichen Zusammenhänge auf vorgegebene Strukturtypen	Bedingt

Der Concept Mapping Ansatz (siehe Abbildung 4.2.5) (Cañas et al., 2005; Novak und Cañas, 2008) basiert auf kognitionspsychologischen Ideen von Ausubel (Novak und Cañas, 2008). Gemäß der von ihm entwickelten Theorie wird zwischen „Auswendig-Lernen" („rote learning") und „bedeutungsvollem Lernen" („meaningfull learning") unterschieden. Bei zweiterem werden neu erlernte Konzepte mit bereits bekannten Konzepten in Beziehung gesetzt und die individuelle, kognitive Struktur des Lernenden verändert sich. Das heißt neue Konzepte werden in der bestehenden kognitiven Struktur assimiliert (Williams und Marek, 2000). Die Concept Map Methode wurde entwickelt um diese Strukturen zu visualisieren und Forschern leicht zugänglich zu machen. Bei der Methode des Concept Mapping werden damit Wissensbestände in einer expliziten Form strukturiert und expliziert.

„A Concept Map's concise, visual representation of knowledge 'at a glance' can simplify the conveyance of understandings, and fosters discussion. Concept Maps can serve as a tool for reaching consensus through the creation and refinement of a Concept Map upon which members of a group can agree." (Coffey et al., 2003, S. 8).

Im Detail besteht eine Concept Map aus zwei Elementen: Konzepte und Aussagen („propositions") über diese:

„We define *concept* as *a perceived regularity in events or objects, or records of events or objects, designated by a label...Propositions* are *statements about some object or event in the universe, either naturally occurring or constructed. Propositions contain two or more concepts connected using linking words or phrases to form a meaningful statement.* Sometimes these are called semantic units, or units of meaning." (Novak und Cañas, 2008, S. 1)

Weiters sind die Konzepte semi-hierarchisch angeordnet, wobei „cross-links" zwischen Knoten erlaubt beziehungsweise sogar gewünscht sind. Novak und Cañas stellen fest, dass sich Concept Maps gut eignen um (implizites) Wissen aus ExpertInnen Interviews zu elizitieren und transferieren:

„While we expect that interviews, case study analyses, 'critical incident' analyses and similar techniques will have value in extracting and representing expert knowledge, it is likely that the end product of these studies might still be best represented in the form of Concept Maps, perhaps with some of the interview data and other information presented through icons on maps."(Novak und Cañas, 2008, S. 29)

Abbildung 4.2.5.: Concept Map (Novak und Cañas, 2008, S.2)

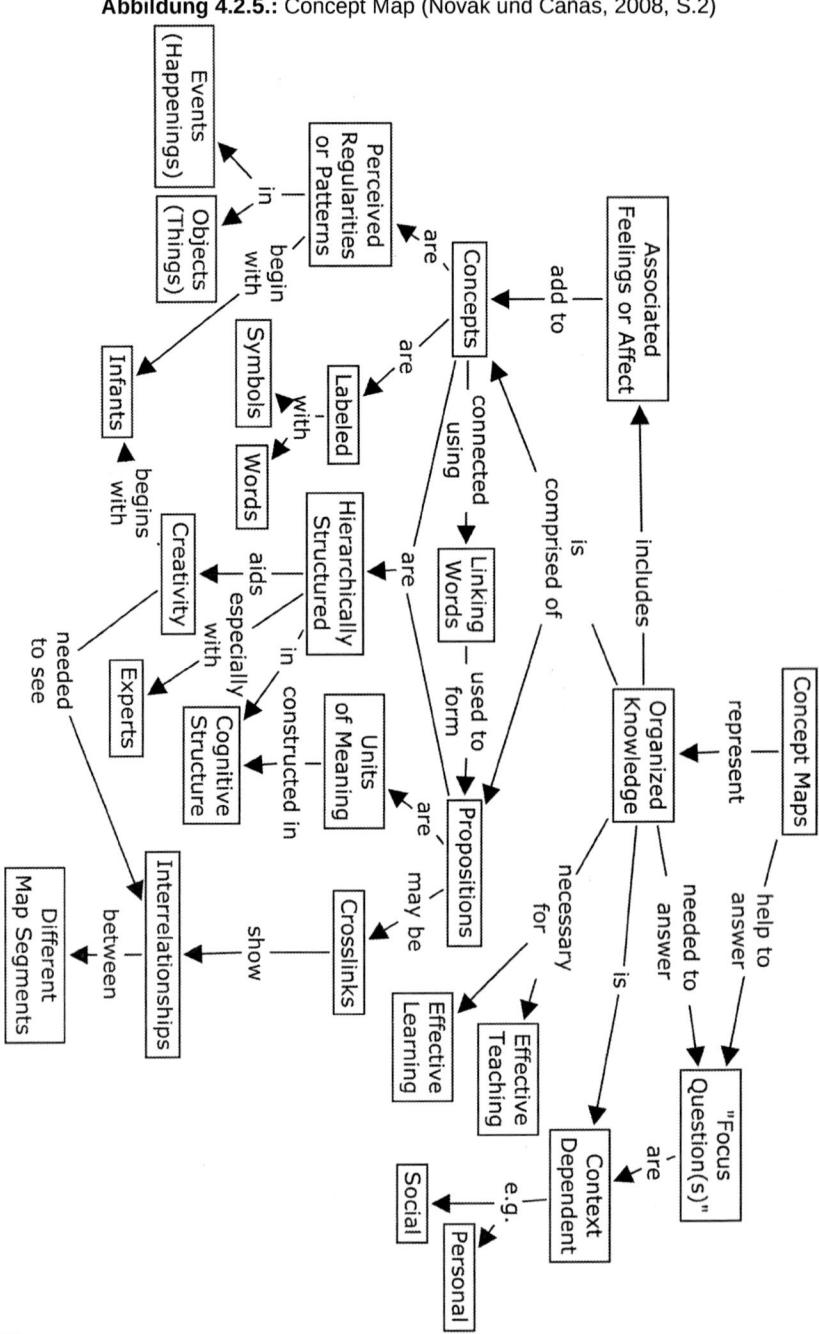

Tabelle 4.2.6.: Concept Map als Erhebungs- / Auswertungsmethode

Eigenschaft	Concept Map	Erfüllt An-forderung (Tab. 4.2.1)
Graphische Darstellung	Einfache graphische Darstellung von Wissen	Ja
Präzise Abbildung	Klare Organisation von Konzepten und Aussagen über diese Konzepte	Ja
Komplexe Zusammen-hänge	Komplexe, strukturelle Zusammenhänge zwischen Konzepten können dargestellt werden	Ja
Einfache (werkzeug-gestützte) Nutzung	Die verwendete Darstellungsform ist leicht verständlich. Allerdings ist beim Erstellen einer Concept Map das Modellieren von „Propositions" nicht immer auf einfachem Wege möglich. Es existieren mehrere frei zugängliche Werkzeuge.	Bedingt Ja

Besonders hervorzuheben ist, dass Concept Maps benutzt werden, um das Design von Informationssystemen durch das ExpertInnenwissen von EndbenutzerInnen zu unterstützen (Coffey et al., 2003). Auch wurden Concept Maps zur Dokumentation von Interviews eingesetzt:

„The common ground here is that both concept mapping and interviewing are used to seek to understand the complexities of the research question by focusing on how the participants in a situation conceptualize that situation" (Kinchin et al., 2010, p. 55)

„It is evident from this limited study that concept maps can be used in a number of ways to enhance the research interview process and the subsequent data analysis and interpretation" (Kinchin et al., 2010, p. 64)

In der folgenden Tabelle (vgl. Weichhart, 2012b, S. 52) werden die Methoden direkt gegenüber gestellt.

Tabelle 4.2.7.: Vergleich von Graphischen Erhebungs- / Auswertungsmethoden (Weichhart, 2012b, S. 52)

UML Use Case	Argument Maps	Mind Maps	Knowledge Maps	Concept Maps
Graphische Darstellung um Sachverhalte anschaulich darzustellen.				
Auf sehr abstrakter Ebene	Beziehungen zwischen Argumenten dargestellt	Ja	Ja	Ja
Präzise Abbildung: Der harte Kern der Theorie soll möglichst präzise abbildbar sein.				
Nein: Use Case Diagramme sind vage	Ja: Mentale Modelle sind graphisch dargestellt	Nein: Beziehungen zwischen Ideen sind nicht bezeichenbar	Ja: Beschränkt auf vorgegebene Kategorien	Ja: Concept Maps erlauben die Darstellung individueller Wissensstrukturen
Komplexe Zusammenhänge: Um den Wissenstransfer zu ermöglichen sollen komplexe Zusammenhänge darstellbar sein.				
Nein: Komplexität wird nicht modelliert	Nein: Nur Verbindungen zwischen Argumenten	Nein: Hierarchische Darstellung	Nein: Beschränkt auf vordefinierte Beziehungen	Ja: Konzepte, Aussagen erlauben beliebige Komplexität
Einfache (werkzeug-gestützte) Nutzung: Damit Experten sich bei der Erstellung der Modelle beteiligen bzw. diese für die Validierung begreifen können, ist es notwendig eine Methode zu finden die kein Vorwissen verlangt. Weiters ist es für die Erstellung von Vorteil, wenn es Werkzeugunterstützung gibt.				
Ja	Nein: Es ist nicht einfach möglich allgemeine Zusammenhänge abzubilden	Ja	Bedingt: Es werden allgemeine Zusammenhänge von vordefinierten Typen abgebildet	Ja: Im Allgemeinen sind diese Maps leicht zu lesen. „Aussagen" sind schwierig zu modellieren. CMap Tools unterstützen

Gemäß den oben angeführten Kriterien (Tabelle 4.2.1) ist die Concept Mapping Methode die am geeignetste Methode und wird als Erhebungs– und Auswertungsmethode genutzt.

4.3. Theorie und Forschungsdesign für die Validierung des erhobenen Wissens

Die Validität eines Forschungsergebnisses ist das wichtigste Gütekriterium in der qualitativen Forschung (Bortz und Döring, 2002; Mayring, 2002). Bei der Validierung qualitativer Daten wird die interpersonale Konsensbildung (konsensuelle Validierung) in der Forschung besonders hervorgehoben. Bortz und Döring unterscheiden zwischen drei Arten (Bortz und Döring, 2002, S. 328):

Konsens zwischen mehreren am Projekt beteiligten Forschern

Konsens zwischen Forschern und Beforschten

Konsens mit außenstehenden Personen

Im Rahmen dieser Arbeit wird die „kommunikative Validierung„ verwendet um die interpersonale Konsensbildung zu gewährleisten. Hierbei überprüft der Forscher die Interpretation seiner Ergebnisse, indem er diese nochmals dem Probanden vorlegt. Diese Form der Validierung erlaubt dem Forscher gemeinsam mit dem Beforschten über die (vorläufigen) Ergebnisse zu diskutieren. Bestätigen die Probanden die Ergebnisse beziehungsweise finden sie sich selbst darin wieder, ist davon auszugehen, dass diese Ergebnisse eine gewisse Gültigkeit besitzen. Die kommunikative Validierung macht deutlich, welche Rolle die Probanden in diesem Kontext erhalten. Sie sind nicht nur (passive) Objekte, sondern werden als aktive Subjekte und denkende Kompetenzträger auf eine Ebene mit dem Forscher gestellt (vergleiche 4.1.1). Dieser Schritt findet also im Dialog statt, aus dem wiederum wichtige Erkenntnisse zur Interpretation und Absicherung der Ergebnisse gewonnen werden können (Reinmann, 2011).

Als Basis für die kommunikative Validierung zur Konsensbildung zwischen Forscher und Beforschtem eignet sich auch die oben identifizierte Methode des Concept Mappings besonders. Eine Concept Map ist leicht verständlich und es können im Dialog die identifizierten, wesentlichen Zusammenhänge diskutiert und gegebenenfalls korrigiert werden.

5. Durchführung der empirischen Erhebung und der Auswertung

5.1. Auswahl und Hintergrund der Experten

Oben (4.1.2 Vorgehensweise bei der Auswahl ExpertInnen) wurde auf die Notwendigkeit hingewiesen, dass den Experten ihr Wissen kommunikativ und reflexiv zur Verfügung steht. Der Expertenstatus ergibt sich aus den organisationalen Positionen beziehungsweise Funktionen, die die Experten einnehmen und den Publikationen zu den Themen E–Learning und Dalton Plan Pensum. Es wurden einige Kandidaten angeschrieben, lediglich drei haben zugesagt.

5.1.1. Experte A

Experte A hat den Expertenstatus aufgrund folgender Funktionen:

Entwickler von Reformpädagogisch beeinflussten Ansätzen im E–Learning

Eigenständige Entwicklung und Nutzung von Pensen im E–Learning

Autor auf dem Gebiet E–Learning & Reformpädagogik

5.1.2. Experte B

Experte B hat einen Expertenstatus aufgrund folgender Positionen/Funktionen:

Leitung Arbeitsgruppe zur Kommunikations– und informationstechnologische Bildung

Erfahrung mit Reformpädagogik

E–Learning Manager

eigenständige Entwicklung und Nutzung von Pensen im E–Learning

Unterrichtsentwicklung nach reformpädagogischen Grundsätzen

Autor zum Thema E–Learning und Pensen

5.1.3. Experte C

Experte C hat einen Expertenstatus aufgrund folgender Positionen/Funktionen:

Leiter eines Institutes für Pädagogik und Psychologie

Leiter der Abteilung E–Learning

Publikationen auf dem Gebiet online Lernen

5.1.4. Weitere Experten

Aufgrund ihrer Publikationsliste wurde bei zwei weiteren Experten angefragt ob sie bei der qualitativen Erhebung als Experten mitwirken würden. Leider haben beide sich aufgrund fehlender Kenntnisse des spezifischen Ansatzes von Parkhurst beziehungsweise fehlender Erfahrung mit E–Learning nicht bereit erklärt bei einem Experteninterview teilzunehmen.

5.2. Durchführung der Experteninterviews

Nach der Auswahl der Experten ist gemäß der oben dargelegten Methode der Leitfaden für die Interviews zu erstellen. Dieser Fragebogen ist mit den Zielen und Herausforderungen der Arbeit zu verschränken. Ziele der Erhebung des Expertenwissens sind:

Explizierung von Wissen zu Strukturen von Pensen und Feedbackgraphen im E–Learning

Explizierung von Wissen um bestehende Anwendungen und Prozesse zur Unterstützung von selbstorganisierter Wissensaneignung

Ausgehend von diesen Zielen gliedert sich der Leitfaden in folgende Teile:

Erhebung des Hintergrundwissens: Um festzustellen welche praktischen Erfahrungen die ExpertInnen mit dem Einsatz von Pensen gemacht haben, ist es notwendig das Hintergrundwissen und die praktischen Erfahrungen (bzw. Beispiele) in Bezug auf die Anwendung von Pensen zu erfragen.

Ziele des Einsatzes: Von Interesse sind die Ziele die ExpertInnen mit dem Einsatz von Pensen verfolgt. Relevant für einen lösungsorientierten Ansatz sind die beobachteten Stärken und Schwächen des Einsatzes von Pensen.

Selbstorganisiertes Lernen: Sieht der Experte die Pensen als Unterstützung oder Hemmnis für den selbst-organisierten Wissenserwerb?

Möglichkeit und Aufwand für Monitoring und Feedback: Wo sieht ein(e) ExpertIn die Möglichkeit Lernende (konkret Studierende) zu beobachten (Monitoring) um bei Problemen im Rahmen der Bearbeitung gezielt Feedback zu geben? Gibt es für ExpertInnen die Möglichkeit ein Pensum über Zeit und über mehrere Lehrveranstaltungen zu verbessern?

Effizient und Effektivität des Lehrens mit Pensen: Wo sehen ExpertInnen die wesentlichen Punkte bezüglich Effektivität und Effizienz bei der Arbeit mit Pensen?

Integration beziehungsweise Unterstützung von Pensen im E–Learning: Hat eine ExpertIn bereits Erfahrungen mit der technischen und methodischen Integration von Pensen im E–Learning gemacht?

Diesen Überlegungen folgend, wurde folgender Leitfaden erstellt:

Tabelle 5.2.1.: Interviewleitfaden

Verbindung zu Zielen	Frage	Detaillierung, Beispiele
Erhebung des Hintergrundwissens und der praktischen Erfahrungen	Was verstehen Sie unter Pensum bzw. wie definieren Sie Pensen in Bezug auf Ihre Lehrtätigkeit?	Können Sie uns Ihr Verständnis desPensums eventuell anhand eines Beispiels aus einer Ihrer Lehrveranstaltung erörtern? Welche Inhalte stellen Sie aus didaktischer Sicht den Studierenden zur Verfügung?
Ziele des Einsatzes	Wofür dient für Sie das Erarbeiten eines Pensums?	Ziel für StudentInnen: Zum Beispiel als Vorbereitung auf eine Prüfung, oder gemeinsame Erarbeitung eines Inhaltes mit tieferem Verständnis? Ziele für PädagogInnen?
Einsatz für selbstständiges Lernen	Wird bei Vorgabe von Pensen nicht das (universitäre) Ziel des Erlernens des eigenständigen Arbeitens unterlaufen? Wie kann man die Gratwanderung zwischen gut abgegrenzten Aufgaben und selbstständigem Studium bewältigen?	

Verbindung zu Zielen	Frage	Detaillierung, Beispiele
Vorbereitung: Aufwand, Komplexität	Was muss ein(e) LehrerIn berücksichtigen um ein Pensum erstellen zu können (z.B. bzgl. Studierenden, Inhalten, Lehr-/Lern- Zielen)? Welche Vorgaben muss ein Pensum für Sie mindestens beinhalten?	z.B.: Problemstellung / Thema der Aufgabe; Granularität der Aufgabe; Aufgaben die von den StudentInnen zu lösen sind; Wissen der StudentInnen; Soziales - Lernen / Lernen in der Gruppe / Aufgabenteile die in einer Lerngruppe zu lösen sind
Monitoring, Feedback an Studierende / PädagogInnen Graphenmethode	Wie kann die Erfüllung eines Pensums zwischenzeitlich beobachtet werden? Welche „Ankerpunkte" gibt es im Pensum aus denen z.B. die Notwendigkeit eines Gesprächs abgeleitet werden kann?	Monitoring ist hier im Sinne des Beobachtens des Lernfortschrittes genutzt (wie gemäß Parkhurst die Graphenmethode)
Verbesserung	Kann man das Pensum (auch im Nachhinein) an die Studierenden anpassen?	Inwiefern/In welchem Grad? Worin sehen Sie Ihre Handlungsmöglichkeit, um in einem späteren Stadium der LV einzugreifen, wenn Sie merken, dass das Pensum für die LV-TeilnehmerInnen zu groß oder aufgrund des (fehlenden) Vorwissens unpassend ist? Welche Verbesserung von einer Lehrveranstaltung zur nächsten ist aus der Sicht der PädagogInnen möglich?

Verbindung zu Zielen	Frage	Detaillierung, Beispiele
Effizient und Effektivität von Pensen	Welche Vorteile bzw. Nachteile bietet das Lernen mit Pensen für Lernenden und Lehrenden (auch in Bezug auf Effizienz)? Ist das Erstellen eines Pensum ein wesentlicher Mehraufwand der viel / wenig bringt?	Kosten / Nutzenrechnung Effizienz, Effektivität von Pensen
Technische und Methodische Integration von Pensen im E–Learning	Wie können Pensen bei E–Learning optimal eingesetzt werden?	Wie kann die Erfüllung von Pensen mittels multimedialer Lernmethoden unterstützt werden? Wo sehen Sie Angriffspunkte für eine Technische Unterstützung für Lehrende/Lernende? Wie könnte die Benutzung bzw. das Erstellen eines Pensum heute mit multimedialer Lernmethoden unterstützt werden?

5.3. Concept Mapping

Der Prozess der Erstellung einer (einfachen) Concept Map läuft gemäß der Theorie von Cañas und Novak in folgenden Schritten ab (Cañas et al., 2005; Novak und Cañas, 2008):

1. Das Thema oder die Fokusfrage wird festegelegt.

2. Die wichtigsten und allgemeinsten Konzepte zum Thema werden identifiziert.

3. Diese Konzepte werden vom Allgemeinsten zum Speziellsten sortiert und graphisch angeordnet.

4. Initiale Verbindungen werden zwischen den Konzepten gezogen.

5. Den Verbindungen werden verbindende Phrasen („Linking Phrases") zugewiesen, und somit wird die Einheit Konzept-Phrase-Konzept zu einer Aussage.

6. Es werden Verbindungen zwischen den Teilgebieten in der Concept Map erstellt („cross-links").

7. Die Concept Map wird überprüft und gegebenenfalls verbessert.

Im Rahmen dieser Arbeit wird dieser Prozess mit den Methoden des ExpertInneninterviews und der kommunikative Evaluierung erweitert und verschränkt. Damit ergibt sich folgende Ausprägung des Concept Mapping Prozesses:

1. Erstellen eines Interviewleitfadens (siehe 4.1.3). Der Leitfaden beinhaltet die Themen welche in der Concept Map abgebildet werden. Eine Fokusfrage ist daher nicht notwendig.

2. Durchführung und Aufzeichnung der Interviews.

3. Erstellung einer Concept Map mittels CMap Tools (Cañas et al., 2003):

   a) Aufnehmen der angesprochenen Konzepte

   b) Clusterung der Konzepte und Sortierung innerhalb des Cluster vom Allgemeinsten zum Speziellsten

   c) Ziehen von initalen Verbindungen

   d) Benennung der Verbindungen, so dass sich Aussagen (propositions) ergeben

e) Ziehen von Verbingungen zwischen den Teilgebieten der Concept Map

f) Überprüfung der Propositionen

4. Übertragen der Map in ein Format, das von den ExpertenInnen gelesen werden kann

5. Senden der Map mit der Bitte um Validierung an die ExpertInnen

6. Gespräch und kommunikative Validierung durch die ExpertInnen mit diesem Dokument als Basis

5.3.1. Erhebungsergebnisse

Die Interviews wurden mittels Audiogerät aufgezeichnet. Basierend auf diesen Audioaufnahmen wurden gemäß obigem Prozess (Cañas et al., 2003) Concept Maps mittels des Werkzeuges *CMapTools* erstellt (Cañas et al., 2005). Das heißt die Aussagen wurden abstrahiert und vom Interviewer in eine Concept Map Repräsentation gebracht. Die folgenden Abbildungen stellen diese Concept Maps dar. Aufgrund der Größe wurde die Concept Map von Experten A in zwei Teile geteilt um die Lesbarkeit zu verbessern.

Bei jeder dieser Concept Maps ist der Ausgangspunkt das „Konzept" des Experten. Dieser Ausgangspunkt ist zur leichteren Lesbarkeit mit einem breiten Rand markiert. Von diesem Konzept ausgehend wird auf das Konzept des Pensums verwiesen. Da Experte C noch nicht mit Pensen nach Parkhurst gearbeitet hat ist das Concept des Experten nur in eine Proposition eingebunden. Die zwei anderen Experten haben aufgrund ihrer Erfahrung ein differenzierteres Bild des Pensums nach Parkhurst. Das ist ersichtlich durch die höhere Anzahl an Propositions. Beide orientieren sich bei der Diskussion der Pensen an der Vorstellung von Parkhurst.

5.3.2. Validierte Concept Maps

Im Sinne der kommunikativen Validierung wurden die Concept Maps an die Interviewten verschickt und Änderungen, Klarstellungen beziehungsweise Feedback im Allgemeinen eingeholt. In einem interaktiven Dialog wurden Änderungen festgestellt. Experte A fand keine Änderungen für nötig, stellte im Gegenteil fest, dass die Concept Map sehr umfassend und dadurch groß sei. Auch Experte B sah keine Notwendigkeit die bestehende Concept Map zu ändern.

5. Durchführung der empirischen Erhebung und der Auswertung

Abbildung 5.3.1.: Concept Map Experte A Teil 1

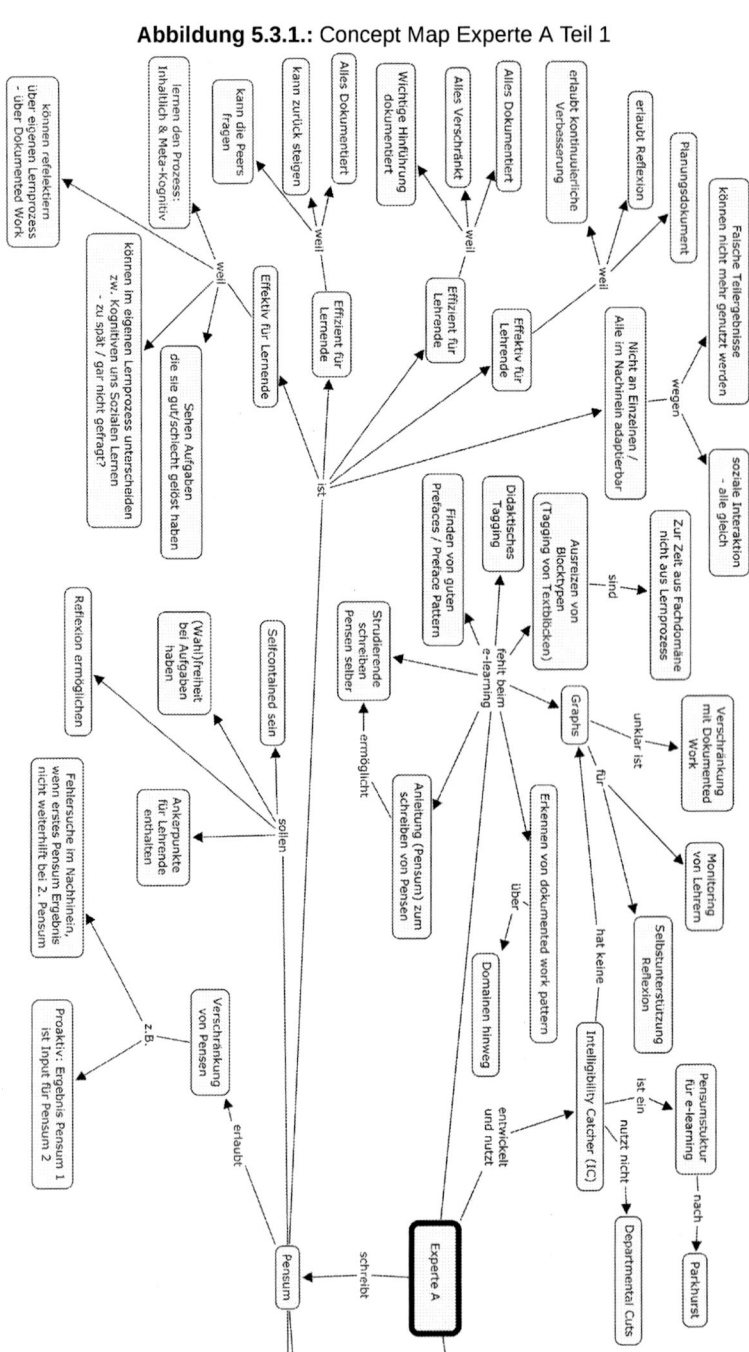

Abbildung 5.3.2.: Concept Map Experte A Teil 2

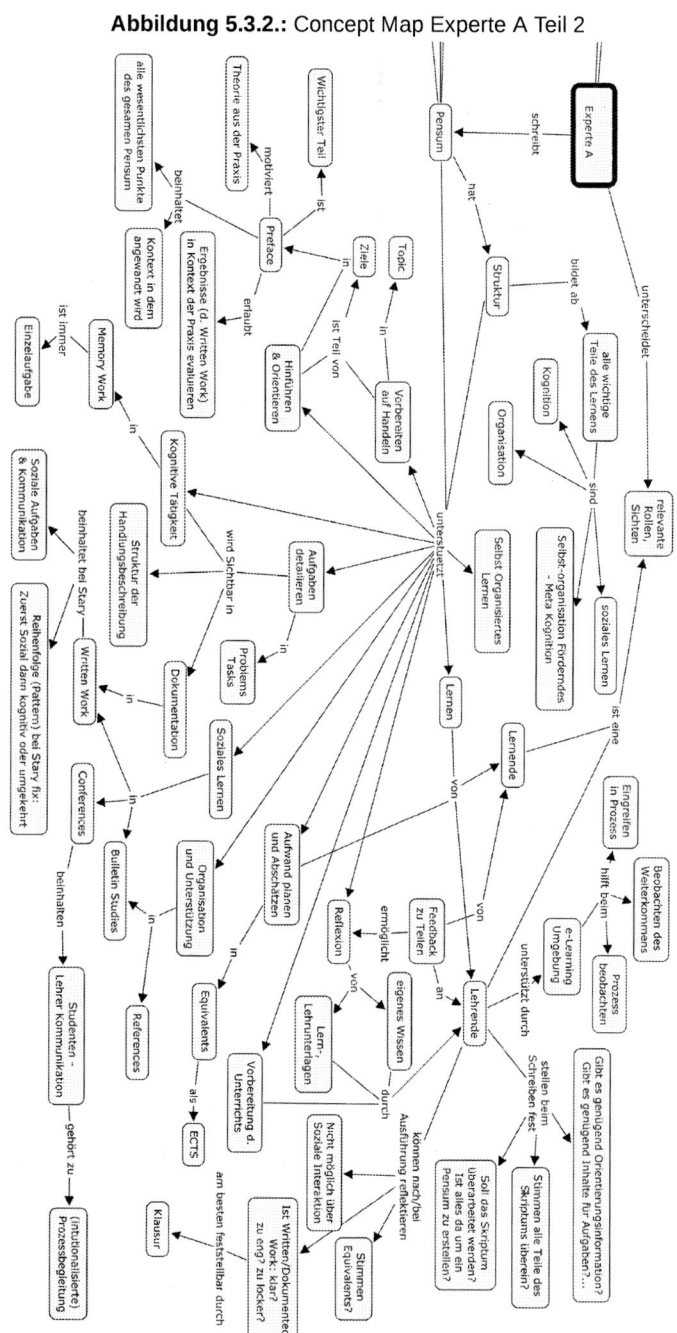

Abbildung 5.3.3.: Concept Map Experte B

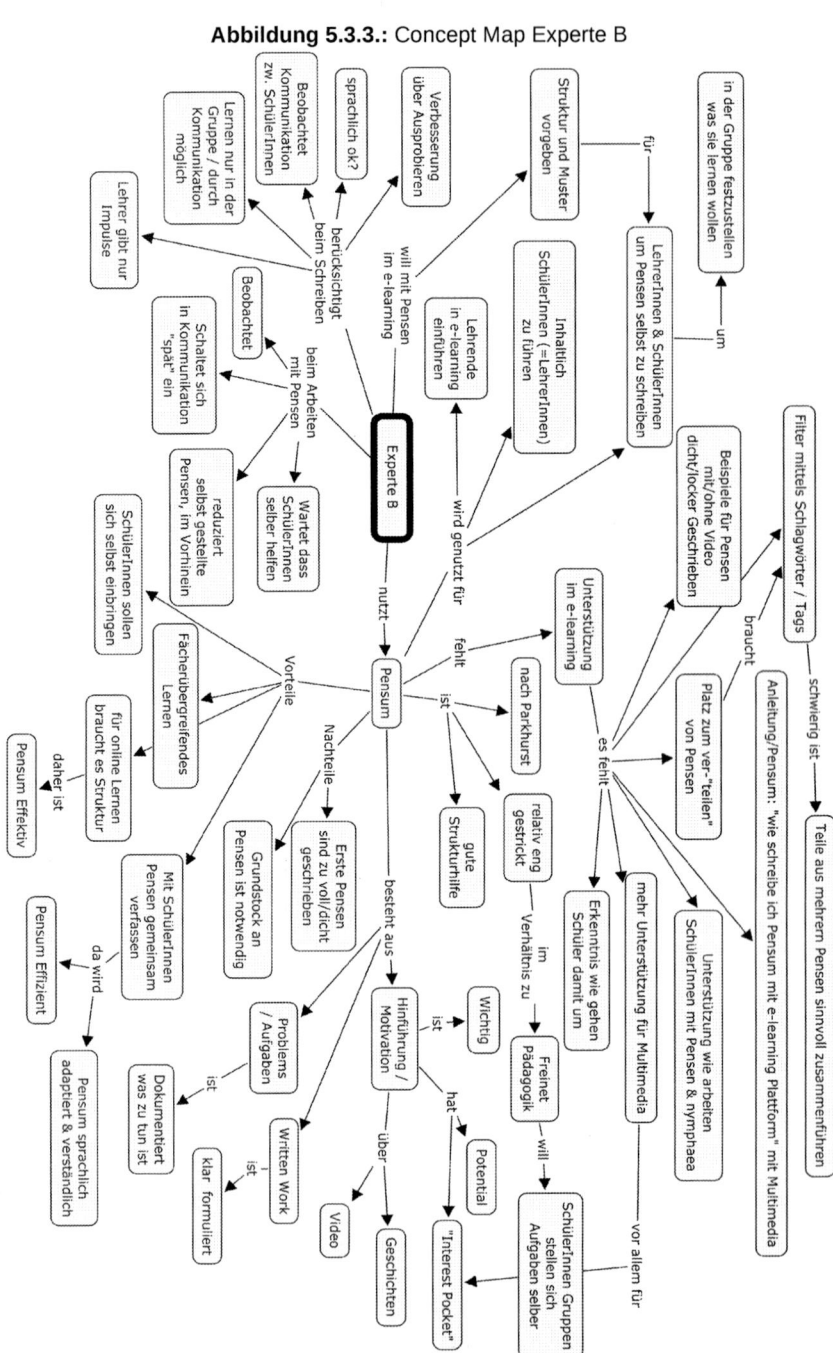

Abbildung 5.3.4.: Concept Map Experte C

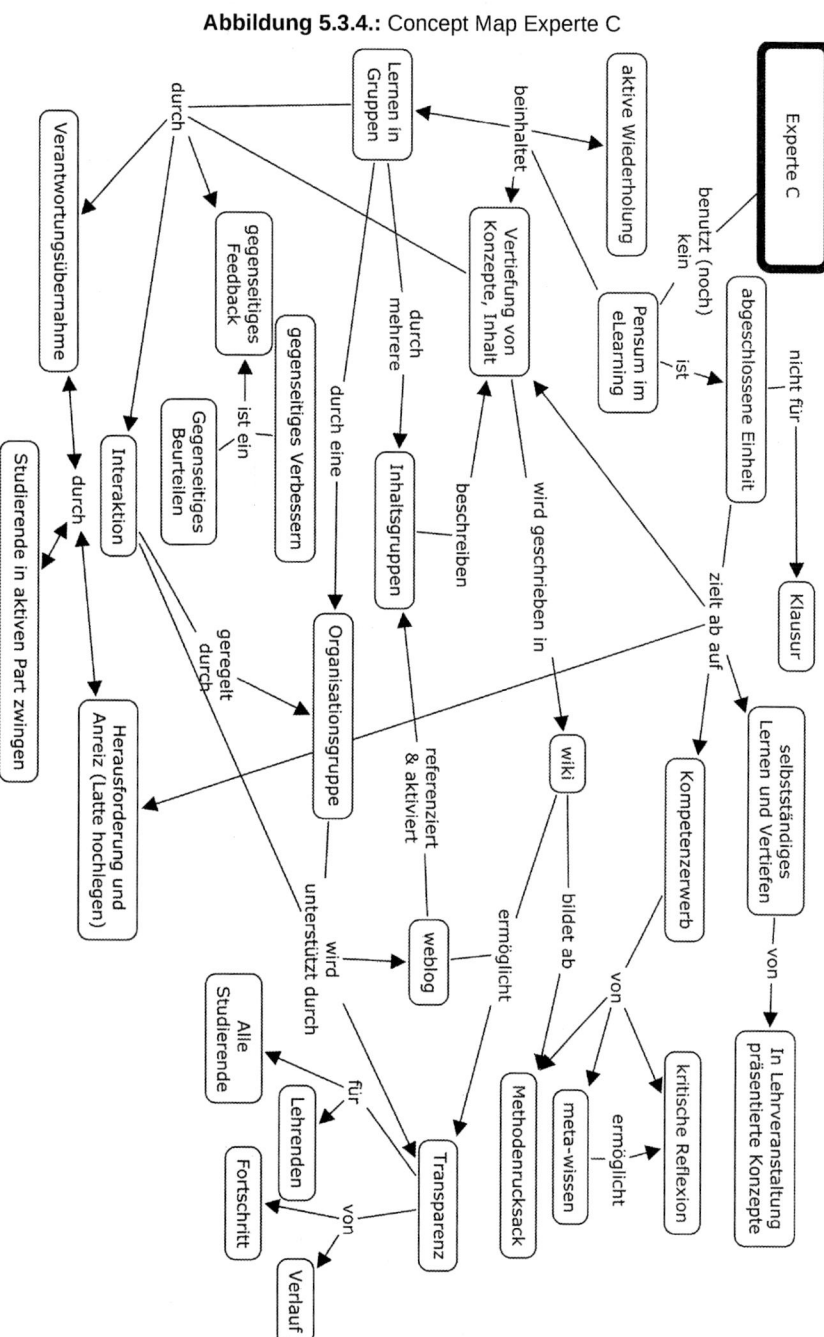

Experte C sah die Notwendigkeit von Änderungen. Es ergab sich die Concept Map wie in folgender Abbildung dargestellt. Die Änderungen sind: Die Transparenz ermöglicht Feedback. Da die Ergebnisse der Pensen öffentlich sichtbar sind, ergibt sich Transparenz für Externe, und Lernen im öffentlichen Raum. Das Pensum beinhaltet die Struktur des Arbeitsablaufes.

Abbildung 5.3.5.: Validierte Concept Map Experte C

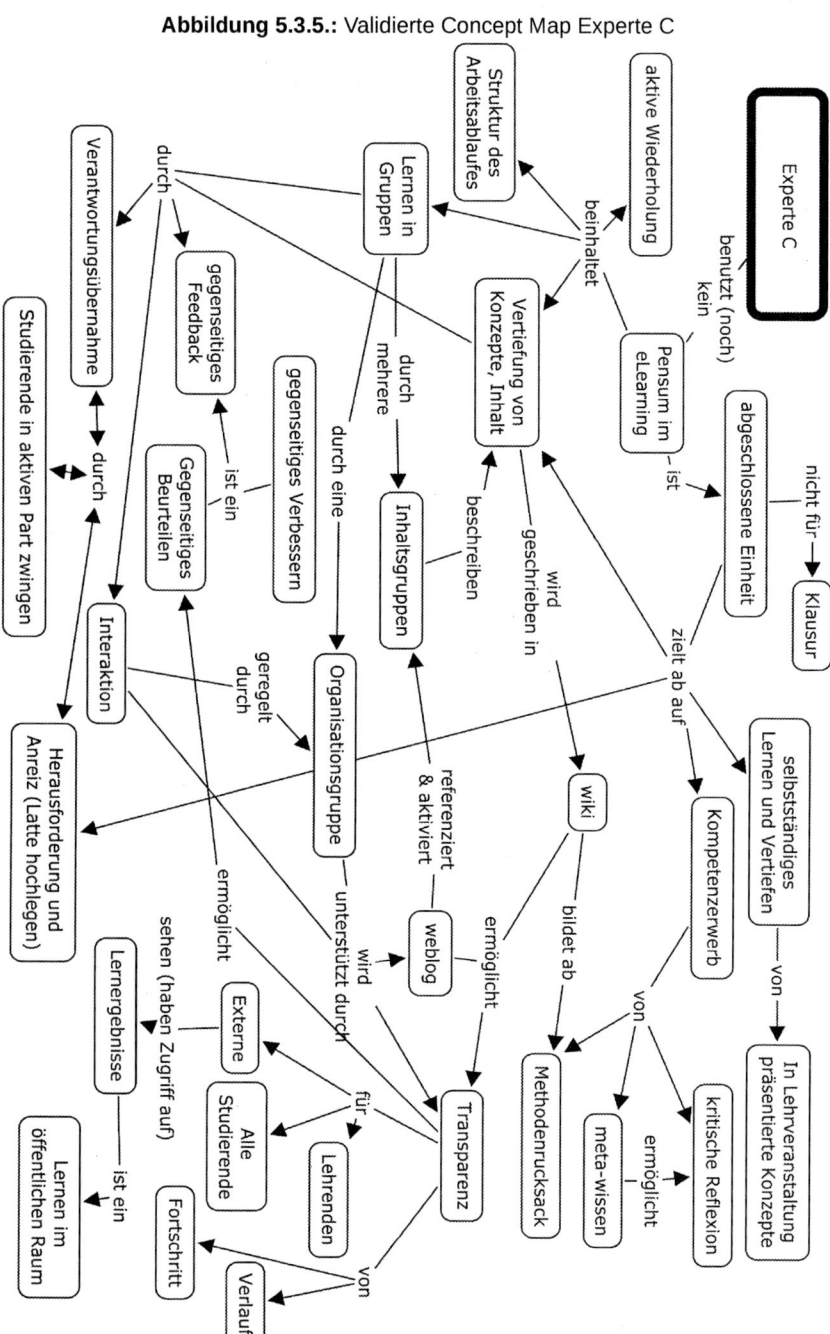

6. Fazit Teil II — Rekonstruktion von Wissensbeständen zum Thema „Anwendung der Dalton Plan Instrumente im E–Learning"

Zur Rekonstruktion von Wissen und Wissensstrukturen über die Anwendung der Instrumente des Dalton Plans im E–Learning wurde theoriegeleitet das ExpertInnen-Interview ausgewählt. Aus den Zielen der Arbeit wurde ein Fragebogen abgeleitet und ExpertInnen wurden zu Interviews eingeladen. Um Wissen aus einem ExpertInneninterview für ein E–Learning System nutzbar zu machen, wurden verschiedene graphische Methoden der Auswertung nach ihrer Brauchbarkeit untersucht. Aus der Literatur wurden relevante Eigenschaften abgeleitet. Jede identifizierte Methode wurde auf diese Eigenschaften hin überprüft und bewertet. Die Concept Map Methode wurde als geeignete Methode für die Verdichtung und Modellierung von ExpertInnenwissen identifiziert (vgl. Kinchin et al., 2010). Zusätzlich gibt es Software Werkzeuge, die die Erstellung, Bearbeitung und Nutzung von Concept Maps effizient unterstützen (z.b. CmapTools (Cañas et al., 2005)).

Die aus den Audioaufnahmen erstellten Concept Maps wurden einer kommunikativen Validierung durch die ExpertInnen unterzogen. Damit existieren nun validierte Modelle über das ExpertInnenwissen zur Anwendung des Dalton Plans im E–Learning. Durch die Wahl der Concept Map Methode wurde (gemäß der Theorie) der Kern der jeweiligen Theorie der ExpertInnen zum Thema expliziert.

Die in Teil II und Teil III entwickelte Methode wurde in *Georg Weichhart, Applied e-Learning Systems Research - An empirical, qualitative method for modelling e-Learning environments* (2012a) und *Georg Weichhart, Bridging the gap between qualitative, empirical work and software design, in Proceedings of the 5th International Conference on Concept Mapping* (2012b) publiziert.

Teil III.

Ableitung der Anforderungen und Funktionalitäten

In der Literatur wird die Wichtigkeit der Anwendung eines sozio-technischen Ansatzes zur Systementwicklung unterstrichen, da diese Ansätze es erlauben, Systeme mit höherer Akzeptanz zu entwickeln (Baxter und Sommerville, 2011). EntwicklerInnen brauchen ein Verständnis über die Anwendung durch BenutzerInnen um Akzeptanz zu erreichen. Bei E–Learning Systemen ist allerdings festzustellen, dass der Fokus auf der Entwicklung von Technologien liegt und die Pädagogik ignoriert wird (Pange und Pange, 2011; Casanova et al., 2011).

Erschwerend kommt hinzu, dass heutige Software Design und Engineering Methoden nicht mit anwenderInnenzentrierten (User Centered Design) Methoden kompatibel sind (Nebe und Zimmermann, 2007). Anforderungsanalyse (Requirements Engineering) Ansätze sind für die beteiligten Rollen schwer nutzbar (Cooper et al., 2009).

Im Folgenden wird eine Methode entwickelt, die das dokumentierte Anwendungswissen in die Design und Engineering Aktivitäten überführt.

Die validierten Ergebnisse (Concept Maps) der Interviews stellen drei individuelle, subjektive Sichten auf den Einsatz der Dalton Plan Instrumente im E–Learning dar. Diese individuellen Sichten werden nun auf ihren Beitrag zur Zielsetzung analysiert. Eine integrierte Sicht für jedes dieser Kriterien und über alle drei Interviews bildet eine Basis für die weiteren Schritte. Diese Sichten stellen die Anforderungen der Experten an den Ansatz gemäß den Kriterien dar. Das heißt, jede dieser Sichten gruppiert Aktivitäten und Anforderungen der Experten im Rahmen ihrer Tätigkeit. Die unten entwickelte Methode erlaubt, durch die durchgängige Verwendung von Concept Maps, abstrakte Benutzersichten in das Softwaredesign zu integrieren. Diese Integration ermöglicht es, einen Designschritt nachvollziehbar zu begründen.

Die dokumentierten Anforderungen werden mit konzeptionellen UI Sichten hinterlegt. Diese Liste an UI Sichten bildet die Basis für ein Software Design.

Im folgenden Kapitel wird theoriegeleitet ein Forschungsdesign entwickelt um die UI Sichten zu konstruieren. Diesem Theorieteil folgend, wird die Durchführung der ausgewählten Methoden dokumentiert und das Ergebnis präsentiert.

7. Theorie und Forschungsdesign für die Anforderungsanalyse

Bei der Anforderungsanalyse (Requirements Engineering) wird versucht Wissen aus der Anwendungsdomäne in die Software Entwicklungsdomäne zu transferieren:

„The primary measure of success of a software system is the degree to which it meets the purpose for which it was intended. Broadly speaking, software systems requirements engineering (RE) is the process of discovering that purpose, by identifying stakeholders and their needs, and documenting these in a form that is amenable to analysis, communication, and subsequent implementation." (Nuseibeh und Easterbrook, 2000, S.37)

Traditionelle Anforderungsanalyse Ansätze stellen die am Entwicklungsprozess beteiligten Personen vor etliche Herausforderungen. Die traditionellen Formulare und Texte, die zur Dokumentation von Anforderungen genutzt werden, eignen sich nur bedingt zur Kommunikation und Wissensweitergabe (Cooper et al., 2009). Bei agilen Anforderungsanalyse Ansätzen wird im Gegensatz zu den traditionellen Ansätzen die fehlende Dokumentation und Nachvollziehbarkeit kritisiert (Cao und Ramesh, 2008).

Visuelle Methoden eignen sich um einen Überblick zu bewahren / bekommen (Bortz und Döring, 2002). Durch eine konsequente Verwendung von Concept Maps wird der Wissenstransfer von der Anwendungsdomäne zur Entwicklungsdomäne unterstützt und nachvollziehbar dokumentiert.

7.1. Analyse und Zusammenführung der Einzelergebnisse

Im vorigen Teil wurden drei validierte, individuelle Concept Maps über den Einsatzes der Dalton Plan Instrumente im E–Learning erhoben. Um in der Lage zu sein, eine Gesamtlösung zu implementieren (siehe Zielsetzung der Wirtschaftsinformatik in Kapitel

II), sind diese Zwischenergebnisse aus Sicht der Zielsetzung zu analysieren. Mit der Analyse soll auch eine Auswertung entlang der Zieldimensionen stattfinden. Eine Analyse und Auswertung der Einzelinterviews entlang den Zielaspekten erlaubt es, diese in ein Gesamtergebnis zu überführen.

Dazu ist eine Methode notwendig, die es erlaubt, die Konzepte und Aussagen (Propositions) der Interview Concepts Maps zu analysieren und gemeinsam in einem integrierten Modell auszuwerten. Dabei muss es die Methode ermöglichen, die Zielaspekte der Arbeit, aber auch Themen die in den Interviews entstanden sind, zu berücksichtigen. Im Allgemeinen sind hier wieder qualitative Inhaltsanalysemethoden relevant. Mayring (2002) folgend, besitzt die Technik der „Konstruktion deskriptiver Systeme" die genannten Eigenschaften (Mayring, 2002). Dieser Ansatz der qualitativen Analyse reicht bereits weit in das Gebiet der qualitativen Auswertung. Diese Methode ermöglicht es, einzelne Maps entlang mehreren Dimensionen zu analysieren und zusätzlich gemeinsam auszuwerten. Das Material (in diesem Fall die validierten Concept Maps) wird in einem Kategoriensystem von Klassifikationen neu geordnet. Dieser Ansatz der Analyse befindet sich zwischen Theorie und Empirie. Zum einen werden theoriegeleitet Kategorien vorgegeben, zum anderen fordert dieser Ansatz, dass sich Klassifizierungen aus dem empirischen Material ergeben dürfen. (Mayring, 2002)

Die einzelnen Schritte dieser Methode sind wie folgt: Im ersten Schritt ist der Untersuchungsgegenstand genau zu bestimmen. Dieser wird dann dimensioniert und es wird festgelegt auf welchen Dimensionen, Kategorien gebildet werden sollen. Theoriegeleitet werden entlang den relevanten Dimensionen Kategoriensysteme erstellt. Die Kategorien werden anhand des Materials überprüft und es wird festgestellt, ob das vorliegende Material sich eindeutig den Kategorien zuordnen lässt. Wenn dem nicht so ist, muss das Kategoriensystem angepasst werden. Die neuen Kategorien werden wieder mit dem Material überprüft, und es entsteht *„ein Kreislauf, der das endgültige, theoretisch und empirisch abgesicherte Kategoriensystem hervorbringt"* (Mayring, 2002, S. 101) (siehe auch folgende Abbildung 7.1.1 auf der nächsten Seite).

7.2. Ableitung einer Liste mit konzeptionellen UI Sichten und Anforderungen an diese

Der vorhergehende Schritt analysiert die einzelnen individuellen Sichten auf die Anwendung von Pensen und Graphen und wertet diese entlang mehrerer Kategorien (z.B. den Zielaspekten) aus. Dadurch ist es möglich, einen isolierten Blick auf einzelne Kategorien der Unterstützung zu werfen, dabei aber alle individuellen Sichten der Experten zu kombinieren. Diese Kategorien sind (im Kontext des Softwareengineering)

Abbildung 7.1.1.: Ablaufmodell der Konstruktion deskriptiver Systeme (Mayring, 2002, S. 102)

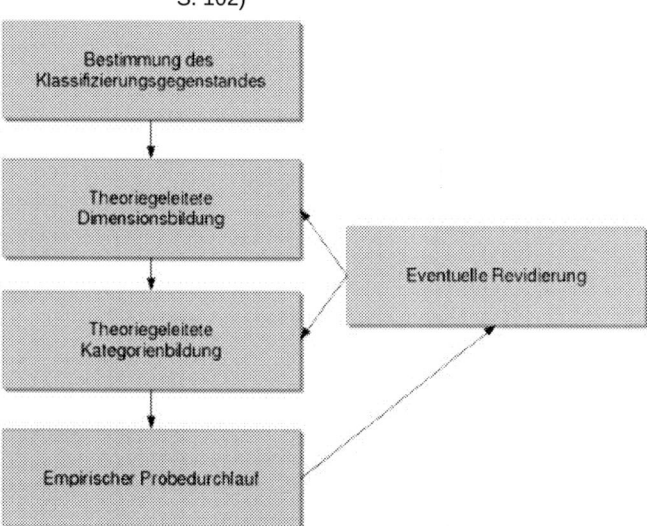

von AnwenderInnen geforderte Funktionalitäten im Rahmen der Lehr- und Lernaktivitäten. Als Vorbereitung zum Design werden konzeptionelle User Interface (UI) Sichten eingeführt, um eine mögliche Unterstützung der Anwendung von Pensen und Graphen im E-Learning zu skizzieren. In den Concept Maps sind funktionale Anforderungen, abgeleitet aus den Aktivitäten der Experten, dargestellt. Die UI Sichten sind hier definiert als subjektiv erzeugte Elemente, die Aktivitätsbereiche der BenutzerInnen aus der Softwaresicht zusammenfassen. Ziel dieser Sichten ist es, die Anforderungen an die Unterstützung der BenutzerInnen im Rahmen seiner Aktivitäten zusammenzubringen. Die Sichten zeigen die notwendigen Informationen gemäß der Interviews für die identifizierten Aktivitäten.

Zusätzlich zu den von den Experten geforderten Funktionalitäten gibt es bereits in Scholion 2.0 implementierte Sichten und Funktionalitäten. Diese werden beim Design der konzeptionellen UI Sichten mitberücksichtigt. Dadurch soll eine Unterstützung in die bestehende E-Learning Plattform bestmöglich integriert werden.

Bei Unklarheiten kann durch Hinzunahme der Interview Maps der Kontext einzelner Aussagen im Design mitberücksichtigt werden.

8. Durchführung der Anforderungsanalyse

8.1. Analyse und Zusammenführung der validierten Concept Maps

Wie oben beschrieben (Forschungsdesign für die Analyse und Zusammenführung der Einzelergebnisse Kapitel 7.1 auf Seite 55) gilt es im ersten Schritt den Forschungsgegenstand festzulegen. Dieser ist in der Zielsetzung gegeben:

Transferierbarkeit der Dalton Plan Instrumente ins E–Learning

E–Learning Unterstützung für die Wissensvermittlung mittels selbstorganisierten Lernens

Der erste Zielaspekt betrachtet Daten– und Informationsstrukturen, die notwendig sind, um den Dalton Plan im E–Learning abzubilden. Der zweite Zielaspekt betrachtet das Prozesswissen, und damit den Umgang mit Techniken und Technologien zur Lehre von selbstorganisierten Lernens.

Im Sinne der Methode können „theoriegeleitet" aus den Zielaspekten damit die folgenden relevanten Dimensionen und Kategorien für die Analyse konstruiert werden:

Strukturen von Pensen und Feedbackgraphen im E–Learning

Prozess der Erstellung und Verbesserung von Pensen

Prozess des Lernens mit Pensen, Feedbackgraphen (Arbeiten mit dem Dalton Plan im Unterricht)

Diese Kategorien wurden auf die validierten Concept Maps (Forschungsmaterial) angewandt. Nach einer ersten Durchsicht von Teilen der Materialien, wurden die theoriegeleitet erarbeiteten Kategorien um zwei Kategorien erweitert:

Allgemeine Anforderungen

Lehren mittels Erstellung von Pensen

Die Kategorie *Allgemeine Anforderungen* ergab sich um Konzepte und Aussagen zu klassifizieren, die im Rahmen dieser Arbeit eine gewisse Allgemeingültigkeit besitzen. Beispielhaft kann hier die Aussage von Experte A herangezogen werden: „Pensum im E–Learning unterstützt selbstorganisiertes Lernen". Die Kategorie *Lehren mittels Erstellung von Pensen* ergab sich aus Aussagen, in denen Pensen gemeinsam mit den Lernenden erstellt werden. Dieser Ansatz interpretiert Pensen als Lernverträge (learning contracts vgl. Stary (2007)). Diese Sicht ist beeinflusst durch den Lehransatz der Freinet Pädagogik (Eichelberger et al., 2008; Skiera, 2003). Als beispielhafte Aussage dient hier das Interview Experte B: „Struktur und Muster vorgeben für LehrerInnen und SchülerInnen um Pensen selbst zu schreiben um in der Gruppe festzustellen, was sie lernen wollen". Zu beachten ist hier, dass Experte B im Unterrichtskontext LehrerInnen in den E–Learning Unterricht einführt. Der Begriff „LehrerInnen" bezieht sich hier also auch auf Lernende.

Um das Ergebnis dieses Schrittes zu explizten, wurde wieder eine Concept Map pro Kategorie erstellt. Jede Kategorie bildet ein zentrales Thema einer neuen Concept Map. Dazu wurden aus den bestehenden Concept Maps die Konzepte und Aussagen (siehe Concept Maps 8) extrahiert und neu zusammengefasst. Bei diesem Prozess wurde beachtet, dass möglichst viele der bestehenden Verbindungen (Aussagen) erhalten blieben.

Durch den Analyseprozess sind einzelne Konzepte aus den ursprünglichen, validierten Maps nicht mehr enthalten. Es wurde Abstand genommen jene Konzepte, die in den folgenden Tabelle als „Nicht aufgenommene Konzepte" klassifiziert wurden, in einer separaten Concept Map abzubilden.

Die Zuordnung der Konzepte zu Kategorien wurden quantitativ ausgewertet. Das Ergebnis wird in den Tabellen 8.1.1 auf der nächsten Seite und 8.1.2 auf der nächsten Seite dargestellt. Die erste Tabelle gibt einen Überblick akkumuliert über alle drei Interviews und die absolute und relative Anzahl der Konzepte in den Kategorien.

Die meisten Beiträge (durch die Anzahl der Konzepte gemessen, siehe Tabelle 8.1.1 auf der nächsten Seite) gibt es in der Kategorie „Erstellen und Verbessern von Pensen" und in der Kategorie „Lehrprozess mit Pensen". In der Kategorie Struktur der Pensen, Graphen wurde fast ausschließlich auf das Pensum eingegangen. Das ist darauf zurück zu führen, dass im E–Learning zur Zeit die Graphenmethode nach Parkhurst nicht umgesetzt wird (siehe Interview Experte A Kapitel 5.3.1 auf Seite 46).

Tabelle 8.1.1.: Quantitative Auswertung der Kategorisierung

Kategorie	Anzahl der Konzepte	% der Konzepte
Allgemeine Anforderungen	24	13,04
Struktur Pensum, Graphen	23	12,5
Erstellen/Verbessern von Pensen	51	27,72
Lernen mit Pensen, Graphen	46	25
Lehren mittels Erstellen von Pensen	11	5,98
Nicht aufgenommene Konzepte	29	15,76
Summe	*184*	*100*

Tabelle 8.1.2.: Quantitative Auswertung der Kategorisierung - Pro Interview - Absolut und in Prozent

Kategorie \ Expert Map	Experte A		Experte B		Experte C	
Allgemeine Anforderungen	14	14%	5	10%	5	15%
Struktur Pensum, Graphen	12	12%	8	16%	3	9%
Erstellen/Verbessern von Pensen	40	39%	11	22%	0	0%
Lernen mit Pensen, Graphen	15	15%	8	16%	23	70%
Lehren mittels Erstellen von Pensen	2	2%	9	18%	0	0%
Nicht aufgenommene Konzepte	19	19%	8	16%	2	6%
Summe	102	*100%*	49	*100%*	33	*100%*

Auffallend ist eine hohe Anzahl an Konzepten, die nicht in die Kategorisierung aufgenommen wurden. Als Beispiel für Konzepte die nicht mehr enthalten sind, dient folgende Aussage von Experte B: „Pensum ist relativ eng gestrickt im Verhältnis zu Freinet Pädagogik". Bei Experte C sind das die beiden Konzepte die den Experten und das Konzept „Pensum" darstellen. Diese zwei Konzepte haben in den neuen Sichten keinen Platz. Bei Experten B sind das zusätzlich Konzepte, die Freinet betreffen und wo diese Pädagogik mit Parkhurst's Ansatz verglichen wird. Bei Experten A wurden Konzepte weggelassen, die den Intelligibility Catcher Ansatz betreffen, bzw. Effizienz und Effektivität von Pensen für Lernende abbilden. Beides ist im Kontext dieser Analyse nicht relevant.

Die Tabelle 8.1.2 zeigt, dass Experte C vorher noch nicht mit Pensen nach Parkhurst gearbeitet hat (vergleiche validierte Concept Map in Kapitel 5.3.5 auf Seite 51). Dadurch gab es keine Aussagen zum Erstellprozess. Andererseits hat er Erfahrungen mit E–Learning und war in der Lage, viele Elemente des Lernprozesses zu explizieren. Eventuell liegt dies an seiner Ausbildung als Psychologe.

Experte B unterrichtet nicht nur nach Parkhurst sondern auch nach der Freinet Pädagogik. In dieser stellen sich die SchülerInnen die Lernpensen selbst. Dadurch sind in diesem Experteninterview eine höhere Anzahl an Konzepten in der Kategorie "Lehren mittels Erstellen von Pensen" zu finden.

Durch die Arbeit am Intelligibility Catcher Ansatz hat Experte A Wissen zum Erstellpro-zess aufgebaut. Das wird in der quantitativen Analyse deutlich, und viele Konzepte aus diesem Interview betreffen die Kategorie „Prozess der Erstellung und Verbesserung von Pensen". Durch die strukturierte Vorgehensweise des Experten im Interview sind die meisten Konzepte der Kategorie „Allgemeine Anforderungen" von diesem Experten erhoben worden.

In den folgenden Graphiken (Abbildung 8.1.1 auf der nächsten Seite bis 8.1.5 auf Sei-te 66) werden übernommene Aussagen (Propositions) durch dickere Pfeile hervorge-hoben. Schwarz eingefärbte Konzepte sind in den originalen Concept Maps nicht zu finden. Bei den übrigen Konzepte präsentiert ein Stil jeweils einen Experten. In diesen Concept Maps sind die Namen der Experten nicht mehr enthalten.

Abbildung 8.1.1.: Qualitative Analyse - Kategorie „Allgemeine Anforderungen"

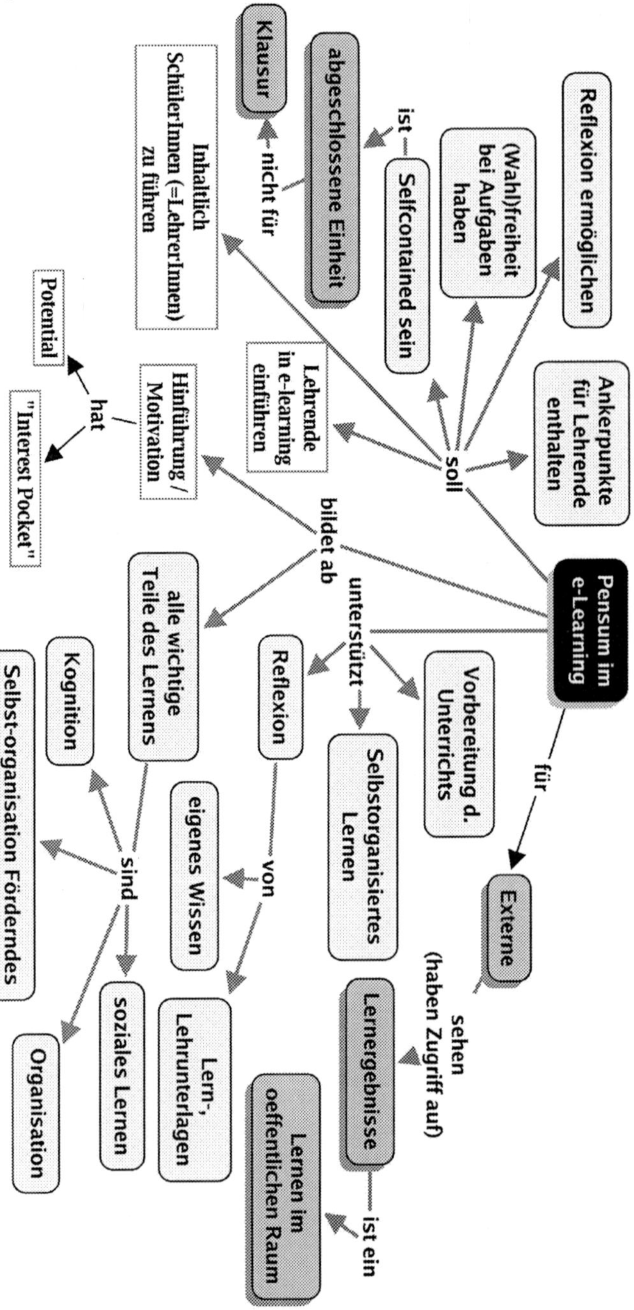

Klausur

abgeschlossene Einheit

Reflexion ermöglichen

(Wahl)freiheit bei Aufgaben haben

ist

Selfcontained sein

nicht für

Inhaltlich SchülerInnen (=LehrerInnen) zu führen

Potential

Lehrende in e-learning einführen

Ankerpunkte für Lehrende enthalten

Hinführung / Motivation

hat

"Interest Pocket"

soll

bildet ab

unterstützt

alle wichtige Teile des Lernens

Reflexion

Vorbereitung d. Unterrichts

Pensum im e-Learning

Kognition

Selbstorganisiertes Lernen

für

Selbst-organisation Förderndes - Meta Kognition

sind

eigenes Wissen

von

Externe

soziales Lernen

Lern-, Lehrunterlagen

Lernergebnisse

sehen (haben Zugriff auf)

Organisation

Lernen im oeffentlichen Raum

ist ein

Abbildung 8.1.2.: Qualitative Analyse - Kategorie „Struktur Pensum, Graphen"

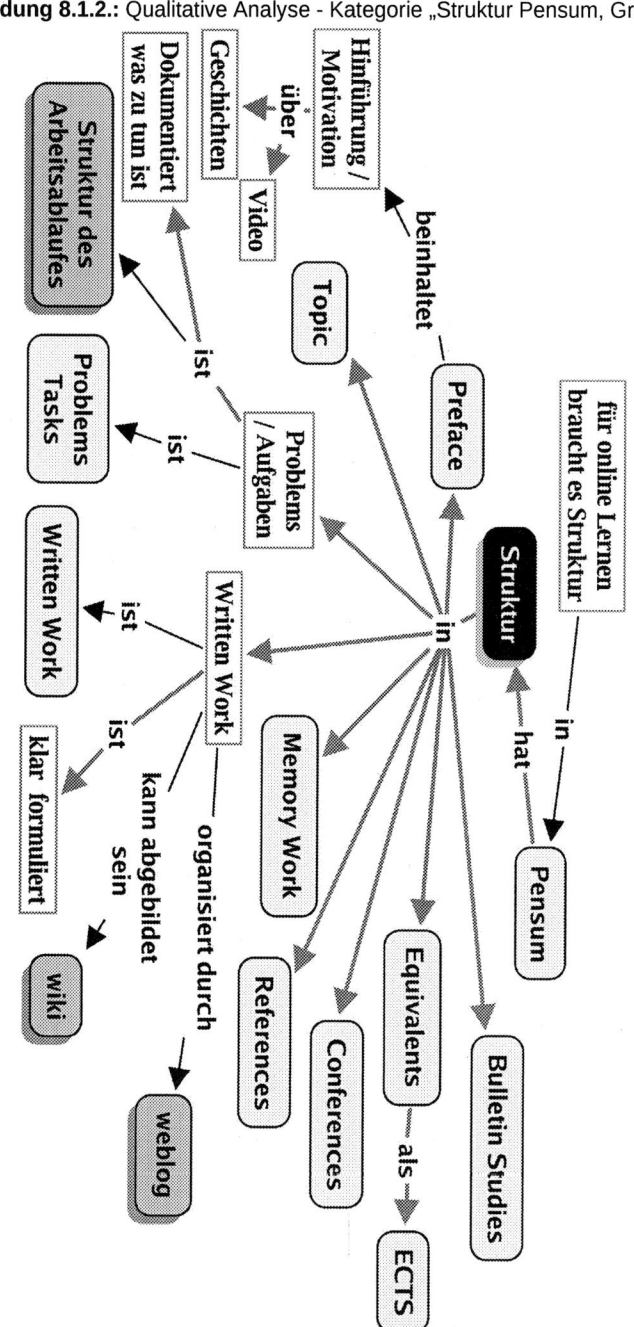

Abbildung 8.1.3.: Qualitative Analyse - Kategorie „Prozess der Erstellung/Verbesserung von Pensen"

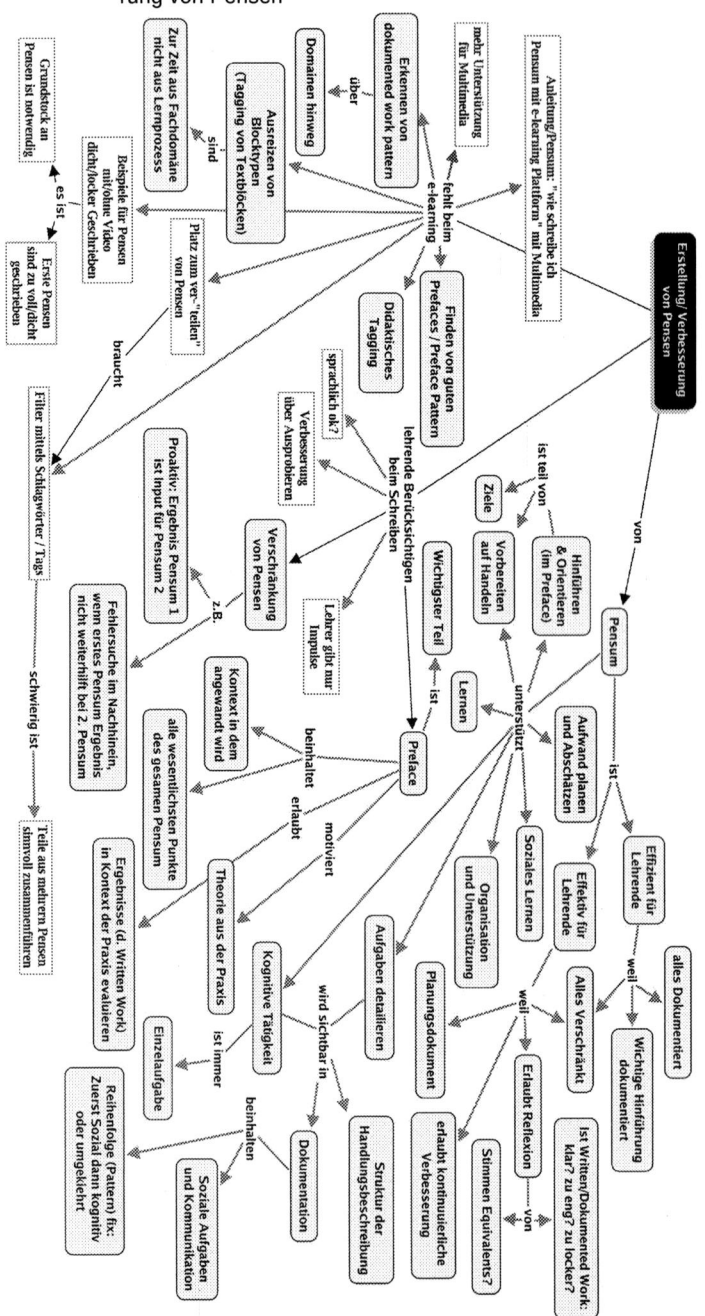

Abbildung 8.1.4.: Qualitative Analyse - Kategorie „Lernen mit Pensen und Graphen„

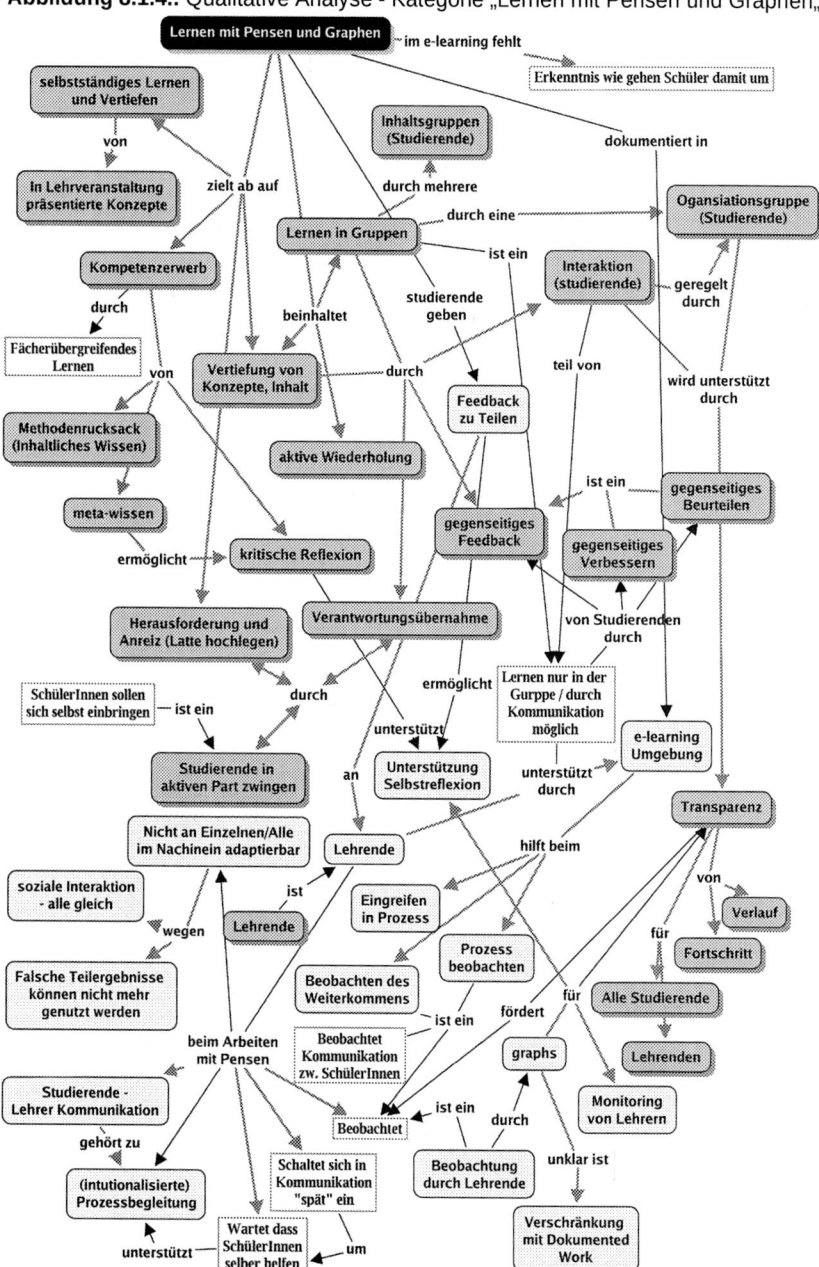

Abbildung 8.1.5.: Qualitative Analyse - Kategorie „Lehren mittels Erstellung von Pensen"

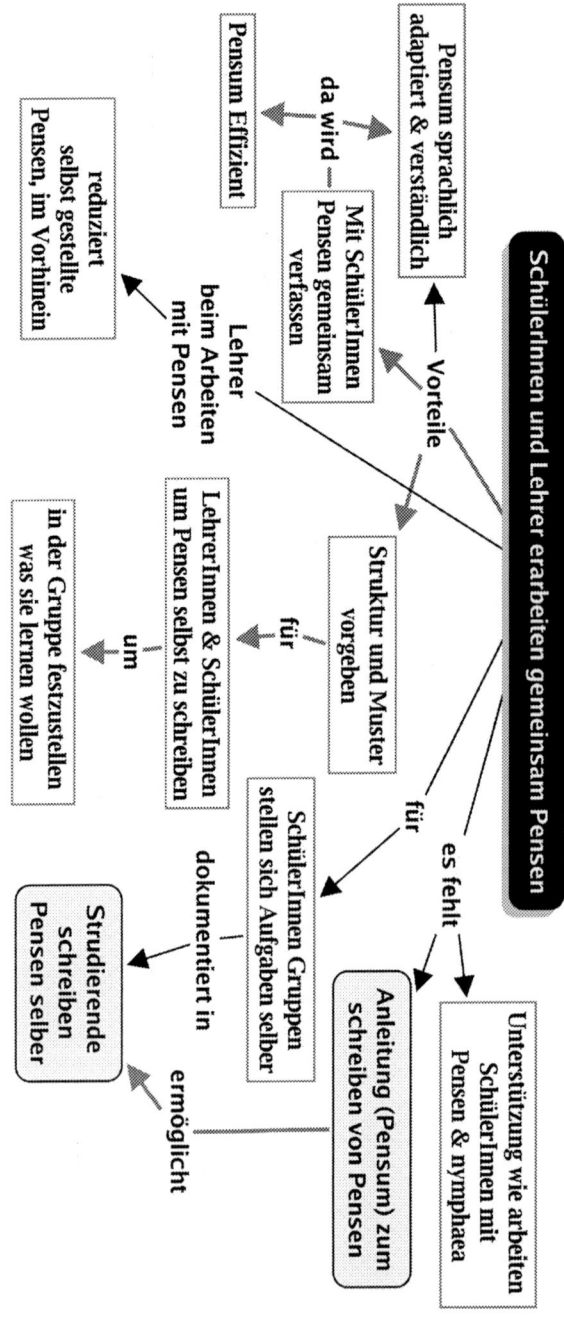

8.2. Ableitung einer Liste mit Anforderungen und konzeptionellen UI Sichten

Die obigen Analyse Concept Maps bildeten die Basis für die Bestimmung von möglichen User Interface Sichten. Zur Erreichung der Ziele und Teilziele werden neue aber auch bereits bestehende (und damit konkrete) web–basierte Sichten genutzt. Eine UI Sicht ist hier eine dynamische Web-Seite, die dem Anwender Möglichkeiten zum Arbeiten mit Pensen zur Verfügung stellt.

Die folgenden Abbildungen (8.2.1 auf der nächsten Seite bis 8.2.5 auf Seite 72) stellen die obigen aggregierten Concept Maps dar, erweitert um Konzepte (hellblau; Monospaced-Font), die die konzeptionellen UI Sichten benennen. Diese Sichten dienen als erster Schritt für das Design von funktionalen Software Modulen. Es wurde versucht, möglichst sparsam mit der Anzahl der Sichten umzugehen, aber auf der anderen Seite alle Endanwender Anforderungen abzudecken. Bei der Generierung dieser Sichten wurden auch bestehende Funktionalitäten und Sichten in Scholion 2.0 berücksichtigt.

Im folgenden werden diese Ergebnisse aus Sicht der konzeptionell UI Sichten zusammengefasst. Die obigen Concept Maps werden erneut transformiert, um dieselbe Information aus der Perspektive der konzeptionellen UI Sichten darzustellen. Durch die explizite Verbindung mit den originären Daten können Anforderungen an diese Sichten abgeleitet werden.

Die folgenden Concept Maps stellen die konzeptionellen UI Sichten für die Pensen dar (siehe Kapitel III auf Seite 54).

Abbildung 8.2.1.: Funktionalitäten und Sichten für die Unterstützung von allgemeine Anforderungen

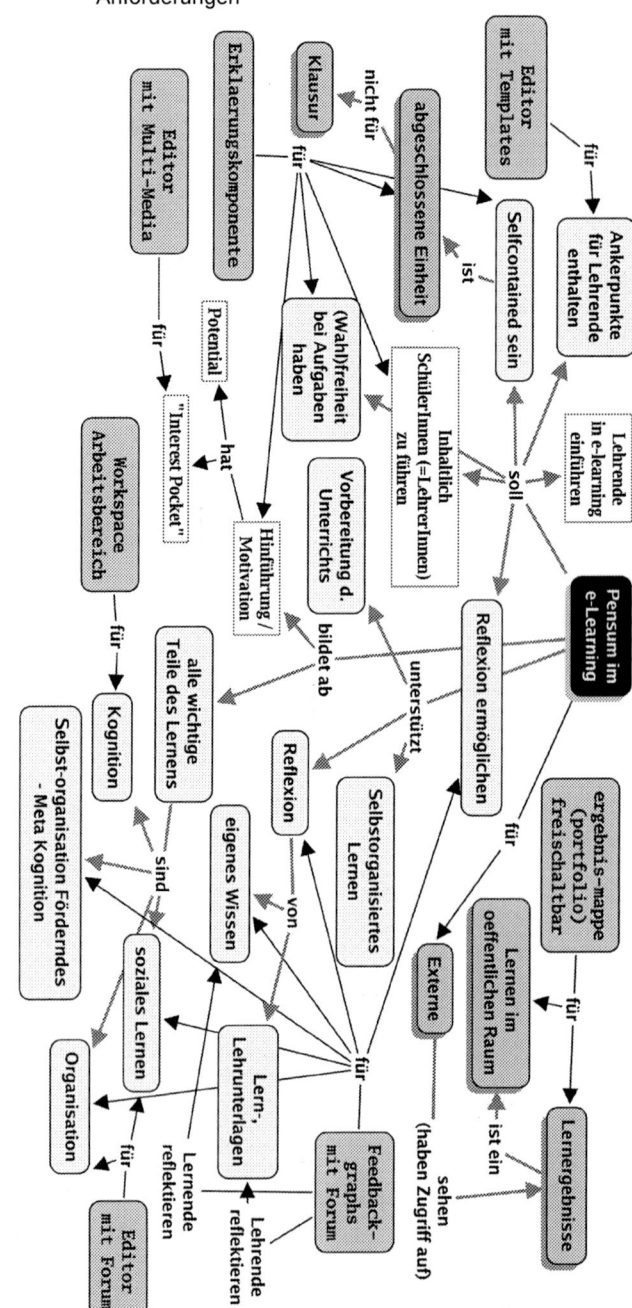

Abbildung 8.2.2.: Funktionalitäten und UI Sichten für Strukturen von Pensen und Graphen

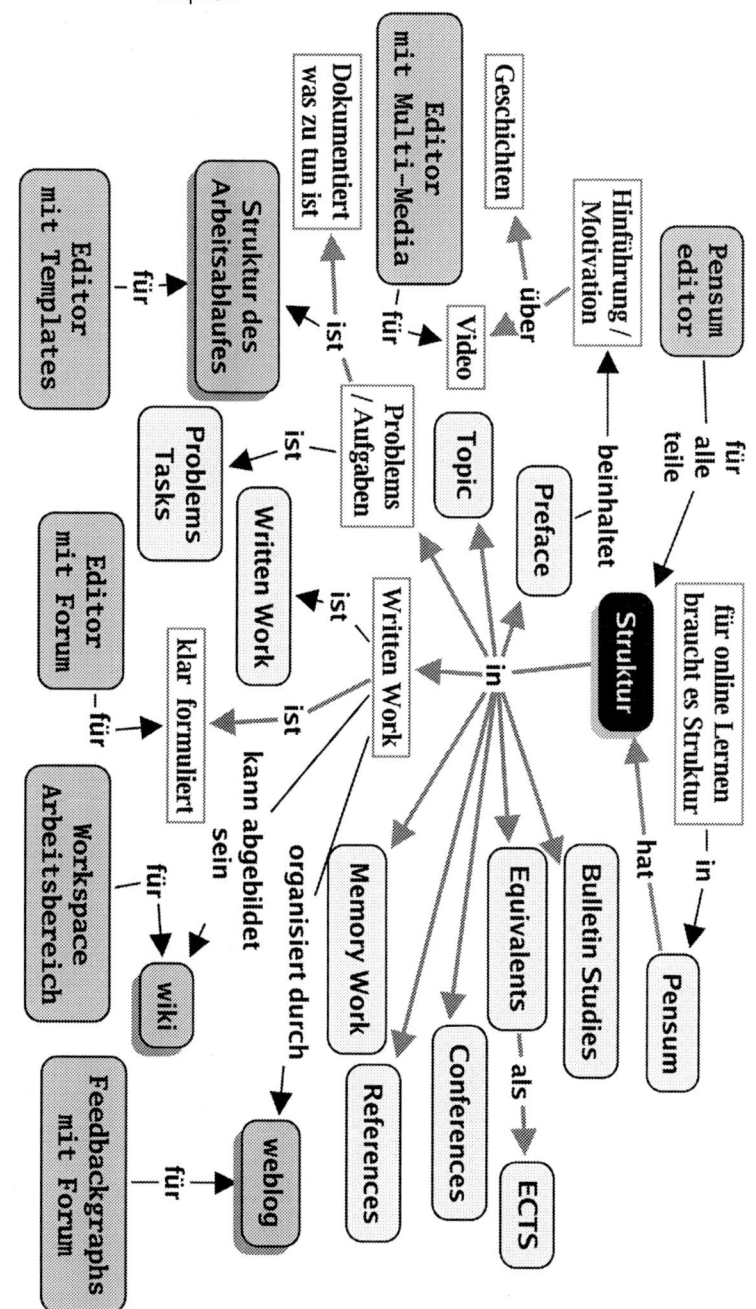

Abbildung 8.2.3.: Funktionalitäten und UI Sichten für die Unterstützung des Erstellprozesses

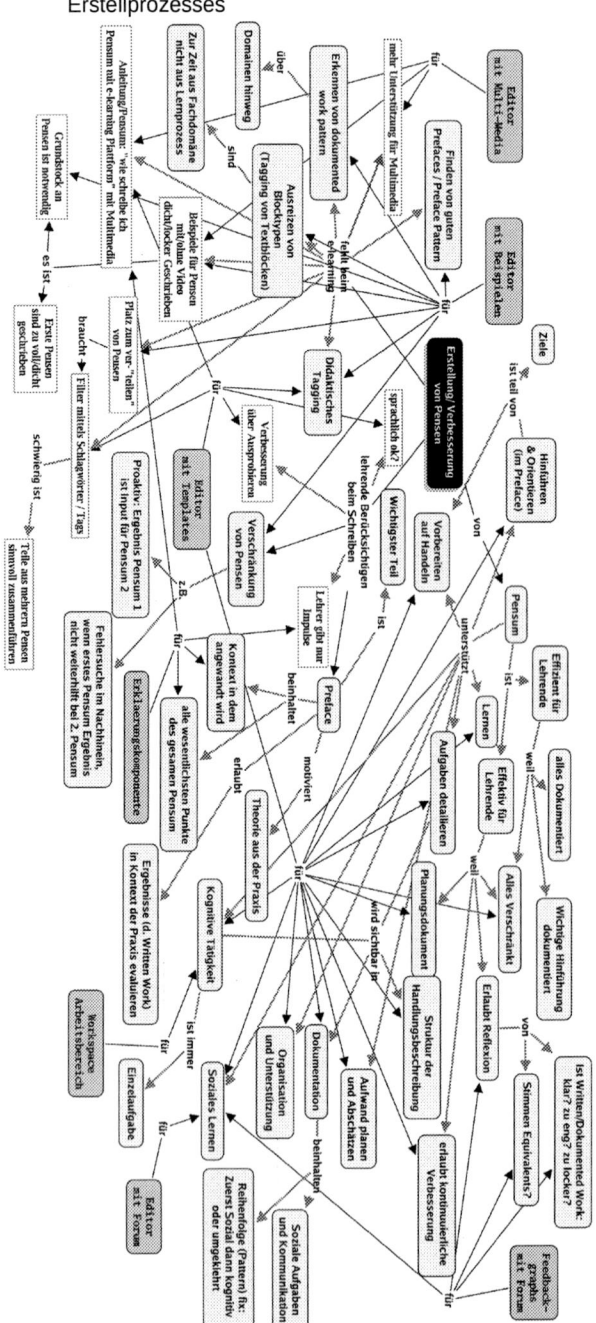

Abbildung 8.2.4.: Funktionalitäten und UI Sichten für die Unterstützung des Lernens mit Graphen und Pensen

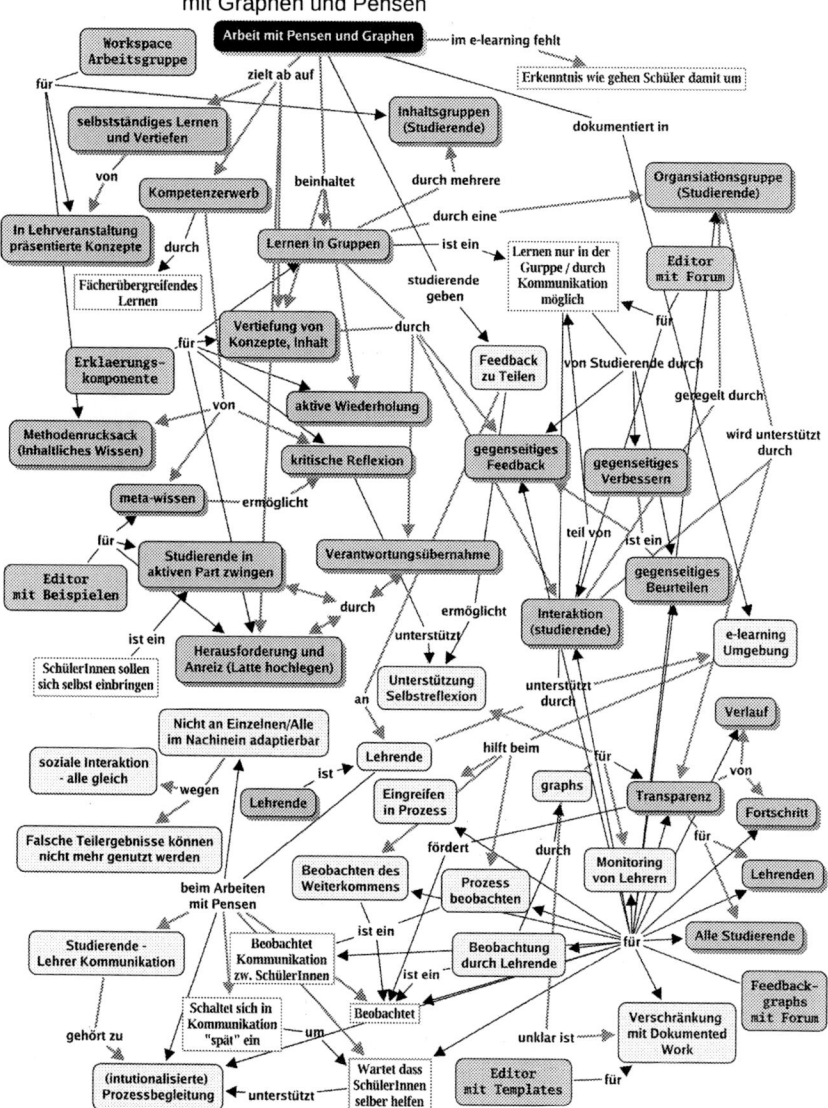

Abbildung 8.2.5.: Funktionalitäten und UI Sichten für das Lehren mittels Erstellen von
Pensen

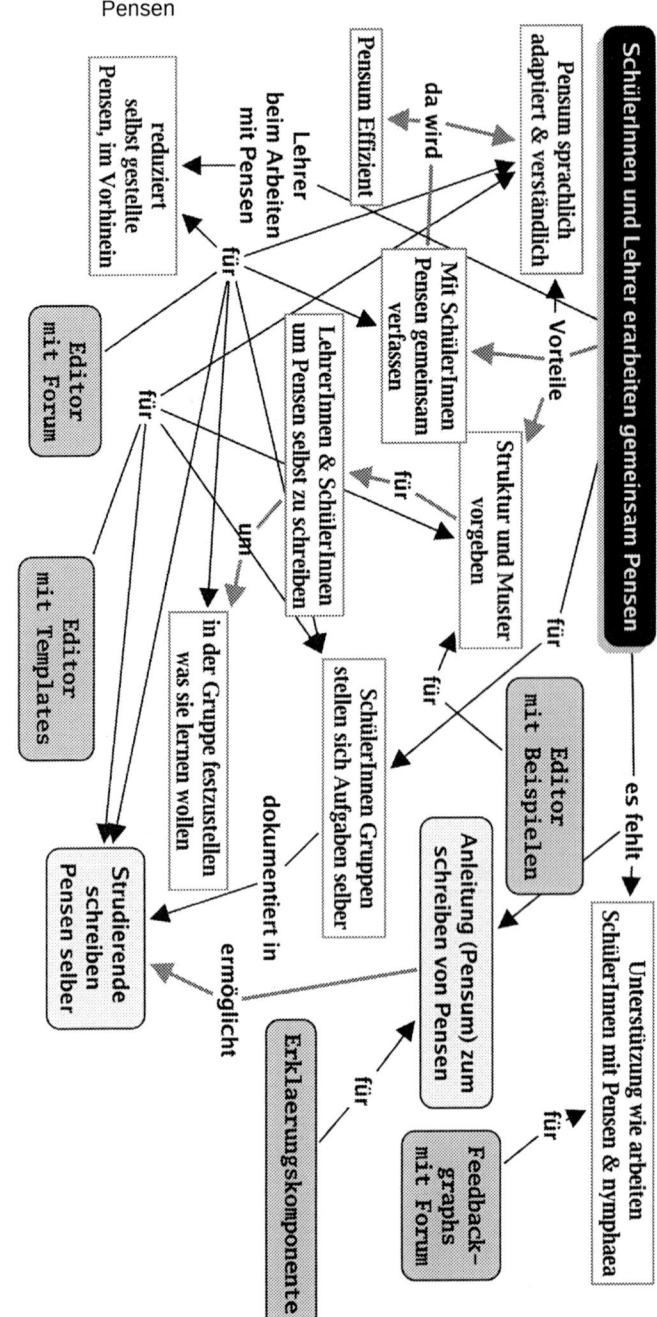

8.2.1. Workspace / Arbeitsbereich

Die folgende Abbildung (8.2.6) zeigt alle Konzepte die explizit mit dem (in Scholion 2.0 vorhandenen) Arbeitsbereich verknüpft wurden. Der Arbeitsbereich soll es bei der Anwendung von Pensen erlauben, dass inhaltliches Wissen und wichtige Konzepte von Lehrenden und Lernenden über die Webplattform abgebildet wird. Diese Funktionalität gleicht einem Wiki auf das sowohl Lehrende als auch Lernende Zugriff haben. Wenn entsprechende Rechte vergeben werden, können Lehrende und Lernende schreibend auf den Arbeitsbereich zugreifen um Inhalte zu erzeugen. Dieses Feature soll die kognitiven Tätigkeiten der Lernenden fördern.

Abbildung 8.2.6.: UI Sicht: Scholion 2.0 Arbeitsbereich

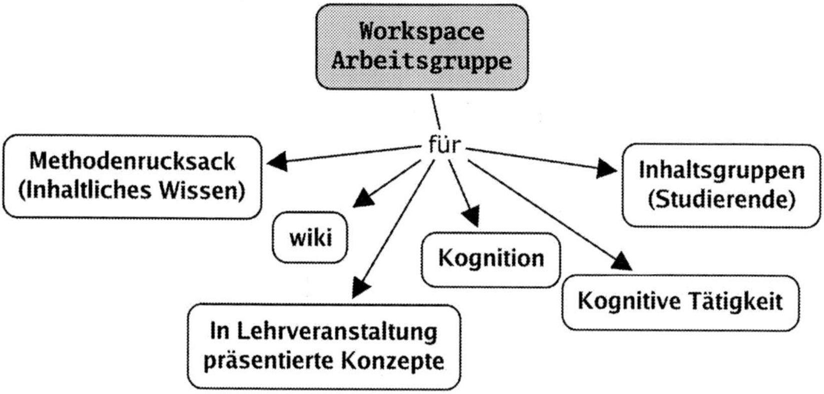

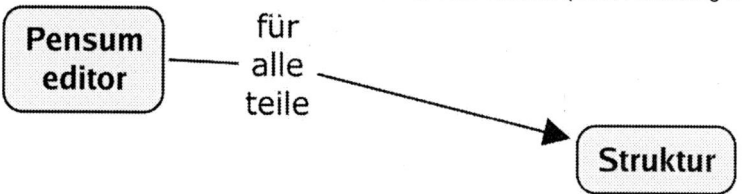

8.2.2. Pensum Editor

Die folgenden Abbildungen (8.2.7 bis 8.2.11 auf Seite 77) sammeln die UI Sichten die im Schritt oben erzeugt wurden. Eine „Interpretation" der Anforderungen folgt.

Der Editor ermöglicht die Bearbeitung aller strukturellen Elemente des Pensums.

Abbildung 8.2.7.: UI Sicht: Editor für die Pensum Struktur (ohne Auflistung aller Teile)

8. Durchführung der Anforderungsanalyse

Der Editor ist mit dem Forum integriert, um die Kommunikation über die Pensen zu ermöglichen. Das hilft beim Verbessern der Pensenqualität durch interessierte Lehrende, die an ähnlichen Themen arbeiten und durch die Interaktion mit den Lernenden um die Beschreibung zu verbessern. Zusätzlich soll es auch ermöglicht werden, dass Lernende für sich selbst Pensen erstellen.

Abbildung 8.2.8.: UI Sicht: Editor mit Forum

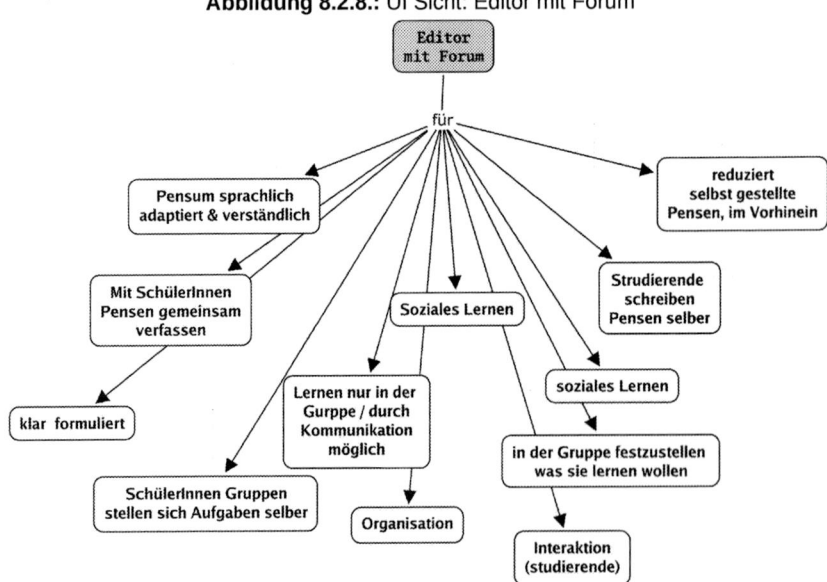

Die Möglichkeit Multimedia Inhalte in Pensen zu integrieren, soll sich motivierend auswirken (siehe Parkhursts Hinführung als „Interest Pocket" Parkhurst (2010)).

74

Abbildung 8.2.9.: UI Sicht: Editor mit Multimedia

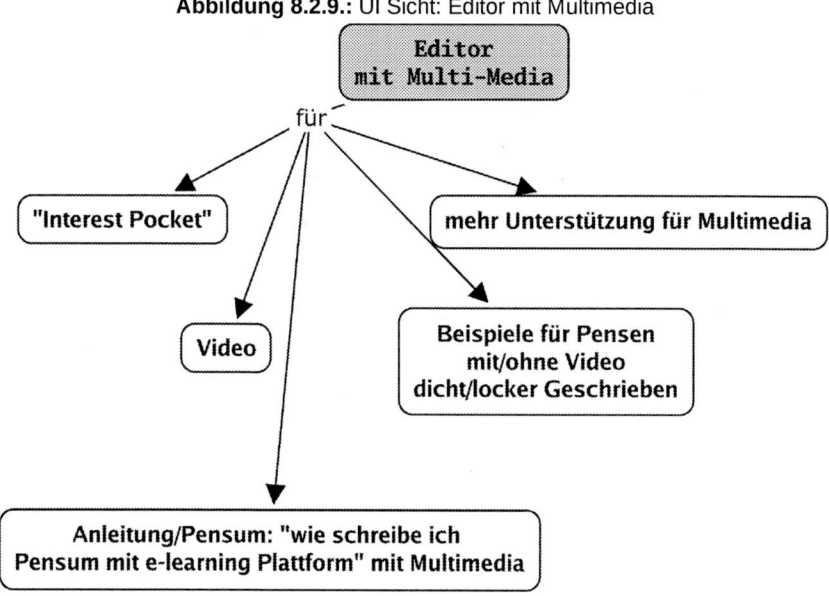

Um eine kontinuierliche Verbesserung von Pensenteilen zu unterstützen, können Templates verwendet werden. Durch Tagging (aus didaktischer und inhaltlicher Sicht) können diese Templates leichter wiedergefunden werden. Templates ermöglichen die Weitergabe und Wiederverwendung von bewährten Mustern. Diese Muster müssen nicht notwendiger Weise ganze Pensen betreffen, sondern können auch „Bruchteile" von Pensen darstellen.

Abbildung 8.2.10.: UI Sicht: Editor mit Templates

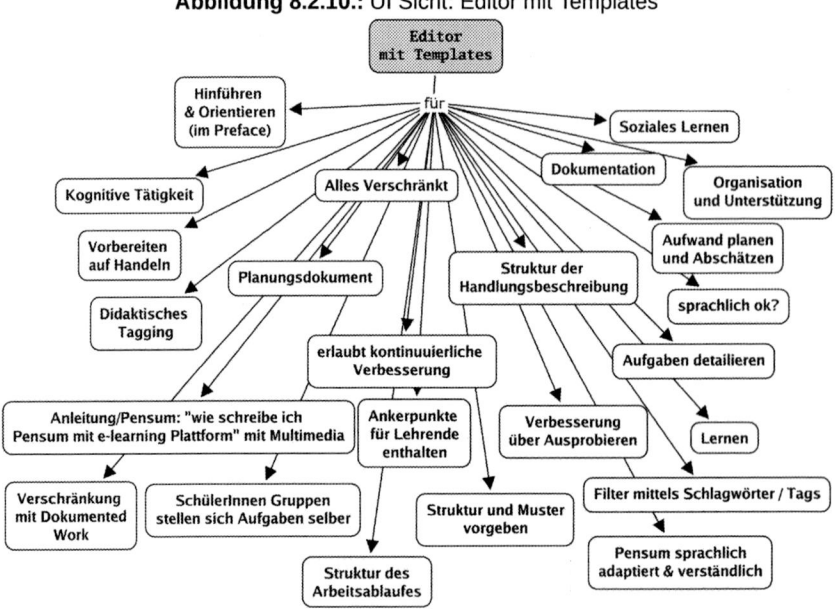

Beispielhafte Pensen unterstützen die Weitergabe von erwähnenswerten Ansätzen. Im Gegensatz zu Templates werden hier die gesamten Pensen dargestellt und weitergegeben.

Abbildung 8.2.11.: UI Sicht: Editor mit Beispielen

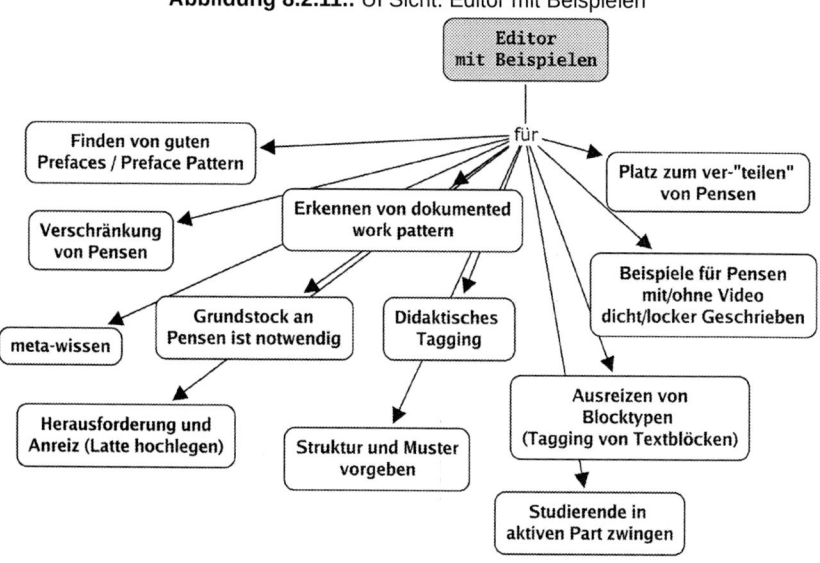

Der Editor dient dazu Pensen zu erstellen und kontinuierlich zu verbessern. Aus Sicht der Experten ist es notwendig, dass der Editor die Einbindung von Multimedia erlaubt. Insbesondere für den Hinführungsteil der Pensen ist Multi Media von Vorteil, da die Experten erwarten, dass sich eingebettete Videos als motivierend auswirken.

Der Pensum Editor bietet Zugriff auf die Struktur des Parkhurst Pensum. Das heißt die BenutzerInnen (je nach Berechtigung) können alle strukturellen Teile der Pensen sehen und auch bearbeiten (siehe Kapitel 8.2.7 und 8.2.2 weiter oben, bzw. Kapitel 1.2). Um Pensen sprachlich zu adaptieren und für Lernende besser verständlich zu machen, soll der Editor eine Verbindung zum Forum bieten. Hier können Unklarheiten diskutiert werden und diese Diskussionen später in den Text des Pensums zurückgeführt werden. Damit wird ein Pensum über die Zeit klar formuliert. Diese Funktionalität unterstützt auch das gemeinsame Verfassen von Pensen durch Lernende und somit den Ansatz in dem sich Lernende die Lernaufgaben selber stellen (siehe Kapitel 8.2.8).

Über den Editor soll es Zugriff auf einen Katalog geben, in dem Pensen gesammelt werden (siehe Kapitel 8.2.10, 8.2.11). Es kann zwischen Beispielen und Templates unterschieden werden. In einem Beispielpensum kann (beispielhaft) vorgegeben werden, wie ein Pensum mit Video aussehen können. Ein anderes Beispiel könnte den selben Inhalt ohne Video haben. LehrerInnen und Lernende können Zugriff auf beispielhafte Pensen haben und auch Beispiele anderer zugänglich machen. Ein Pensum Template (im Gegensatz zu Beispielpensen) bietet nicht vollständige Pensen, aber Fragmente die (ähnlich einem Lückentext) fertig zu stellen sind. Hier können zum Beispiel einzelne Aufgabe-Dokumentation-Verständnis-Treffen Fragmente hinterlegt werden, an denen man die Verknüpfung zwischen einzelnen Teilen des Pensums vorgibt.

Beispiele und Templates implizieren, dass es eine Pensum Managementfunktionalität gibt, mit der jedes Pensum auch anderen zur Verfügung gestellt werden kann. Eine Taggingfunktionalität erleichtert hier das Finden von Pensen zu einem bestimmten Thema. Beispiele können genutzt werden um „gute" Muster für die Hinführung („Preface") oder Dokumentationsarbeit („Written Work") zu erkennen. Eine Möglichkeit „gut" festzumachen, wäre es Pensen auf ihre Qualität von Lernenden bewertbar zu machen. Dieser Mechanismus ermöglicht es die Beispiele und Templates über die Zeit sprachlich zu verbessern.

Templates und Beispiele sind hilfreich, wenn sich Lernende Aufgaben selber stellen. Um passende Beispiele und Templates zu finden, können Tagging Mechanismen für die Aspekte Inhalt und Didaktik benutzt werden.

Im Folgenden werden aus den obigen Anforderungen Funktionalitäten für den Editor zusammengefasst. Dabei werden auch Referenzen zu bestehenden Scholion 2.0 Funktionen gegeben, die, wenn technisch möglich, genutzt werden könnten um (Teile der) Funktionen umzusetzen.

Abbildung der Pensen Struktur

- Nutzung der bestehenden Arbeitsbereichsfunktionalitäten für das Ansehen und Annotieren von Inhalten.

Erzeugen, Ändern, Löschen von Pensen

- Nutzung von (pensumspezifischen) Wissenstypen für die Pensen Teile

- Neuer Pensum Editor der die Struktur vorgibt

Verbindung mit Forum

- Durch die Funktionalität der kontextsensitiven Diskussionsforen

Multimedia Unterstützung

- Ermöglicht durch die Nutzung von Inhaltsknoten für Pensenteilen

Integration eines Beispielkatalogs

- Management (das heißt „Neue erstellen", „Löschen", „Bearbeiten", „Veröffentlichen") von Beispielen

Integration eines Template Katalogs

- Management (das heißt „Neue erstellen", „Löschen", „Bearbeiten", „Veröffentlichen") von Templates

Didaktisches und inhaltliches Tagging von Beispielen und Templates

- Für das Finden von passenden, bestehenden Beispielen und Templates in den Katalogen

Bewertung für Pensen, Beispiele und Templates

- Als Ansatzpunkt für die Bewertung der Qualität von Pensen, Beispielen und Templates durch Lernende

8.2.3. Erklärungs– und Vermittlungskomponente (Methode)

Eine Methode ist zu entwickeln, die BenutzerInnen (LehrerInnen oder Lernende) bei der Verfassung von Pensen unterstützt. Diese Methode ist in der E–Learning Plattform zu integrieren. Insbesondere während der Nutzung des Editors soll diese Methode Unterstützung bieten. Die Erklärungs– und Vermittlungskomponente stellt eine Anleitung dar, mit der BenutzerInnen durch alle wesentlichen Punkte des gesamten Pensums geleitet werden. Diese Punkte betreffen den Inhalt des Pensums, das Verhalten des Lehrenden und die Anforderungen an die Lernenden.

Abbildung 8.2.12.: Funktionalität - Erklärungs– und Vermittlungskomponente

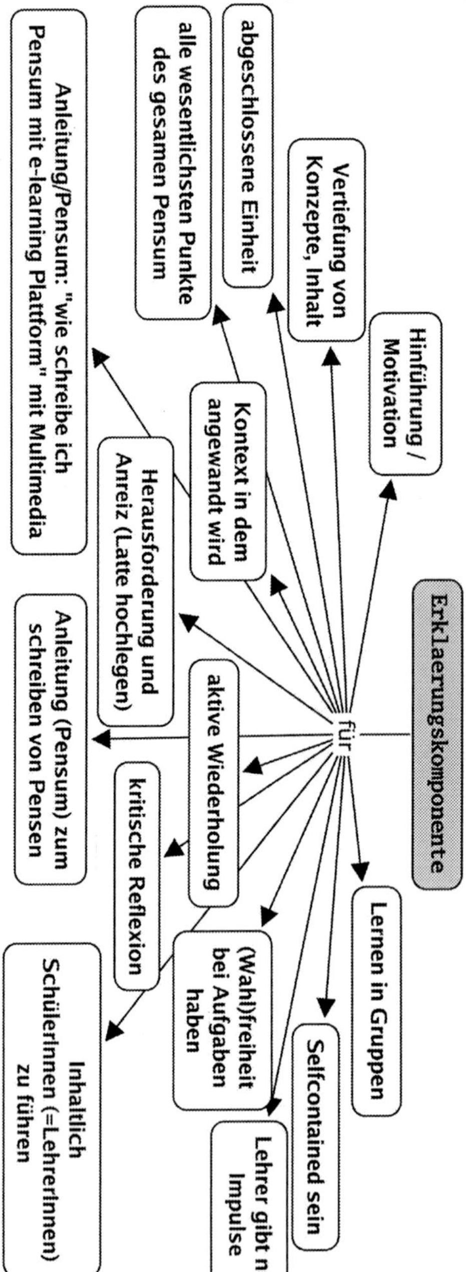

Es ist an dieser Stelle festzuhalten, dass eine Anleitung zum Schreiben von Pensen vor den selben Herausforderungen steht wie ein Pensum selbst.

Unten folgt die Zusammenfassung der Funktionalitäten die durch Erklärungs– und Vermittlungskomponente unterstützt werden müssen.

Anleitung zum Schreiben von Pensen

- Überblick über die Struktur

- Verknüpfung zu guten/schlechten Beispielen

Information zu den wesentlichen Zielen des Dalton-Plans (z.b.: der Lehrerende gibt nur Impulse, ein Pensum stellt eine abgeschlossene Einheit dar).

Technische Integration

- Integriert in Editor oder Zugriff zur Anleitung während des Verfassens von Pensen im Editor

Detail Informationen zu allen strukturellen Teilen des Parkhurst Pensums

- Ziel eines Teils

- (mögliche) Verknüpfung mit anderen Teilen

- Wichtige Punkte die beim Verfassen eines Teiles wichtig sind z.b. Lernende müssen Wahlfreiheit bei den Aufgaben haben

8.2.4. Feedbackgraphen

Die Graphen Methode von Parkhurst (siehe auch Kapitel 1.2.11) unterstützt bei der Beobachtung des Lernfortschrittes und die LehrerInnen beim Geben von qualitativen Feedback. Der Feedbackgraph soll LehrerInnen auch bei der Reflexion der eigenen Inhalte (ist ein verwendetes Skriptum verständlich?) und bei der Reflexion des Pensums (Stimmen die Equivalents, der vorgesehene Aufwand?) unterstützen. Weiters sollen die Feedbackgraphen Lernende dabei unterstützen eigenes Wissen zu reflektieren. Der Feedbackgraph ist mit dem „Documented Work" (Written Work) Teil des Pensums verschränkt. Damit zeigt der Feedbackgraph nicht nur den Fortschritt einzelner Lernender sondern auch von Arbeitsgruppen an.

Zusätzlich müssen mit den Feedbackgraphen auch die Kommunikation zwischen Lernenden und zwischen Lernender/Lernendem und LehrerIn transparent gemacht werden.

Abbildung 8.2.13.: UI Sicht: Feedback-Graphs mit Forum

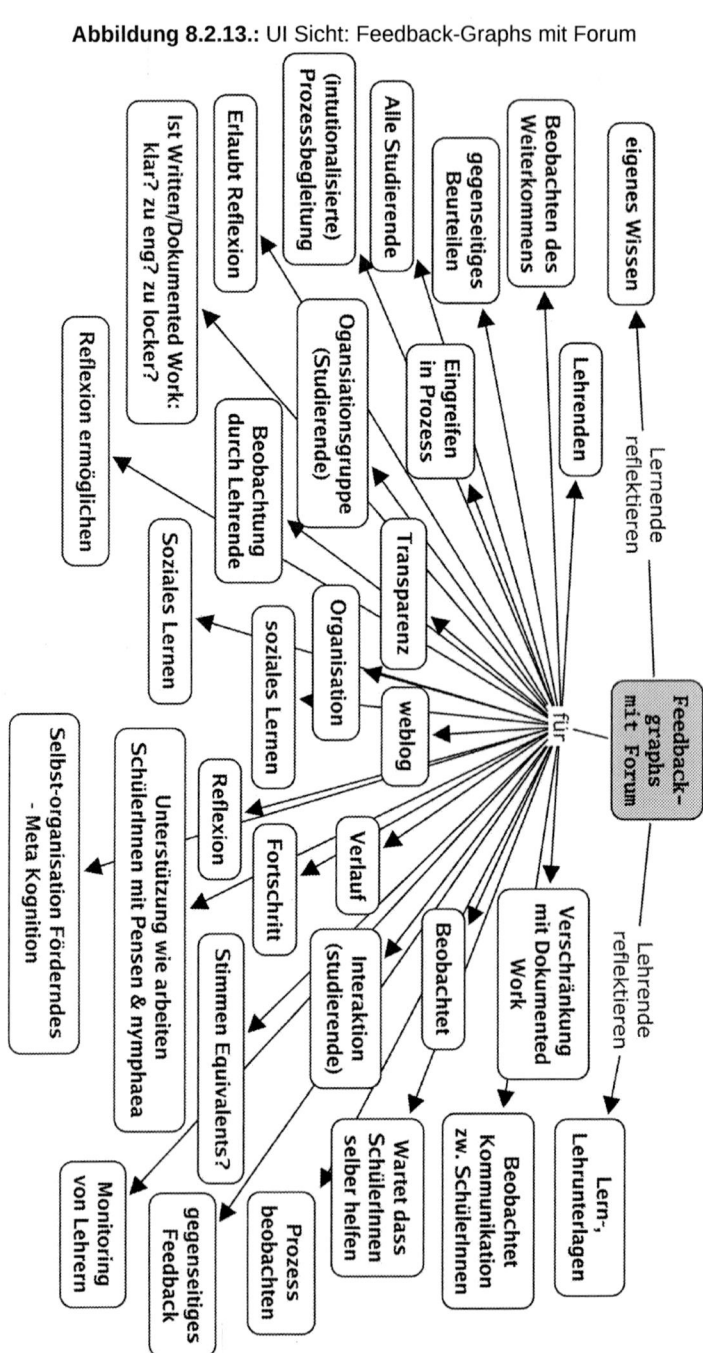

Zur Transparenzmachung

- des Lernfortschrittes

- der Kommunikation und Interaktion

Anzeigen von abgearbeiteten und noch ausständigen Aufgaben (gemäß Vorgaben im Pensum) notwendig für das Erarbeiten (von Teilen) eines Pensums

- aus Sicht LehrerIn

- aus Sicht Lernende/Lernender

Verschränkung mit Forum um Kommunikation (qualitatives Feedback) zu ermöglichen

Anzeige von Kommunikation beim Arbeiten an Aufgaben

Management von Graphen durch die/den LehrerIn

8.2.5. Portfolio

Das Portfolio lässt SchülerInnen ihre abgearbeiteten Pensen externen Nutzern zur Verfügung stellen. Damit kann ein Lernen im öffentlichen Raum umgesetzt werden. Die Ergebnisse sind in der Öffentlichkeit sichtbar.

Abbildung 8.2.14.: Funktionalität - Portfolio

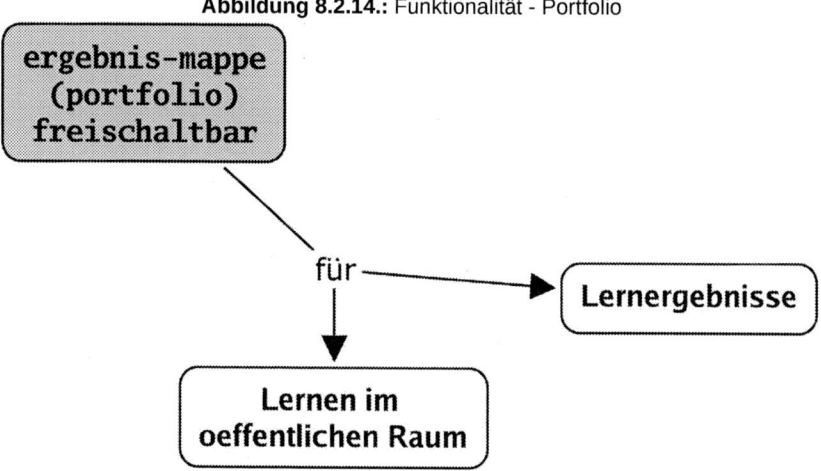

9. Fazit Teil III — Ableitung der Anforderungen und Funktionalitäten

Der Ausgangspunkt für diesen Teil der Arbeit waren validierte Concept Maps, die Expertenwissen zum Thema Anwendung des Dalton Plans im E–Learning zum Inhalt hatten. Diese Strukturen wurden mehrfach reorganisiert. Dabei wurden konzeptionelle UI Sichten generiert, die Funktionalitäten für die Anwendung des Dalton Plans gruppieren. Für die Generierung dieser Sichten wurde eine neue Methode entwickelt, die es erlaubt Wissen aus der Anwendungsdomäne nachvollziehbar in die Softwaredomäne überzuführen. Unter Nutzung der Methode „Konstruktion deskriptiver Systeme" konnten die einzelnen Aspekte der individuellen Concept Maps zusammengeführt werden. Diese zusammengeführten Maps wurden nach Potentialen für eine Unterstützung der zukünftigen BenutzerInnen untersucht. Dabei entstanden konzeptionelle „User Interface" Sichten, die den Input für das Design darstellen. Diese konzeptionellen Sichten gruppieren geforderte Unterstützungsfunktionalitäten für Aktivitäten im Rahmen der Anwendung des Dalton Plans im E–Learning und bilden die Ausgangsbasis für Design und Engineering im folgenden Teil der Arbeit. Als Input für dieses Design und SW Engineering stehen nun Concept Maps zur Verfügung, die für die Aktivitäten im Rahmen der Anwendung des Dalton Plans im E–Learning Anforderungen darstellen.

Die in Teil II und Teil III entwickelte Methode wurde in *Georg Weichhart, Applied e-Learning Systems Research - An empirical, qualitative method for modelling e-Learning environments* (2012a) und *Georg Weichhart, Bridging the Gap between qualitative, empirical work and Software design, in Procceedings fo the 5th International Conference on Concept Mapping* (2012b) publiziert.

Teil IV.

Design

Die im vorherigen Teil der Arbeit entwickelten konzeptionellen UI Sichten bilden, gemeinsam mit den in Scholion 2.0 vorhanden Funktionalitäten und Software Modulen, die Basis für ein Softwaredesign und ein methodisches Design. Als Ausgangspunkt liefern die konzeptionellen UI Sichten Anforderungen der BenutzerInnen an eine IT Unterstützung der Tätigkeiten im Rahmen der Anwendung von Pensen im E–Learning. Input für das Softwaredesign sind einerseits die Struktur nach Parkhurst, die vorhandene Architektur in Scholion 2.0, die vorhandenen Benutzungsschnittstellen in Scholion 2.0 und die dokumentierten Aktivitäten der BenutzerInnen im Rahmen der konzeptionellen UI Sichten. Aus diesen Elementen werden im folgenden UI Design Vorschläge erarbeitet, die Funktionen und Komponenten für BenutzerInnen gruppieren.

10. Designzusammenhänge

Die UI Sichten bilden das Ziel des Designs. Es gibt für das Design aber einige Beschränkungen, die den Designraum einschränken. Im folgenden Kapitel werden Inputs für das Design beschrieben um den Handlungsspielraum für das Design festzulegen.

10.1. Inputs für das Design einer Dalton Plan Komponente

In den folgenden Abschnitten werden die gegebenen Inputs für das Softwaredesign näher beschrieben. Diese Inputs bilden Grenzen des Softwaredesigns und haben so Einfluss auf die Pensum Sichten. Folgende Inputs werden berücksichtigt:

Scholion 2.0 Software Architektur

Vorhandene Scholion 2.0 Benutzungsschnittstellen

Pensen Struktur nach Parkhurst

Feedbackgraphen nach Parkhurst

konzeptionelle UI Sichten

10.1.1. Input für das Design: Existierende Architektur Scholion 2.0

Die Architektur und die bestehenden Domänenobjekte bilden eine wesentliche Basis für die Umsetzung des Software Designs einer Dalton Plan Komponente in Scholion 2.0. Für die Diskussion der Architektur wird die Modellierungssprache ArchiMate der Open-Group verwendet (http://www.opengroup.org/standards/ea, Iacob et al. 2012). Die folgende Abbildung (10.1.1 auf der nächsten Seite) zeigt die abstrakte Architektur von Scholion 2.0 umgelegt auf die drei Ebenen, die in ArchiMate betrachtet werden (siehe auch Kapitel A auf Seite 240):

87

Abbildung 10.1.1.: Scholion 2.0 Grob Architektur

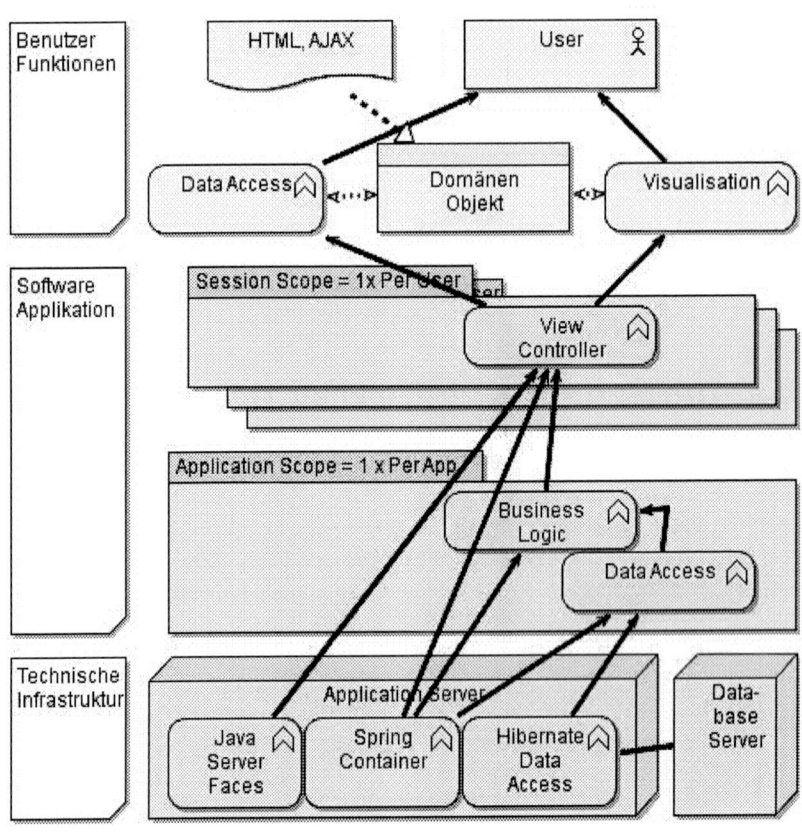

BenutzerInnen Funktionen

Software Applikation

Technische Infrastruktur

Die Legende und ArchiMate Erklärungen zu den Abbildungen der Architektur finden sich in Kapitel A auf Seite 240.

10.1.1.1. Ebene der BenutzerInnen Funktionen

Es können zwei Rollen betrachtet werden:

Autor(in): BenutzerInnen die aktiv Inhalte in der E–Learning Plattform einpflegen

Lesende(r): BenutzerInnen die Inhalte nur „konsumieren"

Für das aktive, bedeutungsvolle Lernen, wie es auch bei Parkhurst gefordert ist, ist die Rolle Autor(in) relevant. Sowohl Lehrende als auch Lernende können diese Rolle einnehmen wenn Inhalte konstruiert werden: Lehrende stellen Skripten zur Verfügung, Lernende schreiben z.B. Seminararbeiten.

Im Rahmen einer Lehrveranstaltung (Kurs) finden alle Rollen (mindestens) einen Arbeitsbereich in der E–Learning Plattform (siehe Kapitel 10.1.2.1). Dieser Arbeitsbereich bündelt und bietet Zugriff auf Inhalte und Kommunikation. Das heißt sowohl Skripten als auch Diskussionsforen sind mit einem Arbeitsbereich verbunden (siehe Kapitel 10.1.2.3). Beide Elemente des Lernens bieten als Mehrwert (ArchiMate Modellelement: Value) für die Nutzer „Wissen" an; aus beiden kann Wissen generiert werden. Als dritte Funktion der Lernunterstützung (neben dem Verfassen von Inhalten und dem Kommunizieren) bietet Scholion 2.0 auch die Möglichkeit, bestehende Texte auf individuellen Folien zu annotieren (siehe Kapitel 10.1.2.2) und die gemachten Annotationen in einer Gruppe zu teilen.

10.1.1.2. Ebene der Software Applikation

Die Software unterstützt das Erstellen von Inhalten, die Kommunikation im Forum und Textannotationen, das Hervorheben von Stellen im Inhalt (Highlight, Marker Annotation), die Verlinkung mit anderen Information in Scholion 2.0 und die Verlinkung mit beliebigen Internetquellen. Alle drei Arten der Annotation werden vom Lernenden auf „Folien" über den bestehenden Text gelegt (siehe auch Kapitel 10.1.6).

Software-technisch können in der Applikation drei Ebenen unterschieden werden:

Controller + View

Logik

Daten Zugriff und Speicherung (Data Access, Persistence)

Jedes Software Service wird in allen drei Ebenen implementiert.

10. Designzusammenhänge

10.1.1.2.1. Controller + View
Die View ist die letztendliche Visualisierung für den Anwender. Eine View definiert die letztendliche graphische Darstellung (in vorliegenden Fall im Browser). Der dazugehörige Controller beinhaltet jene Programmierlogik, die diese View steuert. Der Controller speichert auch den momentanen Zustand der Sicht und leitet Benutzereingaben an die Logik Ebene weiter.

Für jede(n) in Scholion 2.0 angemeldete(n) BenutzerIn wird ein Controller und eine View für das User Interface instanziiert. Beides befindet sich im sogenannten „Session Scope". Ein Scope definiert die Sichtbarkeit eines Objektes. Eine Session ist der Zeitbereich vom Einloggen einer Benutzerin oder eines Benutzers bis zum Abmelden. Der Controller verwendet für die Generierung der Views JAVA Bibliotheken

Java Server Faces (http://javaserverfaces.java.net/),

Richfaces (http://richfaces.org/),

Primefaces (http://primefaces.org/), vgl. Leonard, 2010

mit denen graphische Steuerelemente umgesetzt werden. Weiters erlauben diese Bibliotheken die Nutzung der AJAX (*Asynchronous JavaScript And XML*) Technologie, mit welcher Ereignisse und Benutzerinteraktionen vom Browser asynchron an den Controller übermittelt werden und Teile des User Interface dynamisch geändert werden können.

10.1.1.2.2. Logik
Logik wie Überprüfen von Rechten, das Validieren und Ändern von Informationen (Inhalten, Forum Nachrichten) wird in den Logik Komponenten jedes Services implementiert. In jeder Instanz von Scholion 2.0 gibt es (im Gegensatz zu den Controllern) nur eine einzige servicespezifische Logik und Persistenz Komponente. Beide Arten dieser Software Komponenten sind im sogenannten „Application Scope". Objekte, die in diesem Scope abgespeichert sind, sind in der gesamten Applikation sichtbar und innerhalb dieses Scopes einmalig instanziiert.

Die angesprochenen Scopes und die Instanziierung der Komponenten wird mittels Java Spring Framework (Walls, 2008) umgesetzt.

10.1.1.2.3. Daten Zugriff und Speicherung
Für die Persistenz der Daten in einer Datenbank wird das Hibernate Framework (Fisher und Murphy, 2010) genutzt. Hibernate erlaubt es, dass die Klassen der JAVA Domänenobjekte automatisiert mit einer SQL Tabellen Struktur verbunden werden. Hibernate erzeugt die benötigten Tabellen und Spalten für die Speicherung der Objekte automatisch. Ein standardisierter Zugriff

kann mittels Hibernate leicht realisiert werden. Hibernate bietet außerdem eine Abfragesprache an, mit der Datenbankanfragen händisch optimiert und adaptiert werden können.

10.1.1.3. Ebene der technischen Infrastruktur

Die technische Basisinfrastruktur wird gebildet von einer

Apache Tomcat (http://tomcat.apache.org) Servlet Engine,

einer Oracle Datenbank (http://www.oracle.com/database)

und den oben erwähnten Software Bibliotheken.

Diese zwei Software Server laufen auf zwei getrennten Rechnern.

Die folgende ArchiMate Abbildung (10.1.2 auf der nächsten Seite) fasst diese Architektur zusammen.

10.1.1.4. Domänenobjekte

Ein Domänenobjekt enthält Daten die für BenutzerInnen notwendig sind. Domänenobjekte werden am UI angezeigt, und durch BenutzerInnen bearbeitet und in der Datenbank persistiert.

Die in der Abbildung 10.1.3 auf Seite 94 präsentierten Objekte gehören zu vier Services die durch Scholion 2.0 implementiert werden. Der Arbeitsbereich visualisiert kursrelevante Informationen und vor allem die Inhalte (siehe Kapitel 10.1.2.1 auf Seite 93). Für jeden Kurs wird mindestens ein Workspace (Arbeitsbereich) Objekt angelegt. Diese Workspace Objekte stellen den Einstiegspunkt für Kurse dar, und bringen Inhalt, Teilnehmer, Kommunikation, und Annotation zusammen. Ein Skriptum ist in einem oder mehreren Teilen (Modules) abgebildet, die einem Workspace zugewiesen werden. Jedes Modul enthält Inhaltsblöcke (ContentNodes), die den eigentlichen Text, Multimedia oder Diagramme angereichert um weitere Informationen zusammen bringen. Ein Block kann Inhalte auf mehren Detaillierungsebenen (Level of Detail (LOD)) haben. Diese Inhalte können mit einem Tag (KnowledgeTag) versehen sein, der die Art des Inhaltes angibt. Beispiele für solche Tags sind „Einleitung", „Beispiel", „Zitat", und „Code". ContentResources bzw. die Spezialisierung HyperTextContentResource speichern die Texte und Diagramme in mehreren Sprachen. Die existierende Infrastruktur ermöglicht auch die Einbettung von Multimedia Inhalten in diesen Knoten.

Abbildung 10.1.2.: Architektur Scholion 2.0

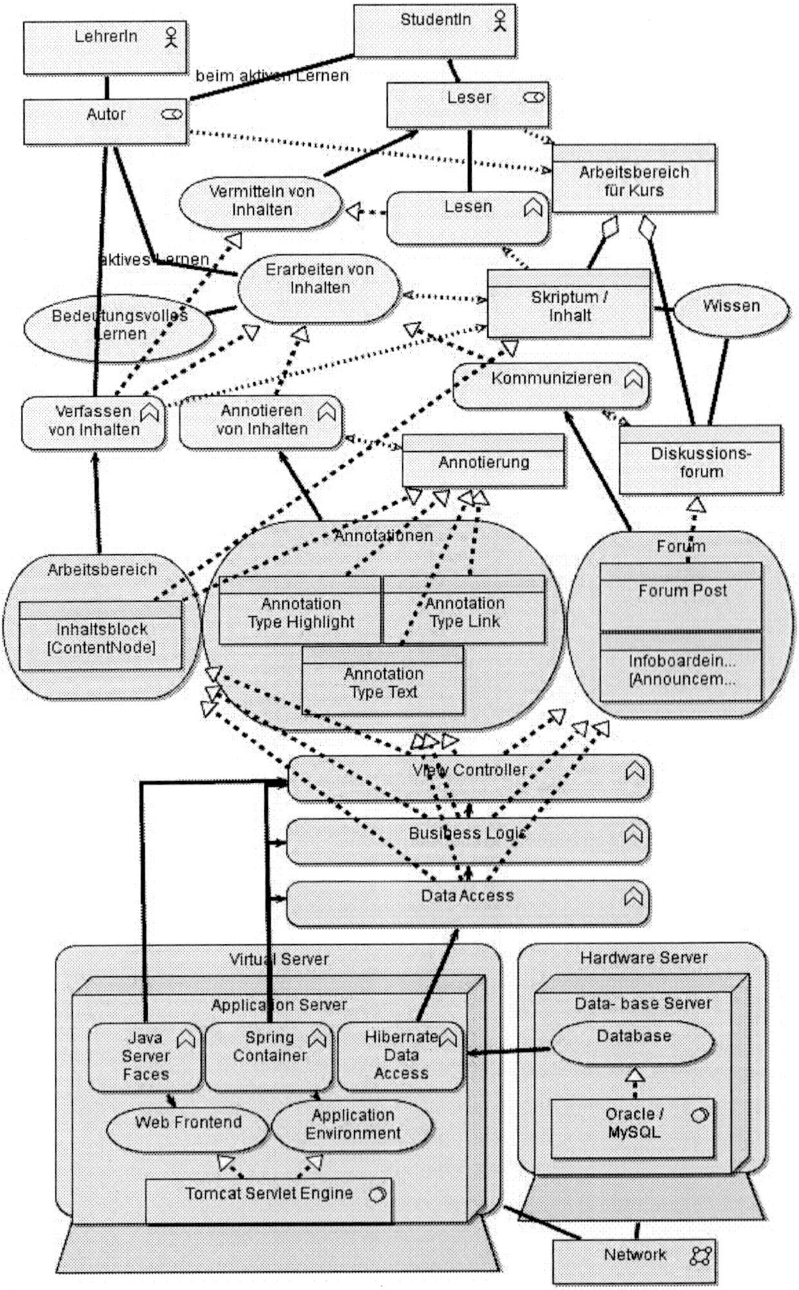

Scholion 2.0 stellt zur Individualisierung der Inhalte (siehe Kapitel 10.1.2.2 auf Seite 97) die Möglichkeit der Annotation von Inhalten auf Folien (NotesLayer) zur Verfügung. Ein NotesLayer enthält alle Anmerkungen, die BenutzerInnen gemacht haben. Diese NotesLayer können auch mit anderen BenutzerInnen eines Workspaces geteilt werden. Das eröffnet die Möglichkeit, dass mehrere BenutzerInnen auf einem NotesLayer gemeinsam Anmerkungen hinterlassen.

Die Kommunikation zwischen BenutzerInnen eines Workspaces wird im Forum abgebildet. Hier kann zwischen einem Infoboard und den Forum Posts unterschieden werden. Ein Infoboardeintrag bietet die Möglichkeit, dass Lehrende Informationen für alle Lernenden, wie zum Beispiel Termine, zur Verfügung stellen. Auf solche Inforboardeinträge kann nicht geantwortet werden. Forum Posts sind in Foren organisiert. Jedes Forum aggregiert mehrere Diskussionsstränge. Der erste Eintrag in einem Forum zu einem (neuen) Thema wird Forum Topic genannt. Dieses Topic ist eine Spezialisierung eines Forum Posts. Auf Forum Posts kann geantwortet werden (wieder in Form eines Forum Posts). Durch die Vererbung der Forum Posts Eigenschaften auf Forum Topic kann auch auf Forum Topics eine Antwort geschrieben werden. Durch das Posten von Forum Posts zu einem Thema ergeben sich die Diskussionsstränge in den Foren (siehe Kapitel 10.1.2.3).

10.1.2. Input für das Design: Bestehende Benutzungsschnittstellen in Scholion 2.0

Im folgenden werden die bestehenden Scholion 2.0 Benutzungsschnittstellen kurz beschrieben. Screenshots geben einen Eindruck über das existierende GUI.

10.1.2.1. Workspace / Arbeitsbereich

Der Arbeitsbereich dient zur Ablage und Organisation von Inhalten. Einerseits erlaubt diese Sicht z.B. Skripten, Lehr– und Lernmaterialien zu verfassen und Lernenden zur Verfügung zu stellen, andererseits gibt es auch die Möglichkeit zur Individualisierung von Inhalten. Dieser zweite Aspekt ist unten im Teil „Folien" näher beschrieben (siehe Kapitel 10.1.2.2 auf Seite 97). Der Arbeitsbereich unterstützt die inhaltliche Arbeit und damit auch die Kognition.

Die Abbildung unten stellt den inhaltsorientierten Arbeitsbereich dar. In der Kopfzeile sind Reiter für die Sichten „Arbeitsplatz" (ausgewählt), „Forum" (Kommunikation) und „Verwaltung" (von Kurse für Administratoren) bzw. rechts Profileinstellungen, Abmelden

10. Designzusammenhänge

Abbildung 10.1.3.: Abstraktes Domänen Modell - Implementierung Scholion 2.0

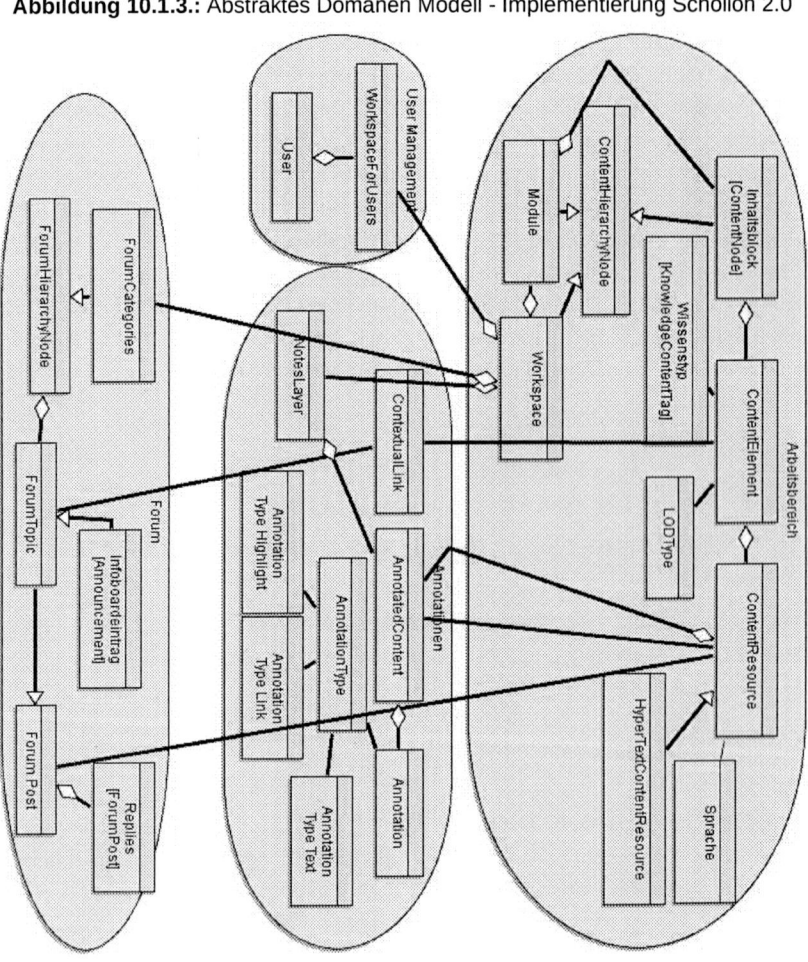

Abbildung 10.1.4.: Arbeitsbereich / Workspace Überblick

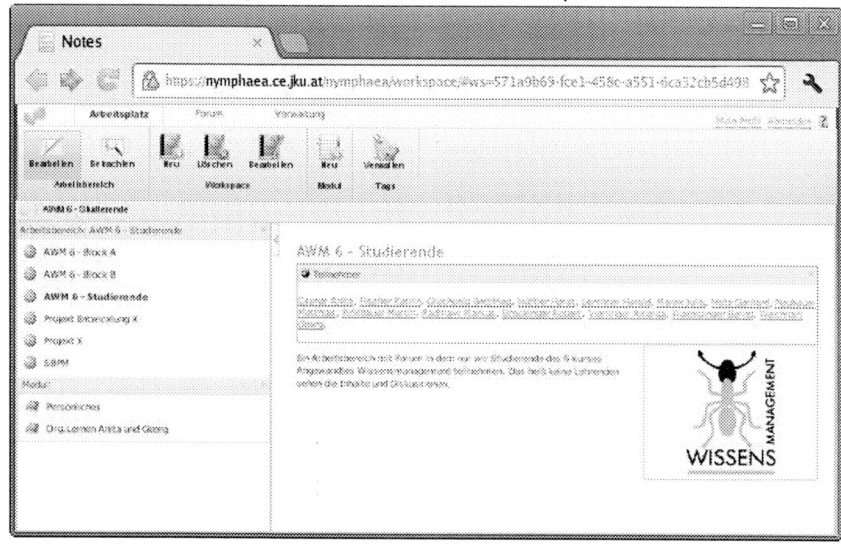

und Hilfe. Die Knopfleiste zeigt die aktuell verfügbaren Funktionalitäten, die bei gegebener Selektion ausgewählt werden können. Im (ausgewählten) Arbeitsbereich sind alle Kurse eines Lernenden (siehe folgende Abbildung links unter der Knopfleiste) aufgelistet. Ein selektierter Kurs wird mittels fetter Schrift hervorgehoben. Vom aktuellen Kurs werden die TeilnehmerInnen und eine Beschreibung angezeigt.

Inhalte von zum Beispiel Vorlesungsskripten werden in Modulen und Inhaltsknoten organisiert. Inhalte eines Skriptum werden in einem oder mehreren Modulen gekapselt. Der eigentliche Inhalt ist in Knoten zu finden. Ein Knoten bildet einen Teil (Sektion) des Skriptums ab. Jeder Knoten hat nicht nur (Multimedia) Inhalt sondern auch einen Titel (Überschrift). Außerdem wird ein Knoten mit einem Wissenstypen (z.B. „Beispiel", „Übersicht", „Merksatz", „Lösung" im Bild unten auf der rechten Seite auf Höhe der Titel) versehen, der es ermöglicht Inhalte der Skripten zu filtern. Das heißt zum Beispiel, Lernende können sich erst alle „Definitionen" in einem Skriptum ansehen und dann alle „Beispiele" (Stary, 2012)

Wesentliche, in Scholion 2.0 bereits implementierte Funktionalitäten sind:

Erstellen von Inhalten

- Inhalte können in mehreren Sprachen angelegt werden

- In Inhalte können Multimedia Elemente eingebettet werden

Abbildung 10.1.5.: Inhalte in Scholion 2.0

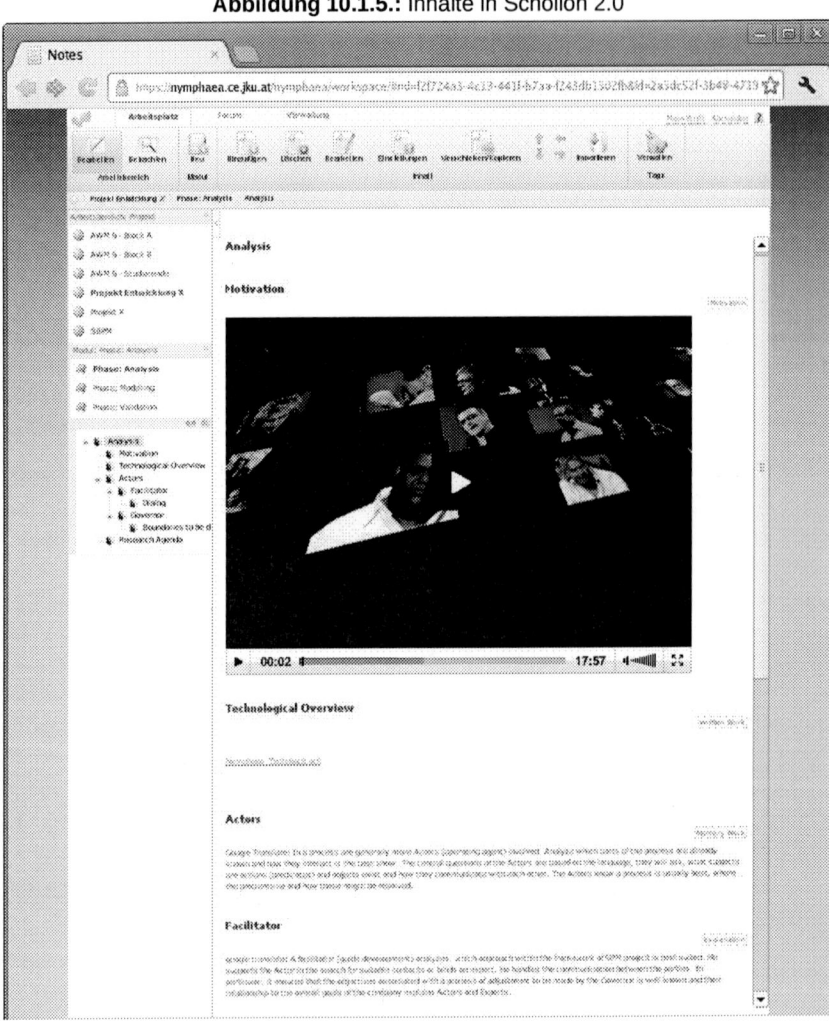

Organisieren der Inhalte als Inhaltsknoten oder Module (ein organisatorisches, am User Interface sichtbares Objekt, das Inhaltsknoten zu verschiedenen Themen kapselt)

- Verschieben, Kopieren von Teilen der Inhalte (Knoten)

- Setzen von Hypertext - Links zwischen Knoten

- Zuweisen von Wissenstypen zu Inhaltsknoten, mit denen zum Beispiel Knoten vom Typ „Definition", „Beschreibung", „Hintergrundinformation" unterschieden werden können

Zugriffsrechte regeln die Möglichkeiten von BenutzerInnen mit Inhaltsknoten umzugehen

10.1.2.2. Folien & Annotationen

Im Arbeitsbereich gibt es zwei Modalitäten: Bearbeiten und Ansehen (Lernen). Im ersteren können die originären und für alle sichtbaren Inhalte bearbeitet werden (siehe oben). Im zweiteren können Lernende eine „Folie" über diese Inhalte legen und sich private Annotationen (Notizen, Links, farbliche Hinterlegung des Textes) auf diesen Folien machen (siehe folgende Abbildung). Auf der linken Seite der originäre Inhalt, rechts im Bild eine Folie mit Annotationen. Farblich hinterlegt für den Lernenden „wichtige" Stichworte, Links in andere Bereiche bzw. das Internet, zum Beispiel zur Begriffsbestimmung, und klärende Texte. (Stary, 2012)

Wesentliche, in Scholion 2.0 bereits implementierte Funktionalitäten sind:

Individualisierung von Inhalten durch Annotierungen

- die Text enthalten

- auf denen Links innerhalb von Scholion 2.0 gesetzt werden können

- auf denen Links in das Internet gesetzt werden können

- auf denen Text aus den originären Inhalten farblich markiert werden können

Abbildung 10.1.6.: Arbeitsbereich: Lernen mit Annotationen auf Folien

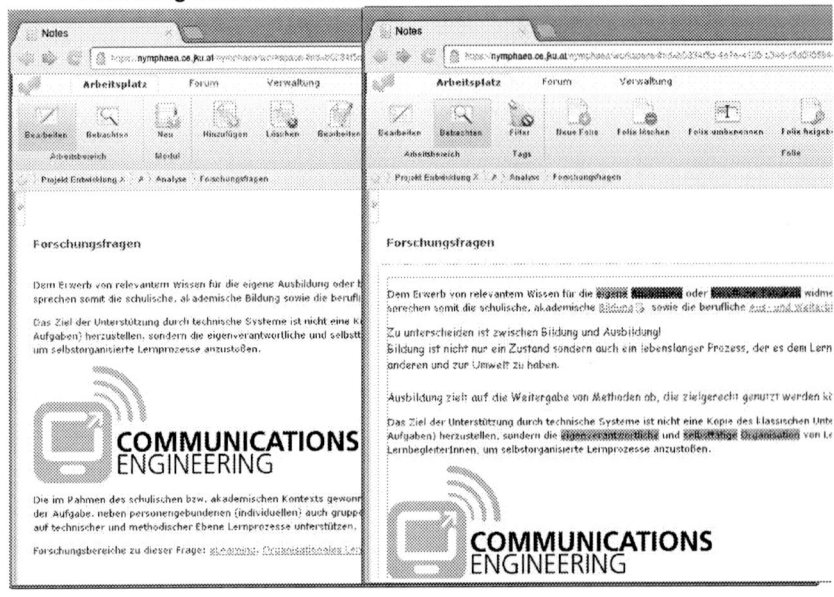

10.1.2.3. Diskussionsforum und Infoboard

In Scholion 2.0 besteht die Möglichkeit für jeden Kurs mehre Diskussionsforen zu installieren (siehe folgende Abbildung). Diese unterstützen die Gruppenkommunikation. Weiters werden bei neuen Beiträgen die KursteilnehmerInnen über die neue Nachricht informiert. Forum Posts (Nachrichten) können in Rich Text abgefasst sein und Anhänge enthalten.

Scholion 2.0 bietet auch ein Infoboard, über das von den Lehrenden Ankündigungen verteilt werden können. Zu diesen Ankündigungen gibt es keine Antwortmöglichkeit, aber die Möglichkeit Benachrichtigungen vor Beginn einer angekündigten Veranstaltung automatisch zu übermitteln. Das Infoboard dient auch dazu Termine einzutragen. Termine und Ankündigungen können einen Startzeitpunkt, einen Endzeitpunkt und eine Lokalität haben. Scholion 2.0 bietet auch die Möglichkeit vor dem Startzeitpunkt eine e-mail Erinnerung an alle TeilnehmerInnen eines Arbeitsbereiches auszusenden.

Wesentliche, in Scholion 2.0 bereits implementierte Funktionalitäten sind:

Organisation und Dokumentation von online Interaktion und Kommunikation

Infoboard / „Schwarzes Brett" mit dem alle KursteilnehmerInnen informiert werden und in dem Termine eingetragen sind.

Abbildung 10.1.7.: Forum in Scholion 2.0

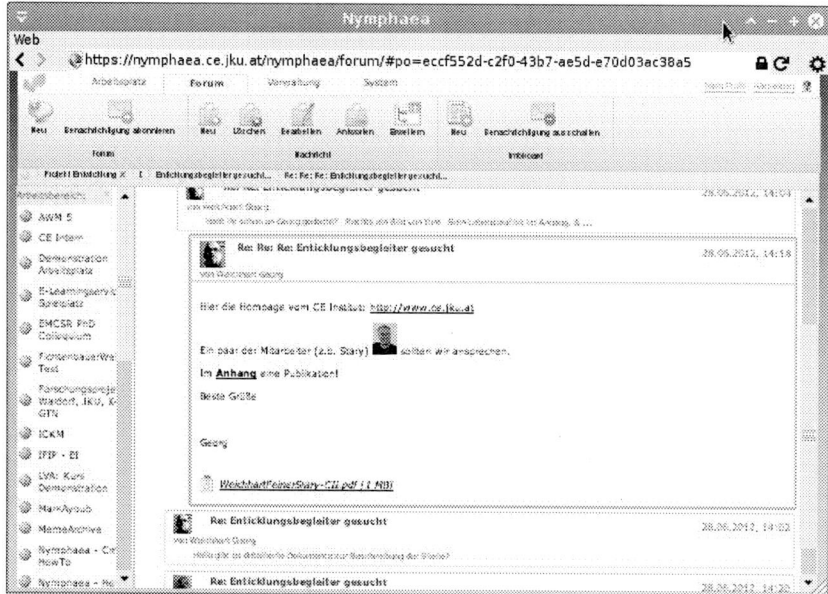

Abbildung 10.1.8.: Infoboard

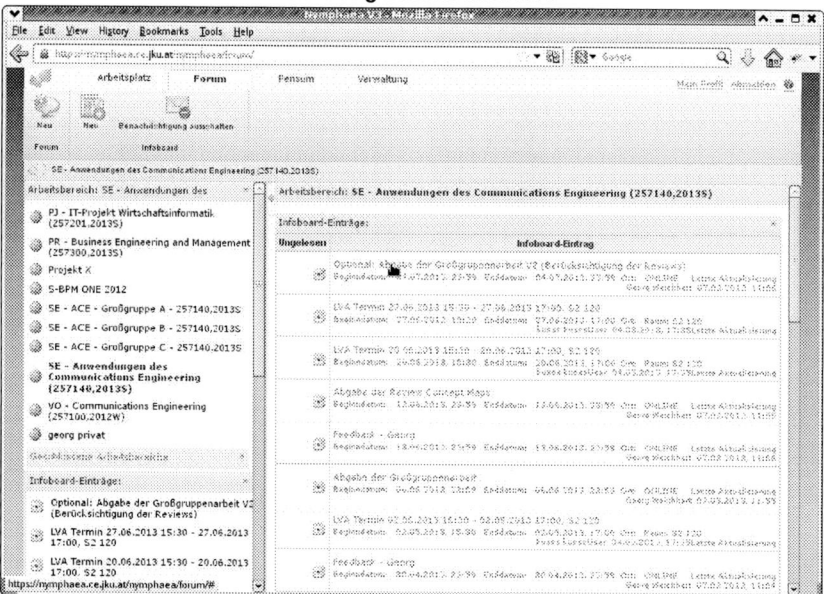

Benachrichtigung von KursteilnehmerInnen per e-mail, wenn neue Nachrichten und Infoboardeinträge vorhanden sind

10.1.2.4. Verlinkung von Kommunikation und Inhalten

Die oben beschriebenen Folien können in einer Gruppe geteilt werden. Eine Folie kann für andere BenutzerInnen lesend, oder schreibend weitergegeben werden. Eine Lerngruppe kann so gemeinsam an einem Skriptum arbeiten und ihre (schriftlichen) Gedanken teilen. Diese Funtkionalitäten unterstützen die Kommunikation in Lerngruppen. Folien in Scholion 2.0 bieten die Möglichkeit Inhalte mit Kommunikation zu verknüpfen.

Dialoggeführt können BenutzerInnen Inhalte („ContentNodes") mit Forumposts verlinken. Sowohl beim Verfassen eines Forumposts, als auch beim Schreiben eines Inhaltsblocks unterstützt ein Scholion Dialog das Setzten von Links in andere Bereiche der E–Learning Plattform. Scholion 2.0 unterstützt auch Verlinkungen von Folien in andere Scholion 2.0 Bereiche. Das ermöglicht folgenden beispielhaften Lernprozess: Bei der gemeinsamen Annotation von Inhalten in einer Gruppenfolie kommt die Gruppe zu einem unklaren Punkt. Es wird aus der Gruppenfolie in ein Diskussionsforum verlinkt. Wenn die Gruppe in dieser Diskussion zu einer Lösung kommt, kann sie diese in der Folie festhalten. Im folgenden Bild sieht man die Verlinkung aus einem Scholion 2.0 Inhalt in ein Diskussionsforum. Bei einer Bewegung des Mauszeigers über den Link sieht ein(e) BenutzerIn den Inhalt des ersten Forumeintrages. Wenn man den Link klickt kommt man in das Forum und sieht auch hier einen Link zum originären Inhalt im Arbeitsbereich. Wenn die Maus über diesen Link bewegt wird, sieht man wieder den originären Inhalt und kommt per Mausklick wieder dorthin zurück.

Wesentliche, in Scholion 2.0 bereits implementierte Funktionalitäten sind:

Verlinken von Inhalten im Arbeitsbereich mit dem Forum

Verlinken von Folien mit dem Arbeitsbereich oder Forum

Teilen von Folien mit anderen KursteilnehmernInnen

Verlinken von Diskussionsbeiträgen mit Inhalten im Arbeitsbereich

10.1.3. Input für das Design: Pensen Struktur nach Parkhurst

Die Struktur (vor allem) der Pensen gibt wesentliche Teile und Zusammenhänge zwischen Pensum relevanten Domänenobjekten vor. Die Pensum Struktur nach Parkhurst

10.1. Inputs für das Design einer Dalton Plan Komponente

Abbildung 10.1.9.: Inhaltsbezogene Diskussion

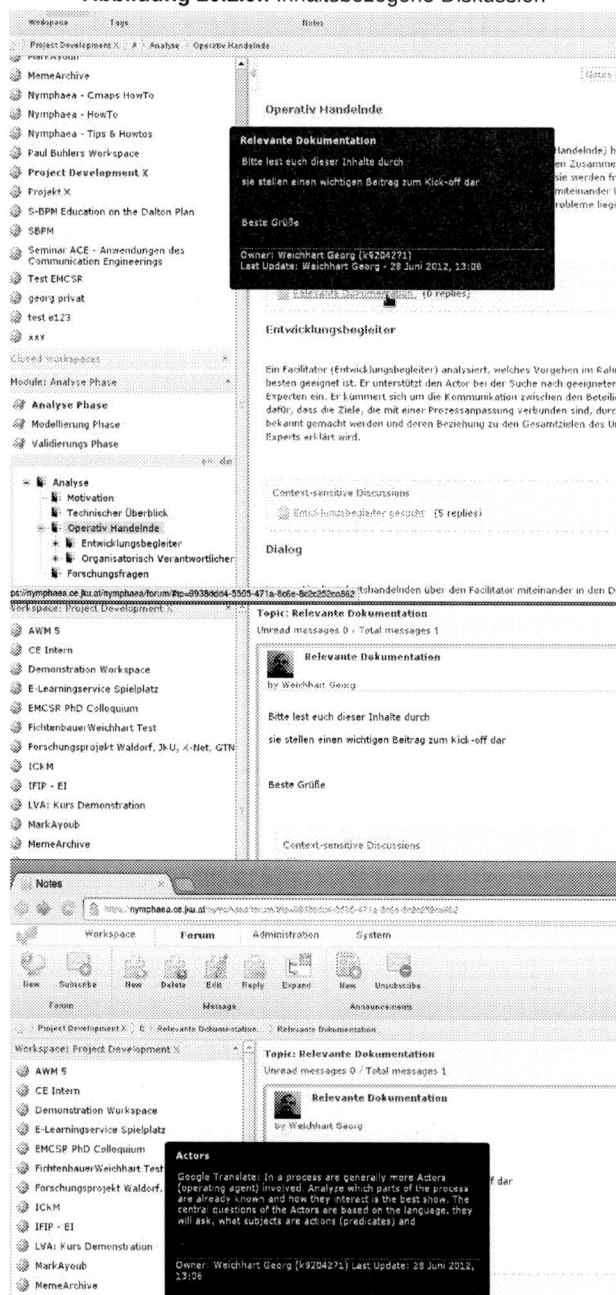

kennt die folgenden Teile (vgl. Kapitel 1.2 auf Seite 4):

1. Hinführung (Preface / Orientation section)

2. Thema (Topic / Objectives)

3. Problemstellung und Aufgaben (Problems / Tasks)

4. Dokumentationsarbeit (Written Work)

5. Verständnisarbeit (Memory Work)

6. Interaktion (Conferences)

7. (fachliche) Verweise und Referenzen (References)

8. Leistungseinheiten (Units / Equivalents)

9. Aktuelle Mitteilungen (Bulletin Study)

10. Anerkennung der fächerübergreifenden Leistung (Departmental Cuts)

In der nachfolgend Abbildung werden diese Teile in Beziehung gesetzt. Die Hinführung motiviert die Aufgaben. Um die Erledigung der Aufgaben und damit die Erreichung der Lehrziele zu leiten, geben die Teile „Verständnisarbeit" und „Dokumentationsarbeit" Hilfestellung. Aufgaben werden bis zu vorher abgestimmten Terminen erledigt. Die dokumentierte Arbeit wird auch bei Treffen präsentiert oder besprochen.

10.1.4. Input für das Design: Feedbackgraphen nach Parkhurst

Für eine funktionale Umsetzung der Feedbackgraphen werden die Graphenblätter nach Parkhurst als Input herangezogen. Feedbackgraphen dienen im Dalton Plan zur Messung der (erledigten) Arbeit und (verbrauchten) Zeit. Feedbackgraphen helfen den Lernenden ihren eigenen Fortschritt zu beobachten. Insbesondere ist für Lernende auch relevant wie der Lehrende den inhaltlichen Fortschritt (im Zusammenhang mit dem gesamten Pensum) sieht. Graphen helfen beim Planen und unterstützen den selbstverantwortlichen Umgang mit Zeit („budgeting time") (Parkhurst, 2010, S. 134ff).

Parkhurst schlägt 3 Arten von Graphen, wie im Folgenden beschrieben, vor.

Abbildung 10.1.10.: Zusammenhänge Pensum nach Parkhurst (vgl. Weichhart, 2012a)

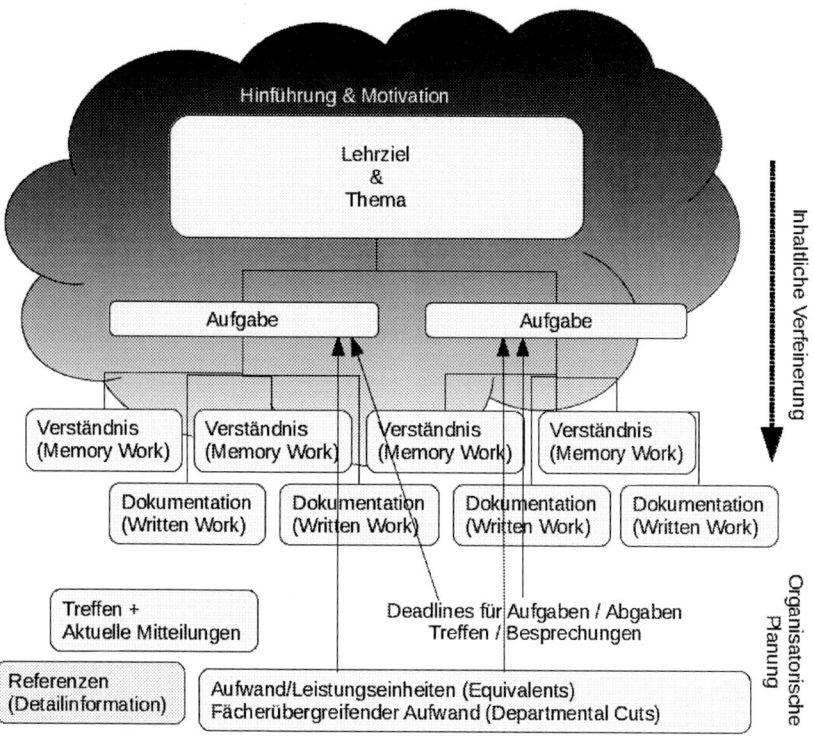

10.1.4.1. Graph I: Instructor's Laboratory Graph

Im ersten Graph (Abb. 10.1.11 auf der nächsten Seite) kann ein(e) LehrerIn auf einem Blick feststellen wie weit einzelne Lernende im Klassenverband sind. Dieser Graph zeigt auch auf, welche Lernenden in einem Gegenstand (schneller) weiterkommen als andere. Es wird damit der Forschritt des gesamten Klassenverbandes transparent gemacht. Lernende können sich mit einem Blick auch mit den anderen vergleichen, und können erkennen, ob sie (relativ gesehen) mehr oder weniger Zeit in einen Gegenstand aufwenden sollen.

Der Lehrende kann für Lernende, die gleich weit gekommen sind, Treffen vereinbaren. Dazu schlägt Parkhurst vor, den im Pensum beschriebenen Platz der aktuellen Mitteilungen zu nutzen (siehe oben). Feedback kann damit einer Gruppe von Lernenden gegeben werden, die den selben Status erreicht haben.

Eingetragen wird in diesem Graph der Fortschritt gemessen in Arbeitstagen. Eine Spalte entspricht hier der geplanten Arbeit für einen Tag (wie im Pensum unter Leistungseinheiten (Equivalents) festgehalten). (Parkhurst, 2010)

10.1.4.2. Graph II: Pupil's Contract Graph

In Graphen II (Abb. 10.1.12 auf Seite 106) werden zur selben Zeit wie im Graphen I der individuelle Fortschritt pro Gegenstand eingetragen. In der vorletzten Zeile werden die Lerngegenstände eingetragen. Die letzte Zeile beinhaltet das Ergebnis von (Parkhurst folgend) optionalen Tests.

Die Schülerin Betty hat im fertigen Graphen unten bei jedem Gegenstand eine Linie am ersten Tag eingetragen und nach einem Gespräch mit dem Lehrenden die Linie gemäß anerkannter Leistung eingezeichnet und am ersten Tag alle diese Linien mit '1' versehen. Im Beispiel unten sind das die Gegenstände Geschichte (History) und Englisch (English). In beiden Fällen hat sie am ersten Tag die Arbeit von 3 Tagen gemäß den Pensen erledigt. In diesem Graphen entspricht ein Arbeitstag einer Zeile. Am zweiten Tag in diesem Beispiel hat Betty im Gegenschaft „Wissenschaft" (Science) sechs Arbeitstage an Arbeit erledigt und markiert diese Arbeit gemeinsam mit dem Lehrenden in den Graphen I und II. Im Graph II wird der zweite Tag '2' damit in der Spalte Wissenschaft in der sechsten Zeile eingetragen.

Im zweiten Beispiel (Abb. 10.1.13 auf Seite 108) zeigt Parkhurst einen fertigen Graphen von der Schülerin Betty am Ende eines Monats. Die Lehrenden sehen, ob Betty die gesamte geplant Arbeit eines Monats fertig gebracht hat. Damit können sie gegebenfalls eingreifen, wenn Lernende ihre Arbeitspensen nicht rechtzeitig fertig machen

Abbildung 10.1.11.: Graph I: Instructor's Laboratory Graph (Parkhurst, 2010, S. 137)

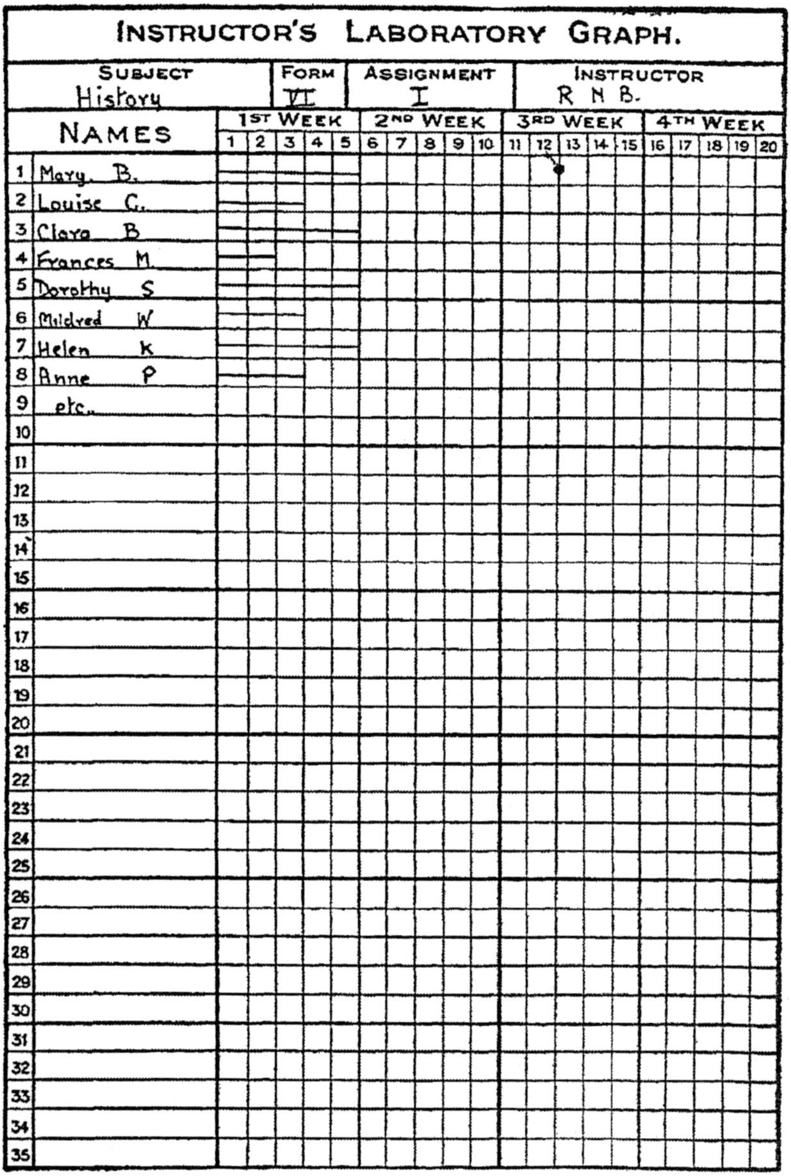

INSTRUCTOR'S LABORATORY GRAPH.

SUBJECT: History | FORM: VI | ASSIGNMENT: I | INSTRUCTOR: R N B.

	NAMES	1ST WEEK					2ND WEEK					3RD WEEK					4TH WEEK				
		1	2	3	4	5	6	7	8	9	10	11	12	13	14	15	16	17	18	19	20
1	Mary. B.																				
2	Louise C.																				
3	Clara B																				
4	Frances M.																				
5	Dorothy S																				
6	Mildred W																				
7	Helen K																				
8	Anne P																				
9	etc.																				
10																					
11																					
12																					
13																					
14																					
15																					
16																					
17																					
18																					
19																					
20																					
21																					
22																					
23																					
24																					
25																					
26																					
27																					
28																					
29																					
30																					
31																					
32																					
33																					
34																					
35																					

Dalton Graph, No. 1. Copyright, Children's University School.

GRAPH I

(Actual size: 12 by 8 in.)

Abbildung 10.1.12.: Graph II: Pupil's Contract Graph (Parkhurst, 2010, S. 143)

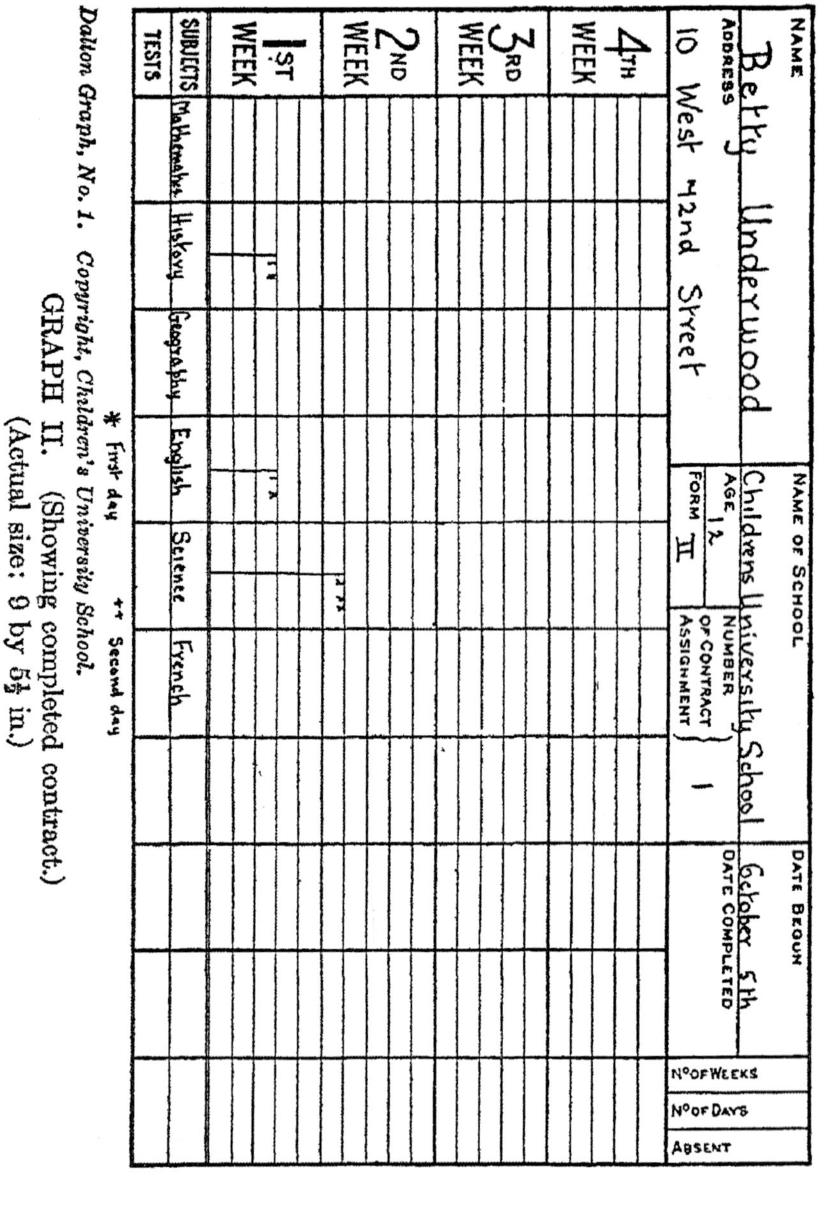

(können) (Parkhurst, 2010). Wenn Betty alle ihre Aufgaben eines Monats in kürzerer Zeit vollbracht hat, dann kann dies zum Beispiel mit Tests geklärt werden. Wenn sie wirklich fertig ist, kann sie an den nächsten Pensen arbeiten. Die Graphen erlauben, dass Betty ihre Arbeit frei einteilt. Das heißt, sie kann den Zeitpunk frei wählen, an dem sie an den Pensen der einzelnen Gegenständen arbeitet.

Auf der sozialen Ebene stellt Parkhurst fest, dass Lernende ihre Arbeiten vergleichen können und je nach Status ihrer Arbeit (wie in den Graphen festgehalten) entweder Schwächeren weiter helfen können, oder mit anderen, die gleich weit sind, in Kontakt treten können.

10.1.4.3. Graph III: Form or House Graph

Im dritten Graphen (Abb. 10.1.14 auf Seite 109) stellen die Spalten jeweils eine Arbeitswoche dar. Bei der Nutzung von (neuen) Form Graphen Blättern jede Woche, kann festgestellt werden, wie der Fortschritt sich jede Woche ändert.

Für jede(n) Lernende(n) werden die abgearbeiten Tage für alle Gegenstände jede Woche eingetragen. Dass heißt, Betty hat dreieinhalb Wochen an Arbeit geleistet. Dieser Aufwand ist im Graphen unten eingetragen. Diese Arbeit verteilt sich (gemäß den Beispielen oben) auf mehrere Gegenstände.

Gemäß Methode werden die Graphen bei einem Gespräch zwischen LehrerIn und SchülerIn eingezeichnet. Zu beachten ist, dass im E–Learning dieses gemeinsame Gespräch eventuell nicht existiert, Lernende Aufgaben in der E–Learning Umgebung fertigstellen und zu einem späteren Zeitpunkt diese Aufgaben von den LehrerInnen begutachtet und bewertet werden.

10.1.5. Input für das Design: Aktivitäten der BenutzerInnen und deren Unterstützung in den konzeptionellen UI Sichten

Aus den vorherigen Arbeiten können die geforderten Domänenobjekte und Funktionalitäten am User Interface zusammengefasst werden. Dazu müssen die Ergebnisse aus dem vorherigen Teil der Arbeit (siehe Kapitel 8.2.2) in eine Darstellung gebracht werden, die das Design einer Benutzungsschnittstelle ermöglicht. Dieses Design wird mit den Anforderungen, die in den konzeptionelle UI Sichten dokumentiert sind, überprüft.

Abbildung 10.1.13.: Graph II: Pupil's Contract Graph - final Version (Parkhurst, 2010, S. 139)

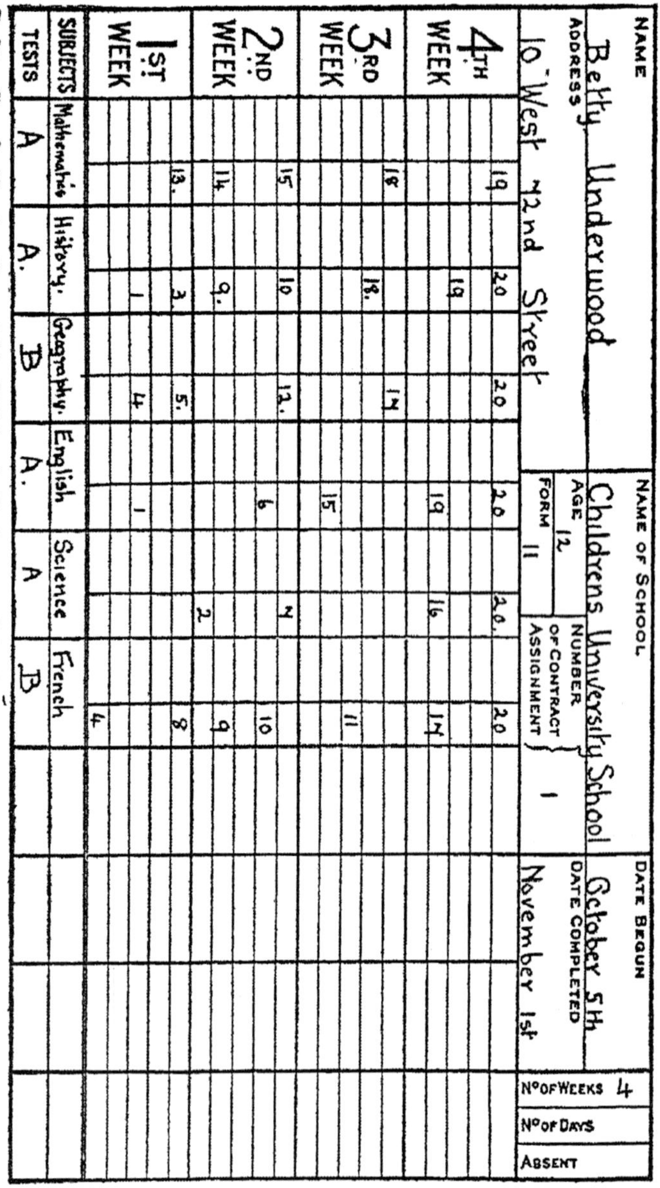

THE PUPIL'S CONTRACT GRAPH

NAME	ADDRESS	NAME OF SCHOOL	AGE	FORM	NUMBER OF CONTRACT ASSIGNMENT	DATE BEGUN	DATE COMPLETED	N° OF WEEKS	N° OF DAYS	ABSENT
Betty Underwood	10 West 72nd Street	Childrens University School	12	II	1	October 5th	November 1st	4		

SUBJECTS	Mathematics	History	Geography	English	Science	French
4TH WEEK	19	19, 20	20	19, 20	16, 20	17, 20
3RD WEEK	18	18.	17	15		11
2ND WEEK	14, 15	9., 10	12.	6	2, 7	9, 10
1ST WEEK	13.	1, 3	4, 5.	1		4, 8
TESTS	A	A.	B	A.	A	B

Dalton Graph, No. 1. Copyright, Children's University School.
GRAPH II
(Actual size: 9 by 5¼ in.)

Abbildung 10.1.14.: Graph III: Form or House Graph (Parkhurst, 2010, S. 147)

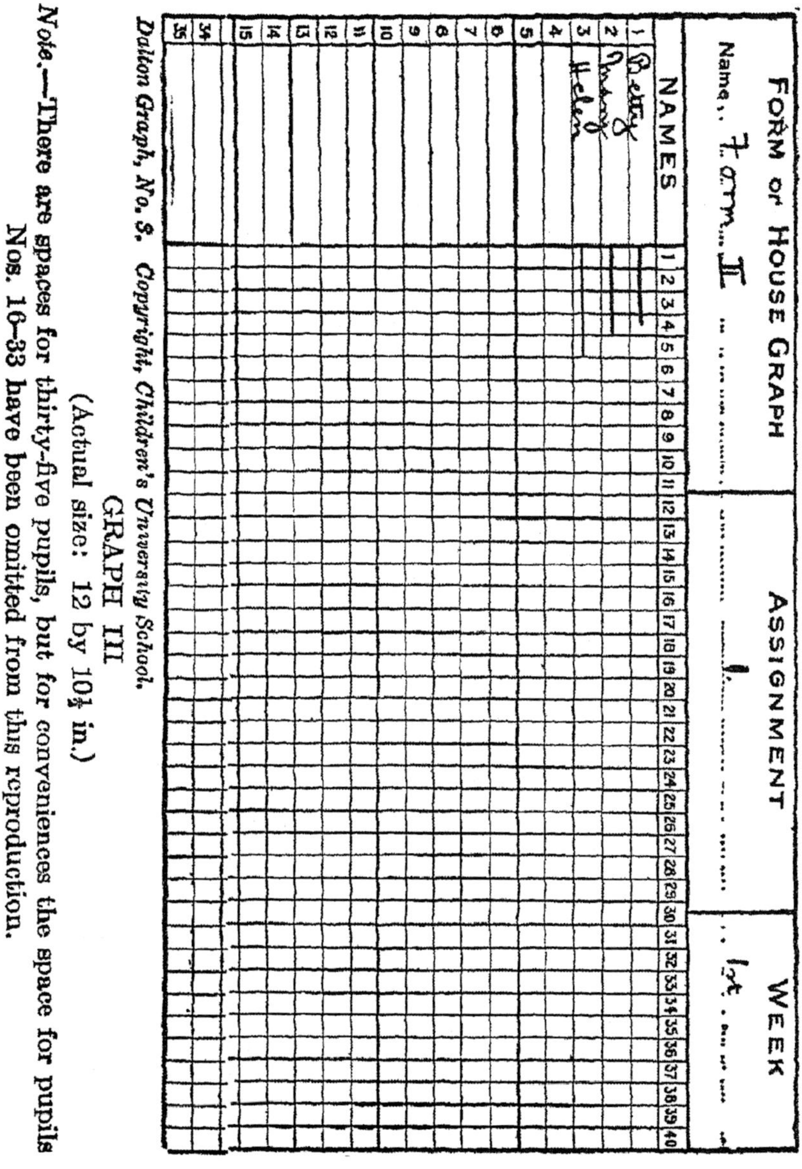

10.2. Vorgehensweise für das Design der Erklärungs– und Vermittlungskomponente

Die Erklärungs– und Vermittlungskomponente verlangt wenig Software Design, aber ein methodisches Design. Zu konstruieren ist eine methodische Unterstützung des eigenständigen Verfassens von Pensen. Der Pensum Ansatz nach Parkhurst hat das Ziel selbstorganisiertes und selbstverantwortliches Lernen zu unterstützen. Da es in diesem Projekt um die technische Unterstützung von Pensen geht, ist es naheliegend ein oder mehrere Pensen zu verfassen, die als Zielsetzung die Verfassung von Pensen nach Parkhurst haben.

Methodisch haben die Experten für die Verfassung von Pensen aufgezeigt, dass (unter anderen Aspekten) ein erstes Pensum gemeinsam mit Lernenden sprachlich adaptiert werden soll um die Klarheit des Pensums zu verbessern. Methodisch werden daher ein oder mehrere Pensen verfasst, die zum Ziel haben ein Pensum zu verfassen (Metapensum). Dieses Erklärungs– und Vermittlungspensum wird dann gemeinsam mit Lernenden besprochen, sprachlich adaptiert und durch Lernende angewandt.

Nach einem solchen (inhaltlichen) Design der Erklärungs– und Vermittlungskomponente wird diese im Editor softwaretechnisch integriert. Der Editor soll der Benutzerin, dem Benutzer oder der Gruppe der BenutzerInnen einen direkten Zugriff auf die Metapensum ermöglichen. Ein Teil der Erklärungs– und Vermittlungskomponente soll direkte Hilfestellung für die einzelnen Teile des Parkhurst Pensums bieten.

11. Umsetzung des Designs

11.1. Durchführung Software Design

11.1.1. Allgemeine Überlegungen

Die konzeptionellen UI Sichten zeigen viele Konzepte, die für die Funktion sichtbar und / oder bearbeitbar sein müssen (Kapitel 8.2.2 auf Seite 73). Durch die Vielfalt an gleichzeitig anzuzeigenden Informationen (und deren Verknüpfungen) ist am User Interface sparsam mit dem Platz umzugehen. Situationsabhängig ist es nicht immer notwendig alle Informationen gleichzeitig anzuzeigen. Daher ist es sinnvoll, die verschiedenen Arten von Informationen ein– und ausblendbar zu machen. Es ist ein platzsparsames Navigationskonzept zu entwickeln, dass BenutzerInnen zu jeder Art von Scholion 2.0 Inhalt effizient navigieren lässt.

Für das graphische Designs der einzelnen Seiten/Komponenten wurde ein (aktueller) Screenshot von Scholion 2.0 verwendet. Der Anzeigebereich wurde weiß übermalt. Diese vorbereiteten Screenshots wurden dann mittels Bildbearbeitungsprogramm mit stilisierten graphischen Interaktionselementen erweitert, die eine Repräsentation der konzeptionellen UI - Sichten aus den Concept Maps sind.

11.1.2. Editor User Interface

Die folgende Absätze beschreiben die in den UI Sichten geforderten Funktionen für den Pensumeditor (siehe Kapitel 8.2.2 auf Seite 73). Für jede dieser Funktionen werden kurz die Überlegungen zum Design beschrieben.

11.1.2.1. Nutzung bestender Funktionalitäten

Ziel dieser „Funktion" ist es, dass durch ein entsprechendes Design, die Nutzung der bestehenden Funktionalitäten zum Beispiel für das Ansehen oder Annotieren von Skripten erlaubt werden soll.

Dem entsprechend werden die Teile des Pensums aus Scholion 2.0 „Content Nodes" gebildet. Ein „Content Node" ist die Scholion 2.0 Implementierung eines Teiles eines Skriptums. Ein neues Domänenobjekt „Assignment" aggregiert eine Liste dieser Knoten und erlaubt es ein Pensum als Template oder Beispiel zu markieren. Dadurch können die bestehenden Domänenobjekte wie „Content Nodes" und die bestehenden Funktionalitäten (wie der multimediafähige Rich-Text Editor) genutzt werden.

11.1.2.2. Pensen (Struktur)

BenutzerInnen sollen unterstützt werden ein Pensum (Struktur) einfach zu erstellen, zu erweitern und / oder Teile zu löschen.

Es gibt eine eigene Sicht für Pensen. Der Editor hat einen eigenen Modus für die Bearbeitung von Pensen. BenutzerInnen bekommen hier die Funktionen für das Erzeugen, Ändern, Löschen von Pensen (und deren Teilen) zur Verfügung gestellt. Bei allen strukturellen Änderungen muss berücksichtigt werden, dass die Teile des Pensums aus bestehenden Domänenobjekten abgebildet sind (siehe oben). Das bedeutet, der Editor muss die gegebenen Implementierungsdetails berücksichtigen. Für „Content Nodes" (als Domänenobjekte für jeden Pensumteil) heißt das, dass alle Pensum Teile auch mehrsprachig und auf mehreren „Levels of Detail" zur Verfügung gestellt werden können.

Einzelne Aufgaben oder Aktivitäten im Dokumentationsteil sollen auch durch eigenständige Knoten darstellbar gemacht werden. Diese Aufteilung der einzelnen Teile hilft bei der Bearbeitung und Weitergabe von ganzen Pensen oder Teilen eines Pensums.

11.1.2.3. (pensumspezifische) Didaktische Tags (Wissenstypen)

Ziel ist es Scholion 2.0 (pensumspezifische) Wissenstypen zu nutzen, um die Pensum Struktur auch im Scholion 2.0 Arbeitsbereich erkennbar zu machen. Damit können BenutzerInnen auch in bestehenden Sichten erkennen welcher Teil des Pensums vorliegt. Diese Tags identifizieren damit die didaktische Intention der einzelnen Knoten.

Um Pensen in bestehenden Sichten, wie dem Arbeitsbereich, zu integrieren, werden pensumspezifische Wissenstypen implementiert, die den entsprechenden „Content Nodes" zugewiesen werden. Das heißt in der Arbeitsplatzansicht kann für einen Inhaltsteil statt z.B. „Beispiel" (siehe 10.1.2.1) der pensenspezifische Typ „Aufgaben" verwendet werden. Durch die Nutzung dieses Mechanismus ist für ein fertiggestelltes Pensum die Struktur auch im Arbeitsbereich sichtbar.

Dieser Ansatz erlaubt es weiters, dass mehrere Knoten für die einzelnen Pensum Teile erstellt werden. Zum Beispiel kann jede einzelne Pensum Aufgabe als eigener Knoten abgebildet werden. Durch den genutzten Wissenstyp ist jeder dieser Knoten dem entsprechendem Pensum Teil („Aufgabe") zuordenbar.

11.1.2.4. Verschränkung Kommunikation und Pensen

Um die Kommunikation zwischen den Beteiligten beim Verfassen und Verbessern von Pensen zu unterstützen, soll in der Editor Sicht auch Zugriff auf das Forum erlaubt werden. Das Forum kann unter anderem unterstützend wirken, wenn Feedback durch Lernende eingearbeitet oder ein Pensum sprachlich adaptiert wird.

Eine Verbindung mit dem Forum wird durch eine Visualisierung der Foren im Editor ermöglicht. Durch die Nutzung von „kontextsensitiven Diskussionsforen" ist es möglich Inhaltsblöcke (und damit alle Teile eines Pensums) mit Diskussionen im Forum zu verbinden.

11.1.2.5. Management von Beispielen und Templates

Das Management von Beispielen und Templates soll Lehrende unterstützen Wissen weiterzugeben. Es soll BenutzerInnen erlaubt sein, Pensen als Beispiele und Templates zu markieren, zu erzeugen, zu löschen, zu bearbeiten und zu suchen.

Bei der Bearbeitung der Pensen sollen BenutzerInnen Zugriff auf existierende Beispiele und Templates haben. Pensen können als Beispiele oder Templates markiert werden. Solche markierten Pensen sollen durch eine Suchfunktion anderen zur Verfügung gestellt werden. Der Unterschied zwischen Templates und Beispielen ist, dass Templates, im Gegensatz zu Beispielen, nur Fragmente eines Pensums darstellen. Damit können beispielhafte Lernpfadmuster für Pensen zur Verfügung gestellt werden.

11.1.2.6. Tagging von Pensen für die Suche

Didaktisches und inhaltliches Tagging von Pensen unterstützt BenutzerInnen passende Pensen in der Pensensammlung zu finden. Beispielhafte Pensen die mit entsprechenden Tags versehen wurden dienen als Unterstützung beim Verfassen von neuen Pensen.

Durch die Unterscheidung nach inhaltlichen und didaktischen Tags können z.B. „Interaktionsmuster" aus anderen Inhaltlichen Domänen übernommen werden, da nur nach einem didaktischen Ansatz gesucht werden kann und BenutzerInnen bei der Suche nicht an den Inhalt gebunden ist. Der Verfasser eines Pensums erkennt durch das Eingabefeld auch, dass er eben solche Muster zur Verfügung stellen kann.

11.1.2.7. Bewertung für Pensen, Beispiele und Templates

Für Pensen, Beispiele und Templates soll die Möglichkeit existieren, anonymes Feedback zu geben. Pensen und damit auch Beispiele und Templates können z.b. auf einer Skala von 1-5 bewertet werden. Diese anonyme Bewertung soll für alle Nutzer sichtbar sein. Durch diese Bewertung kann die Suche nach guten Beispielen beschleunigt werden.

11.1.2.8. Design

Die folgende Abbildung zeigt das prototypische, graphische Design der Pensum Editor Sicht. In der obersten Anzeigebox bietet der Editor Zugriff auf Inhalte und Folien mit Annotierungen. Unter dieser Anzeigebox werden Inhalte eines Pensums darstellt. In dieser Box können die Inhalte auch bearbeitet werden. Die verwendete Editierungskomponente ermöglicht es Multimedia in Pensenteilen zu verwenden. Über den Pensen Editor können BenutzerInnen auch direkt auf die Erklärungs- und Vermittlungskomponente zugreifen.

Unter der Anzeigebox für Pensen wird das Forum angezeigt. Damit wird das gemeinsame Verfassen von Pensen in der E–Learning Umgebung unterstützt.

Der Editor bietet auch eine Suchfunktion für das Auffinden von beispielhaften Pensen und Pensumtemplates (in der folgenden Abbildung an der Unterkante der Editor Sicht).

11.1.3. Feedbackgraphen User Interface

Im den folgenden Absätzen werden die in den konzeptionellen UI Sichten geforderten Funktionen für die Graphen Methode (siehe Kapitel 8.2.2 auf Seite 73) beschrieben. Für jede dieser Funktionen werden kurz die Überlegungen bezüglich des Designs beschrieben.

Abbildung 11.1.1.: Editor UI Design

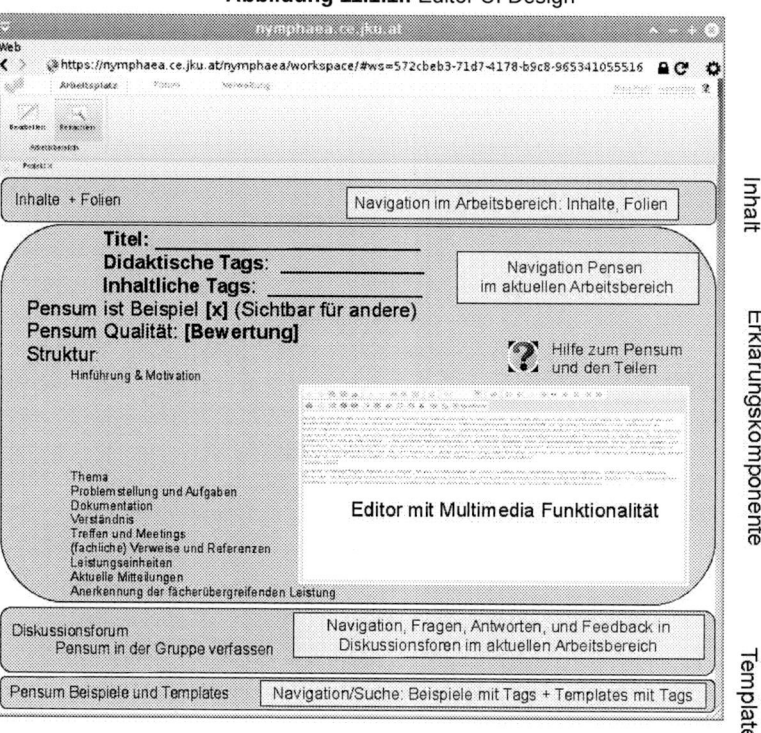

11.1.3.1. Transparenzmachung des Lernfortschrittes

Parkhurst nutzt die Graphen Methode um den aktuellen Lernfortschritt der Lernenden transparent zu machen (Parkhurst, 2010). Parkhurst nutzt dazu ein tägliches Gespräch in dem der Fortschritt gemeinsam zwischen Lehrenden und Lernenden festegestellt wird und in allen Pensenblättern übertragen wird.

Im Gegensatz zum Ansatz von Parkhurst passiert im E–Learning die Abgabe einer Arbeit nicht zeitgleich mit der Bewertung durch die Lehrenden (siehe auch oben Kapitel 10.1.4). Zu beachten ist, dass aufgrund des asynchronen Aspektes, im Gegensatz zum Ansatz von Parkhurst, die Beteiligten (Lernende, Lehrende) bei der Nutzung der Graphen explizit zwei unterschiedliche Sichten haben. In den Graphenblättern kann nicht mehr ein einziger Graph vermerkt werden.

Parkhurst nutzt die Graphenblätter um Tages- oder Wochenaufwände zu notieren. Das ist dann sinnvoll, wenn mehrere Aufträge in einem einzigen Teil Dokumentationsarbeit („Written Work") gegeben sind, und diese einen unterschiedlichen Zeitaufwand benötigen. Kritisch ist hier anzumerken, dass damit eine detaillierte Aufwandsabschätzung vom Lehrenden ausgeht. Es ist nicht dokumentiert, wie mit einer Situation umzugehen ist, bei der ein Lehrender für die letzte Dokumentationsarbeit zwei Tage vorsieht, ein Lernender auch zwei Tage vor Abgabe damit beginnt, aber länger braucht. Weiters ist es in einer E–Learning Plattform notwendig, einzelne Dokumentationsarbeiten auch einzeln umzusetzen. LehrerInnen müssen für jeden Ergebnis einen eigenen Dokumentationsteil („Written Work") schreiben. Das heißt jede Aufgabe ist einzeln in separaten Domainobjekten abzuspeichern, um abzugebende Arbeiten diesen Teilen zuzuordnen und zugänglich zu machen. Damit wird jeder Teil einer Arbeit einem Dokumentationsarbeitsteil explizit zuordenbar.

11.1.3.2. Transparenzmachung der Kommunikation und Interaktion

Eine Visualisierung der Kommunikation im Graphenblatt ermöglicht es, Kommunikation mit dem Lehrenden zu berücksichtigen.

Eine Visualisierung des Forums und ein Verlinken von Forumseinträgen mit den Graphen bietet Zugriff auf die Kommunikation und Interaktion. Dadurch kann auf Interaktionen zwischen Lernenden eingegangen werden. Zu trennen sind Kommunikationsvorgänge die zwischen Lernenden und Lehrenden stattfinden von Kommunikationsvorgängen die einen ganzen Kurs betreffen.

11.1.3.3. Anzeigen von Aufgaben

Das Anzeigen von abgearbeiteten und noch ausständigen Aufgaben wird von Parkhust verlangt um das selbstständige Planen zu fördern. Das virtuelle Graphenblatt wird die ausständigen und abgearbeiteten Aufgaben mittels verschiedener Farben visualisieren. Zu trennen sind auch Sichten für einzelne Lerner, die mehre Kurse betreffen bzw. einzelne Kurse, die mehrere Lernende betreffen.

11.1.3.4. Kommunikation und qualitatives Feedback

Eine Verschränkung mit Forum soll die Kommunikation (qualitatives Feedback) zwischen Lehrenden und Lernenden verbessern.

Ein eigener Bereich im UI wird für die Anzeige der Foren genutzt. Dieser eigene Bereich soll auch dazu genutzt werden um Foreneinträge zu erstellen.

11.1.3.5. Management von Graphen durch die/den LehrerIn

Die Plattform soll das Management von Graphen durch die/den LehrerIn ermöglichen. Management bedeutet hier, dass Möglichkeiten bereitgestellt werden, Graphen und Abgaben von dokumentierter Arbeit für jede Aufgabe bereitzustellen. Weiters soll es ermöglicht werden, dass Lehrende Abgaben von dokumentierten Arbeiten einsehen, kommentieren und bewerten können.

Für den Fall, dass Lernende sich Pensen selber erarbeiten, soll es möglich sein, dass mehrere TeilnehmerInnen eines Kurses Einsicht in die Abgaben haben und Bewertungen vornehmen können. Damit können Lernende sich selbst bewerten.

Das in Scholion 2.0 vorhandene Rechte Management soll ein Management im obigen Sinne ermöglichen. Beziehungsweise soll das Rechtemanagement nicht berechtigten Personen den Zugriff auf Abgaben und Kommentare bei Graphen unterbinden.

11.1.3.6. Design

Die folgende Abbildung zeigt das prototypische Design der Feedback-Komponente. Um Feedbackgraphen in der E–Learning Umgebung anzeigbar und bearbeitbar zu machen, wurde eine eigene Sicht entwickelt. Auch hier gibt es ein graphisches Steuerelement für die Inhalte und für das Forum. Als Erweiterung der Graphen Methode nach

Abbildung 11.1.2.: Graphs UI Design

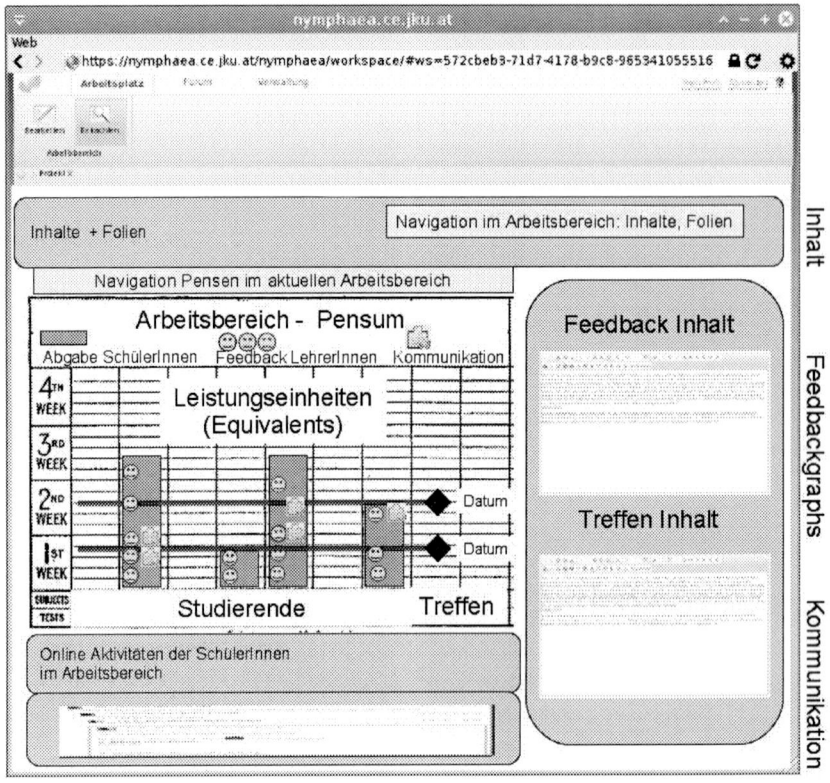

Parkhurst gibt es unten zwei Arten der „Anzeige" von Dokumentationsarbeit („Written Work"):

Ein Lernender kann mit einer Linie die Selbsteinschätzung seiner Arbeit vornehmen. Sie / er kann hier quantifizieren, was sie / er bereits erledigt zu haben glaubt.

Ein Lehrender kann mittels drei Emoticons seine Bewertung der Arbeit abgeben.

Diese Zweiteilung ermöglicht asynchrones Feedback von Lehrenden an Lernende. Weiters wird auch hier Zugriff auf das Forum ermöglicht. Sichtbar ist hier nicht, dass die graphischen Steuerelemente es erlauben, dass ein(e) BenutzerIn Bereiche kleiner und größer machen kann.

11.2. Durchführung methodisches Design der Erklärungs– / Vermittlungskomponente

Im Folgenden werden Elemente der Erklärungs– und Vermittlungskomponente gemäß der Experteninterviews beschrieben. Das übergeordnete Ziel dieser Komponente ist es, eine schriftliche Anleitung zum Schreiben von Pensen zu geben.

Da Pensen eine Struktur bieten, Lernende in ein Thema zu führen, können damit Pensen auch genutzt werden um Pensen vorzustellen. Die Erklärungs– und Vermittlungskomponente wird demnach inhaltlich als eine Sammlung an Metapensen (Metapensum: Pensum über das Pensum nach Parkhurst) realisiert. Diese Pensen dienen damit nicht nur als Einführung, sondern auch als Beispiele für Pensen. Weiters werden Detailinformationen zu den einzelnen Pensenteilen bereitgestellt.

Diese Pensen bzw. Teile dieser Erklärungs– und Vermittlungspensen werden softwaretechnisch im Editor eingebunden, um beim Verfassen von Pensen Unterstützung zu bieten.

11.2.1. Information zu den Zielen eines Unterrichts nach dem Dalton Plan

Die Erklärungs– und Vermittlungskomponente stellt die Ziele des Vermittelns von Wissen nach dem Dalton Plan klar.

In der Erklärungs– und Vermittlungskomponente können die Ziele des Unterrichts nach Parkhurst mehrfach dargestellt werden. Eine Beschreibung der Ziele des Dalton Plans wird in der Hinführung des Erklärungs– und Vermittlungspensums dargestellt. Um Zusammenhänge zwischen den Zielen des Vermittelns von Wissen nach dem Dalton Plan und den Instrumenten darzustellen eignet sich eine Wissenslandkarte (Wieden, 2012; Stary et al., 2013). Diese Landkarte stellt einzelne Konzepte und ihre Einbettung im Gesamtzusammenhang dar.

11.2.2. Überblick über die Struktur und die Zusammenhänge

Ein wesentlicher Teil der Arbeit nach Parkhurst ist das Verfassen der Pensen. Es ist damit notwendig, die intrinsische Struktur eines Pensums und die Einbettung der Teile in einen Gesamtzusammenhang darzustellen. Die Erklärungs– und Vermittlungskomponente soll die einzelnen Teile eines Pensums und ihre Zusammenhänge vorstellen.

11.2.3. Detail Informationen zu allen strukturellen Teilen des Parkhurst Pensums

Die Erklärungs– und Vermittlungskomponente gibt neben den Zusammenhängen auch Auskunft über die Intention der einzelnen Teile. Detailinformationen zu jedem einzelnen strukturellen Teil des Parkhurst Pensums wird für die Unterstützung des Schreibens von Pensen benötigt.

11.2.4. Technische Integration

Eine technische Integration der Erklärungs– und Vermittlungskomponente wird benötigt. Die Metapensen sollen in den Pensum Editor eingebettet sein um BenutzerInnen bestmöglich zu unterstützen und es einfach zu machen, während des Verfassens eines Pensums auf die Erklärungen zuzugreifen.

11.2.5. Gute / Schlechte Beispiele

Zusätzlich zu den Erklärungen wurde von den Experten auch ein Repository an Beispielen gefordert. Darin sollen exemplarische Pensen enthalten sein. Wie oben beschrieben (siehe 11.1.2.7 auf Seite 114) wurde hierfür ein Beispielkatalog entwickelt. Dieser ermöglicht es auf eine Sammlung an bewerteten Pensen zuzugreifen. Die Bewertung (gut/schlecht) erfolgt über ein anonymes Feedback auf einer Skala von 1-5.

11.2.6. Design Prozess

Nach einer ersten Konstruktion eines Metapensums nach Parkhurst zur Verfassung eines Pensums, wurde dieses in einer Lehrveranstaltung angewandt. Das relevante Ziel (unter anderen Zielen) dieser Lehrveranstaltung war es, dass die Studierenden ein Pensum für eine Lehrveranstaltung gleichen Inhaltes schreiben. Gemeinsam mit den Studierenden wurde das Erklärungs– und Vermittlungspensum durchgesprochen, um die sprachliche Qualität und die inhaltliche Klarheit zu überprüfen und zu verbessern. Diese Lehrveranstaltung wurde von sechs Studierenden besucht. Diese wurden für die Arbeit an den Pensen in zwei Gruppen geteilt.

Nach dem Verfassen von Pensen durch Studierende, die diese Metapensen nutzten, wurde qualitatives Feedback eingeholt und eingearbeitet.

11.2. Durchführung methodisches Design der Erklärungs- / Vermittlungskomponente

In einem weiteren Schritt wurden diese Pensen nochmals gemeinsam mit Studierenden überarbeitet. Insbesonders wurde, um einen besseren Überblick über die Zusammenhänge zu bieten, eine Wissenslandkarte erzeugt, in der Aspekte des Umgangs mit Pensen darstellt sind.

12. Fazit Teil IV — Design

Ausgangsbasis für die Designaktivitäten waren konzeptionelle User Interface Sichten und vorhandene, konkrete Benutzungsschnittstellen in Scholion 2.0, sowie die pädagogischen Elemente von Parkhurst. Die konzeptionellen UI Sichten gruppierten geforderte Unterstützungsfunktionalitäten für Aktivitäten im Rahmen der Anwendung von Pensen und Graphen im E–Learning. Basierend auf diesen konzeptionellen Sichten wurde ein Software Design begründet. Im Design wurden stilisierte Benutzungsschnittstellen erzeugt. Diese bestehen aus einem Screenshot mit überlagerten Bildern von möglichen graphischen Interaktionselementen.

Das methodische Design der Erklärungs– und Vermittlungskomponente besteht aus einem Satz an Pensen, die das Verfassen von Pensen zur Aufgabe haben (Metapensen). Dieses Grunddesign wurde in mehreren Schritten sprachlich adaptiert und überprüft.

Teil V.

Implementierung

Die im vorherigen Teil der Arbeit entwickelten UI Design Vorschläge und das Design der Erklärungs– und Vermittlungskomponente dienen als Basis für die Implementierung. Diese Umsetzung wird im Folgenden beschrieben. Die Implementierung ist in Scholion 2.0 eingebettet. Für die Implementierung sind auch die oben beschriebenen Inputs zu berücksichtigen.

13. Vorgehensweise bei der Implementierung

13.1. Vorgehensweise bei der Umsetzung der Erklärungs– und Vermittlungskomponente

Wie im Design beschrieben, wurden mehrere Pensen erzeugt, die das Schreiben von Pensen zum Inhalt haben. Durch die Nutzung dieser Pensen in einer konkreten Lehrsituation, konnten die Pensen adaptiert und verbessert werden. Diese Metapensen werden dann in der E–Learning Umgebung als Sichten umgesetzt.

13.2. Vorgehensweise bei der Umsetzung der Dalton Plan Software Komponente

Die Implementierung der Dalton Plan Software Komponente ist stark durch die bestehende Architektur und die gegebenen Inputs bestimmt (Siehe Kapiteln 10.1.1 - 10.1.5). Wie oben beschrieben, gibt es für die Implementierung zwei Aspekte:

die Unterstützung der Verwendung (View + Controller, Logik, Persistenz) und

die Domänenobjekte.

Für die Dalton Plan Software Komponente ist eine eigene View mit dem dazugehörigen Controller implementiert. Diese View wird genutzt um die zu implementierenden Domänenobjekte anzuzeigen und für die/den BenutzerIn nutzbar zu machen.

14. Umsetzung der Erklärungs– und Vermittlungskomponente

In den folgenden Kapiteln ist der Inhalt der Erklärungs– und Vermittlungskomponente dargestellt. Die softwaretechnische Umsetzung wird weiter unten in Kapitel 15.5 auf Seite 164 beschrieben.

14.1. Pensum: Schreiben eines Pensums mit Scholion 2.0

14.1.1. Hinführung & Motivation (Preface / Orientation section)

Unterricht findet im Kontinuum zwischen detaillierten Anweisungen vom Lehrenden, die vom Lernenden möglichst exakt zu reproduzieren sind, und einem Lehrenden der keine Vorgaben gibt und alleine auf Fragen der Lernenden reagiert, statt. Bei dem ersten Ansatz ist der Lernende passiv und es wird von ihm eine widerspruchsfreie Reproduktion des durch den Lehrenden vorgetragenen Wissens erwartet. Beim zweiten Ansatz ist der Lernende aktiv und muss Wissen konstruieren. Wissen ist damit etwas Individuelles. Lerntheorien können entlang dieses Kontinuums verortet werden (siehe folgende Abbildung).

Abbildung 14.1.1.: Positionierung von Lerntheorien (Mankel, 2008, S. 18)

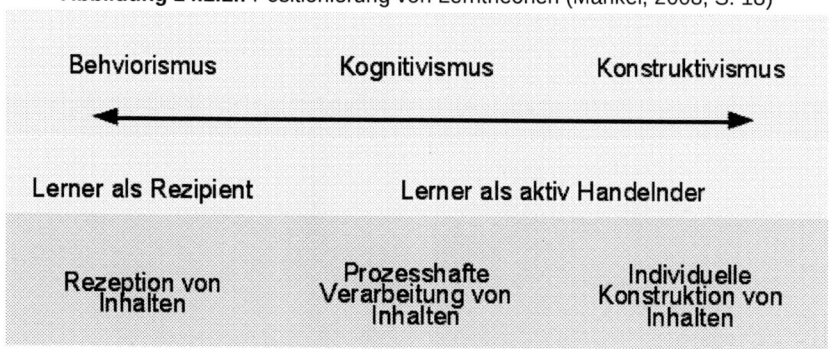

John Dewey fasst diese Kontinuum wie folgt zusammen:

„The main purpose or objective [of traditional education] is to prepare the young for future responsibilities and for success in life, by means of acquisition of the organized bodies of information and prepared forms of skill which comprehend the material of instruction. Since the subject-matter as well as standards of proper conduct are handed down from the past, the attitude of pupils must, upon the whole, be one of docility, receptivity, and obedience. Books, especially textbooks, are the chief representatives of the lore and wisdom of the past, while teachers are the organs through which pupils are brought into effective connection with the material. Teachers are the agents through which knowledge and skills are communicated and rules of conduct enforced. ... The new education emphasizes the freedom of the learner. ... The kind of external imposition which was so common in the traditional school limited rather than promoted the intellectual and moral development of the young. Admit that traditional education employed as the subject-matter for study facts and ideas so bound up with the past as to give little help in dealing with the issues of the present and future. ... We have the problem of ascertaining how acquaintance with the past may be translated into a potent instrumentality for dealing effectively with the future. We may reject knowledge of the past as the *end* of education and thereby only emphasize its importance as a *means*. When we do that we have a problem that is new in the story of education: How shall the young become acquainted with the past in such a way that the acquaintance is a potent agent in appreciation of the living present¿' (Dewey, 1938, S. 17ff)

Helen Parkhurst gibt mit dem Dalton Plan eine mögliche Antwort auf die Frage, die Dewey aufwirft.

Die Didaktik des Dalton Plans - je nach Aufbau des Pensums - findet im gesamten Kontinuum Platz. Wenn nun die Grundprinzipien und Ziele des Dalton Plans berücksichtigt werden (siehe folgende Aufzählung), ist dieser eher im Konstruktivismus verankert (Auinger und Stary, 2005). Dem Dalton Plan liegen folgende Ziele zugrunde (Parkhurst, 2010; Eichelberger, 2002a; Eichelberger et al., 2008):

Umgang mit Freiheit zu erlernen

Kreativität zu erlernen

in einer Gemeinschaft als Mitglied kooperieren und agieren zu können

Erziehung zur Selbstständigkeit und selbsttätige Arbeitsorganisation

Das folgende semantische Netz gibt einen Überblick über Organisation des Lernens mit Pensen (nach Parkhurst). Es zeigt Aspekte und Zusammenhänge im Sinne der oben genannten Ziele. Das Lernprinzip des Dalton Plan Ansatzes ist eine Vermittlung von Problemlösungskompetenz mit Fokus auf die Lernenden. Problemlösungskompetenz erfordert kreative, analytische, praktische und soziale Fähigkeiten, die einem Pensum zu berücksichtigen sind (Stary und Weichhart, 2012). Das Pensum zielt ab auf die Strukturierung des Lernprozesses und beinhaltet inhaltliche, organisationale und kommunikative Aspekte. Ein Pensum bietet aber nur einen Rahmen für diese Lernprozess und forciert die Selbständigkeit der Lernenden und schult damit auch den Umgang mit Freiheit.

14.1.2. Thema (Topic / Objectives)

Wie kann ich ein Pensum verfassen?

14.1.3. Problemstellung und Aufgaben (Problems / Tasks)

Folgende Probleme und Aufgaben sind zu erarbeiten bzw. zu verstehen:

Verständnis des Dalton-Plan Ansatzes und dessen Prinzipien; Zweck der Pensen

Verständnis der Teile und Zusammenhänge der Pensen

Festlegen eines Themas und Ziel des Pensums

Abarbeiten des eigenen Pensums zur Detaillierung der inhaltlichen Aufgabe:

Abbildung 14.1.2.: Aspekte der Organisation des Lernens mit Pensen (Parkhurst, 2010; Wieden, 2012; Stary et al., 2013)

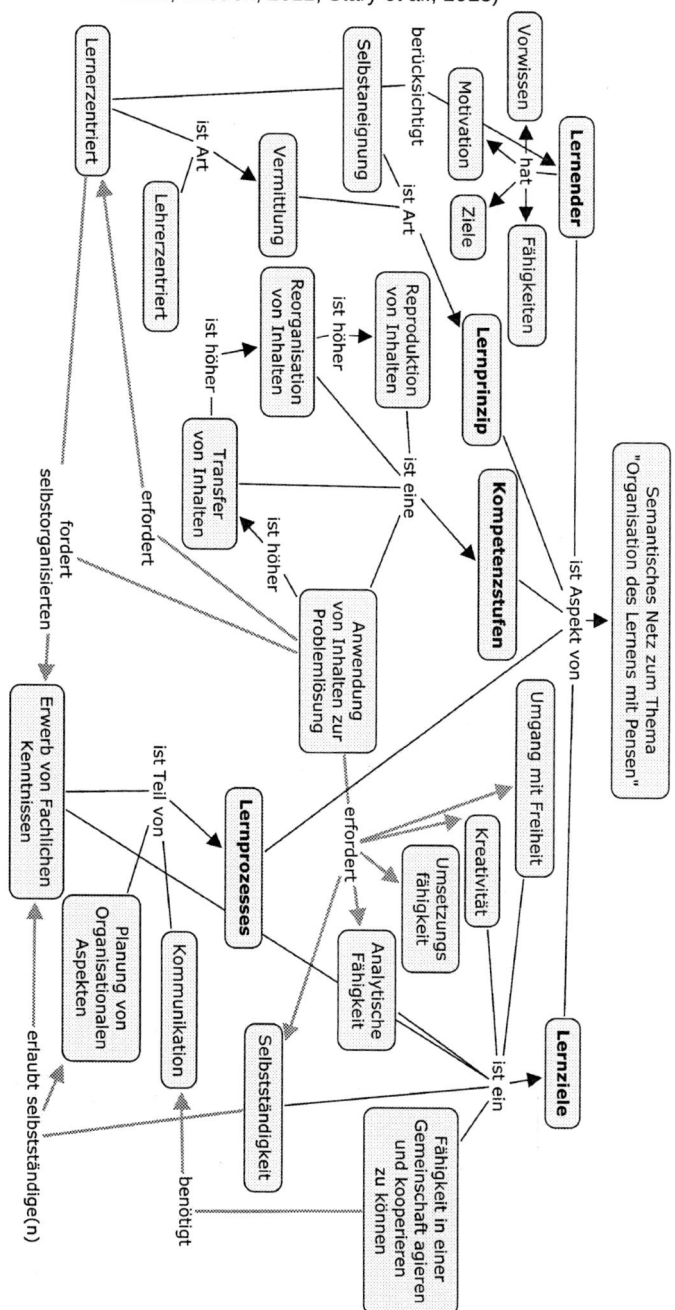

– Hinführung und Motivation

– Thema und übergeordnetes Ziel

– Problemstellung und Aufgaben

– Dokumentationsarbeit (Written Work)

– Verständnisarbeit (Memory Work)

– Verweise und Referenzen (References)

Abarbeiten des Pensums zu organisatorischen Belangen:

– Festlegen von Treffen für die Diskussion und Präsentation von Teil-Lösungen einzelner Aufgaben

– Aufwandsschätzung / Leistungseinheiten

– (Anerkennung der fächerübergreifenden Leistung - nur für fächerübergreifende Pensen)

Einrichten von Infoboard + Forum für aktuelle Mitteilungen und Interaktionen (zw. Lehrenden und Lernenden bzw. für Lerngruppen)

Überprüfen der einzelnen Teile. Die folgende Concept Map (Novak und Cañas, 2008) gibt einen Überblick über die relevanten Aspekte eines Pensums und deren Zusammenhänge (Abb. 14.1.3 auf der nächsten Seite). Diese Concept Map nutzt im ersten Teil die Elemente und Teile des Pensums (in fetter Schrift) um diese in Zusammenhang zu setzten. Der zweite Teil umfasst eine Detaillierung der Struktur.

Verbesserung des Pensums und der Zusammenhänge

Vorstellen, Diskussion und Adaption des Pensums in der Lehrveranstaltung (LVA)

Anwendung des Pensums in der Klasse

Verbesserung des Pensums

14.1.4. Dokumentationsarbeit (Written Work)

Alle kursiv geschriebenen Wörter beziehen sich auf das E–Learning System Scholion 2.0

Abbildung 14.1.3.: Concept Map: Pensum nach Parkhurst

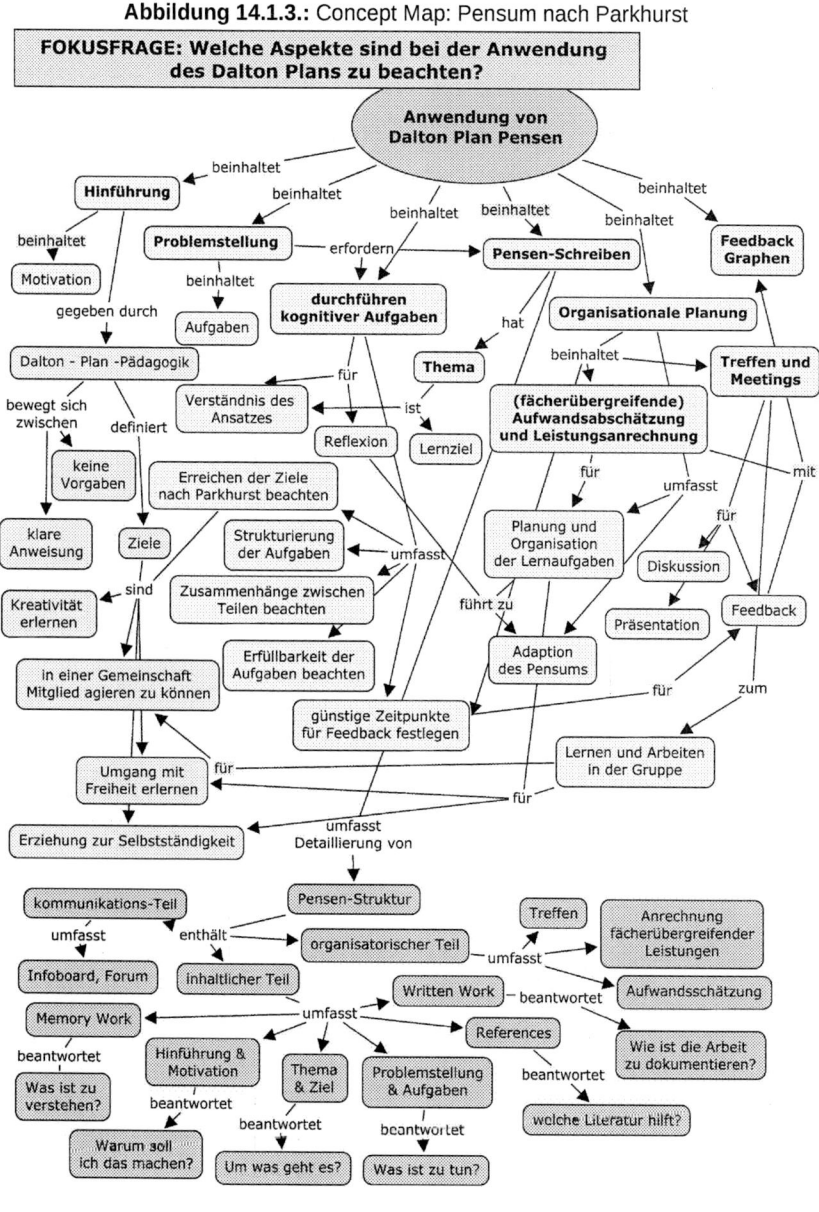

Lege ein neues Pensum in Scholion 2.0 *an (siehe auch nachfolgende Graphik 14.1.4 auf der nächsten Seite).*

- – *Öffne in* Scholion 2.0 *die „Pensum" Seite.*

- – *Selektiere den Arbeitsbereich und das Modul,* in dem das Pensum liegen soll (Navigationsleiste unter der Knopfleiste).

- – *Drücke New Assignment* und erzeuge so ein neues Pensum (sichtbar im mittleren Bereich).

Dokumentation gemäß Pensum zur inhaltlichen Arbeit (siehe Kapitel 14.2 auf Seite 135)

Dokumentation gemäß Pensum zu organisatorischen Belangen (siehe Kapitel 14.3 auf Seite 139)

14.1.5. Verständnisarbeit (Memory Work)

Dieser Teil informiert über kognitiven Aufgaben, die durchzuführen sind. Im konkreten Fall ist zu reflektieren, ob ein Verständnis über Pensen erlangt wurde. Weiters sollte auch eine (ex-post) Reflexion erfolgen, ob das angewandte Pensum seine Wirkung erzielt hat.

14.1.6. Treffen und Meetings (Conferences)

1. Initiales Treffen zur Vorstellung, Diskussion und Adaption des Pensums (Teilnahme: gesamte Klasse)

2. Treffen während und nach dem Arbeiten und Lernen mit dem Pensum, und eventuell Präsentation durch Lernende (Teilnahme: gesamte Klasse)

3. Individuelle Treffen zwischen LehrerIn und Lernender/Lernendem und/oder zwischen Lernenden nach Bedarf online im Forum oder Face-to-Face

14.1.7. (fachliche) Verweise und Referenzen (References)

Harald Eichelberger. Der Daltonplan - ein Überblick. In Harald Eichelberger (Editor), Eine Einführung in die Daltonplan-Pädagogik, 15–32. StudienVerlag, 2002.

Abbildung 14.1.4.: Pensum Editor

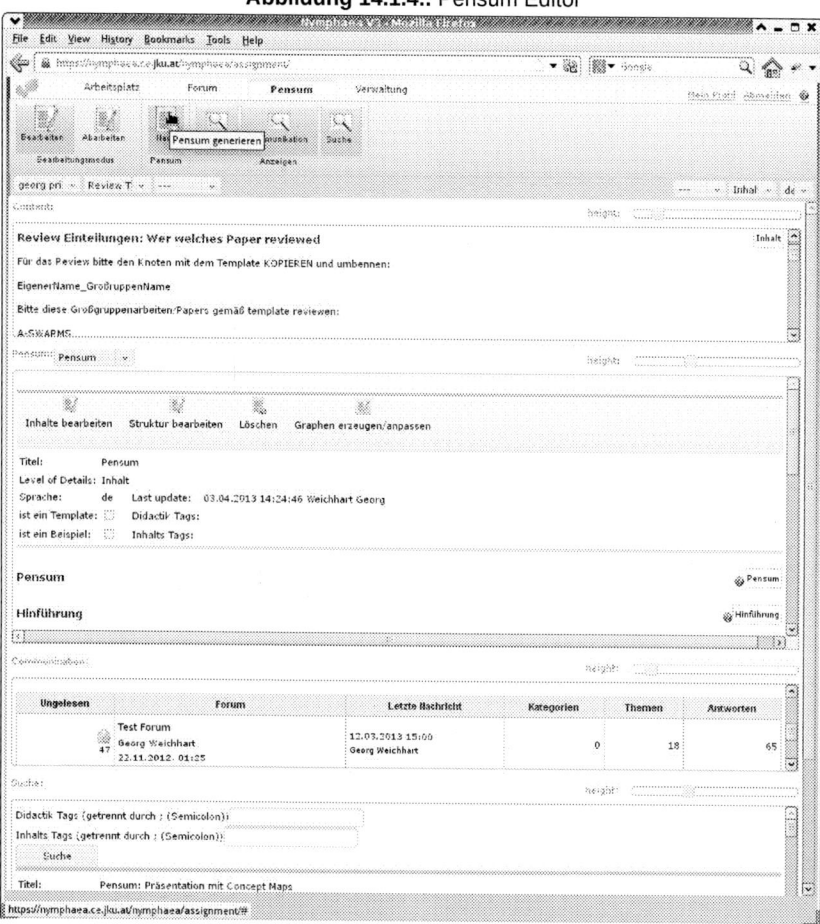

Harald Eichelberger, Christian Laner, Wolf Dieter Kohlberg, Edith Stary, und Christian Stary. Reformpädagogik goes E–Learning - neue Wege zur Selbstbestimmung von virtuellem Wissenstransfer und individualisiertem Wissenserwerb. Oldenbourg, München;Wien, 2008.

Teresa Fernandez and Garth Ritchie. Reconstructing the interactive science pedagogy: Experiences of beginning teachers implementing the interactive science pedagogy. Research in Science Education, 22(1):123–131, 1992.

Dagmar Hackl. Schulentwicklung am Beispiel einer Grundschulklasse. In Harald Eichelberger (Editor), Eine Einführung in die Daltonplan-Pädagogik, 111–160. StudienVerlag, 2002.

Mirco Mankel. Lernstrategien und E–Learning - Eine empirische Untersuchung. Verlag Dr. Kovac, 2008.

Joseph D. Novak and Alberto J. Cañas. The theory underlying concept maps and how to construct and use them. Technical Report Technical Report IHMC Cmap-Tools 2006-01 Rev 01- 2008, Florida Institute for Human and Machine Cognition (IHMC), 2008. Zugriff: 04.12.2010.

Helen Parkhurst. Education On The Dalton Plan. Nabu Press, 1923, 2010.

Wilfried Wieden und Max Rumpfhuber. Wissensaufbereitung und Organisation. Arbeitsunterlagen „Professional MBA Aufbaustudium Angewandtes Wissensmanagement", 2012.

14.1.8. Aufwandsschätzung - Leistungseinheiten (Angabe von Units / Equivalents)

Die Arbeit an diesem Pensum benötigt 1h 30min bis 2 Tage (exklusive der Anwendung des geschrieben Pensums).

14.1.9. Aktuelle Mitteilungen - Infoboard und Forum (Bulletin Study)

sind im *forum & infoboard* in Scholion 2.0 einzugeben

14.1.10. Anerkennung der fächerübergreifenden Leistung (Departmental Cuts)

– keine fächerübergreifende Leistung für dieses Pensum –

14.2. Pensum: Schreiben der inhaltlichen Detaillierung

14.2.1. Hinführung & Motivation (Preface / Orientation section)

Das Spannende beim Schreiben der inhaltlichen Teile ist es, die Lernenden zu führen, ihnen aber gleichzeitig Freiheiten gemäß Dalton-Plan zu lassen (Eichelberger et al., 2008; Parkhurst, 2010):

Umgang mit Freiheit zu erlernen

Kreativität zu erlernen

in einer Gemeinschaft als Mitglied kooperieren und agieren zu können

Erziehung zur Selbstständigkeit und selbsttätige Arbeitsorganisation

Zusätzlich ist beim Schreiben darauf zu achten, dass die Teile miteinander verbunden (in dem Sinne, dass eine Verfeinerung stattfindet) sind:

Abbildung 14.2.1.: Pensum - Zusammenhänge

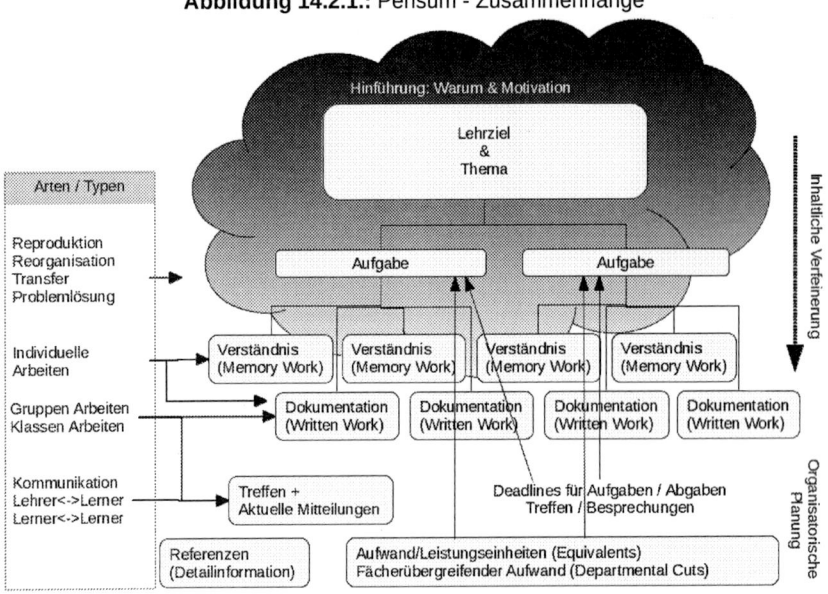

14.2.2. Thema (Topic / Objectives)

Schreiben der inhaltlichen Detaillierung von der Hinführung und Motivation über die globalen Ziele bis zu Dokumentationsarbeit und Verständnisarbeit.

14.2.3. Problemstellung und Aufgaben (Problems / Tasks)

Die Inhaltlichen Teile und deren Intention sind im Einzelnen:

Der erste Teil des Pensums (Hinführung & Motivation) dient der Motivation der Lernenden. Er soll das Interesse wecken und präsentiert die wesentlichen Elemente um die Frage „Warum soll ich das machen¿' zu beantworten.

Der Teil Thema präsentiert worum es geht. Dieser Teil soll immer gegeben sein und präsentiert die zentrale Idee, die es zu entwickeln gilt.

Im Problemstellung und Aufgaben Teil werden die Aufgaben, die es zu lösen gibt, präsentiert.

Im Teil Dokumentationsarbeit werden (im Allgemeinen) die zu erstellenden Dokumente angeführt, die auch an die/den LehrerIn abzugeben sind. Jede Aufgabe soll auch mit einem Abgabedatum versehen werden. Diese Dokumentationen können viele Formen annehmen. Es können zum Beispiel Semantische Netzwerke (Concept Maps, Mind Maps) über komplexe Inhalte von Lernenden konstruiert werden, oder Inhalte analysiert und ein Essay darüber verfasst werden.

Der Teil Verständnisarbeit informiert über kognitive Aufgaben, die durchzuführen sind.

Zusätzlich gibt es zwischen den Teilen (natürlich) auch Zusammenhänge, die zu berücksichtigen sind.

Im Teil „Referenzen" werden Verweise zu notwendiger und weiterführender Literatur, wie Skripten und Papers, notiert. Auch soll angegeben werden, welche Seiten oder Kapitel relevant sind und wo die Literatur zu finden ist.

14.2.4. Dokumentationsarbeit (Written Work)

Öffne mit dem *Pensum Editor* das oben generierte Pensum. Bearbeite folgende Teile:

Erarbeite eine motivierende Hinführung. Hier kann nicht nur Text, sondern auch Multimedia genutzt werden. Die Hinführung soll sowohl „emotional" motivierend als auch inhaltlich motivierend wirken. Das heißt, die Hinführung erklärt auch, warum ein Pensum abgearbeitet werden soll.

Festhalten des Themas und der Ziele

Festlegen der zu lösenden Probleme

- Um viele Lernende anzusprechen sollten die gestellten Aufgaben verschiedene Kompetenzniveaus bzw. Lernstrategien der Lernenden ansprechen (Mankel, 2008; Rozendaal et al., 2001)

- Kennzeichne im *Pensum Editor* die Art der Aufgaben:

  * Reproduktionsaufgaben für Lernende, die gerne auswendig lernen („surface–level processing" Rozendaal et al. 2001)

  * Reorganisationsaufgaben, die im Schwierigkeitsgrad höher liegen als reine Reproduktionsaufgaben

* Transferaufgaben, die im Schwierigkeitsgrad höher liegen als Reorganisationsaufgaben

* Problemlösungsaufgabe für Lernende, die gerne Probleme lösen ("deeplevel processing" Rozendaal et al. 2001)

Schreiben der Teile zur Dokumentationsarbeit (Written Work)

– Lege fest, was dokumentiert und damit auch vom Lehrenden oder den Lerngruppen gelesen und zu einem bestimmten Termin fertig sein muss

– Lege den Termin fest

– Jede abgeschlossene Arbeit ist in einem eigenen Knoten im *Pensum Editor* zu verfassen

Schreiben des Verständnisarbeit (Memory Work) Teils

– Diese Aufgaben sind naturgemäß immer Einzelarbeiten

– Da es hier keine Abgaben gibt, können die einzelnen "Arbeiten" in einem einzigen Knoten zusammengefasst werden.

Verweise auf relevante Literatur

– Unterstütze die Lernenden, wenn sie sich selbständig ins Thema vertiefen wollen

14.2.5. Verständnisarbeit (Memory Work)

Überlege wie Lernende geführt werden können, die übergeordnete Aufgaben zu lösen, ohne dass die oben erwähnten Freiheiten (und damit Verantwortlichkeiten) verloren gehen.

Wie hängen die Arbeitsschritte mit den Problemen/Aufgaben zusammen?

Werden die Arbeitsschritte und die Aufgaben in der Hinführung motiviert?

14.2.6. Treffen und Meetings (Conferences)

sind im *forum & infoboard* in Scholion 2.0 einzugeben

14.2.7. (fachliche) Verweise und Referenzen (References)

siehe Pensum oben

14.2.8. Leistungseinheiten (Angabe von Units / Equivalents)

siehe Pensum oben

14.2.9. Aktuelle Mitteilungen (Bulletin Study)

sind im *forum & infoboard* in Scholion 2.0 einzugeben

14.2.10. Anerkennung der fächerübergreifenden Leistung (Departmental Cuts)

– keine fächerübergreifende Leistung für dieses Pensum –

14.3. Pensum: Organisatorische Planung

14.3.1. Hinführung (Preface / Orientation section)

Die Freiheiten, die im Pensum gegeben werden haben einen „Seiteneffekt": Die Lernenden sind für die Planung ihrer Arbeit verantwortlich. Das beinhaltet die Selbstorganisation und die Organisation in der Klasse bzw., wenn vorhanden, in den Lerngruppen.

14.3.2. Thema (Topic / Objectives)

Unterstützung bei der Planung und Organisation der Lernaufgaben

14.3.3. Problemstellung und Aufgaben (Problems / Tasks)

Im Teil „Treffen und Meetings" werden Treffen vereinbart, bei denen bestimmte Themen diskutiert werden. So können sich Lernende selbstständig vorbereiten.

In Teil „Leistungseinheiten" wird Lernenden gezeigt, wie und wann man Fortschritte auf dem eigenen Fortschrittsgraphen vermerkt. Diese Fortschrittsgraphen sind ein Bild der eigenen Leistung und ein „Kompass", der es Lernenden ermöglicht, die eigenen Bedürfnisse im Bezug zur gestellten Aufgabe zu entdecken und zu befriedigen. Hier wird auch berücksichtigt, wenn die Arbeit an einem Pensum für mehrere Fächer gültig ist (siehe unten „Departmental Cuts").

Da es bei Parkhurst auch um Pensen geht, welche fächerübergreifend angewendet werden, kann die Arbeit an diesen auch für mehrere Fächer zählen. Im Teil „Anerkennung der fächerübergreifenden Leistung" wird notiert, wie viele Punkte (oder z.b. ECTS) es für welche Fächer gibt.

14.3.4. Dokumentationsarbeit (Written Work)

Festlegen von Treffen für die Diskussion und Präsentation von Teil-Lösungen einzelner Aufgaben

Aufwandsschätzung / Leistungseinheiten

(Anerkennung der fächerübergreifenden Leistung - wenn möglich für fächerübergreifende Pensen)

Nach dem Verfassen der Pensen im *Pensum Editor* und dem zuweisen der Lernenden zu dem Arbeitsbereich ist (im Bearbeitungsmodus) bei allen Pensen *„Graphen erzeugen/anpassen"* zu drücken.

14.3.5. Verständnisarbeit (Memory Work)

Zu hinterfragen ist, ob das Pensum in der vorgegebenen Zeit bei gegebenem Kenntnisstand der Lernenden zu schaffen ist. Wo sind „gute" (zeitliche) Punkte, an denen man Zwischenergebnisse besprechen sollte?

14.3.6. Treffen und Meetings (Conferences)

sind im *forum & infoboard* in Scholion 2.0 einzugeben

14.3.7. (fachliche) Verweise und Referenzen (References)

siehe Pensum oben

14.3.8. Leistungseinheiten (Angabe von Units / Equivalents)

siehe Pensum oben

14.3.9. Aktuelle Mitteilungen (Bulletin Study)

sind im *forum & infoboard* in Scholion 2.0 einzugeben

14.3.10. Anerkennung der fächerübergreifenden Leistung (Departmental Cuts)

– keine fächerübergreifende Leistung für dieses Pensum –

14.4. Hilfe zu den einzelnen Pensen Teilen

Im Folgenden wird der Hilfetext zu allen Pensenteilen (wie in der Erklärungs– und Vermittlungskomponente dargestellt) beschrieben. Da die einzelnen Teile in einer Webseite dargestellt sind, wurden sie mit Ankerpunkten versehen. Damit ist es technisch möglich, direkt auf die einzelnen Teile zu springen. Der Hilfetext zur Hinführung („Preface") ist zum Beispiel über den Weblink
`https://nymphaea.ce.jku.at/nymphaea/assignment/`
`metaAssignment.jsf#assignmentPreface` erreichbar.

14.4.1. Pensen Struktur nach Parkhurst

Helen Parkhursts Dalton Plan ist nach der Stadt Dalton in Massachusetts benannt, in der sie ab 1919 in der "Dalton Public High School" unterrichtete (Eichelberger, 2002b). 1923 erschien ihr Buch "Education on the Dalton Plan" (Parkhurst, 2010). Die drei wesentlichen Grundmerkmale der Dalton Plan Pädagogik sind (Eichelberger, 2002b):

14. Umsetzung der Erklärungs– und Vermittlungskomponente

Freiheit

Zusammenarbeit (Kooperation)

Selbständige Arbeitsorganisation (Selbsttätigkeit)

Dem Dalton Plan liegen die folgenden Prinzipien zugrunde (Eichelberger et al., 2008):

Freiheit zu erlernen

Kreativität zu erlernen

in einer Gemeinschaft als Mitglied leben zu können

Erziehung zur Selbstständigkeit

Der Dalton Plan wird von zwei Werkzeugen unterstützt, die den LehrerInnen zur Verfügung gestellt werden:

Pensum (Struktur)

Fortschrittsgraphen

Das zweite Werkzeug dient zur Beobachtung des Fortschritts aus Sicht der Lehrenden und der Lernenden. In diesen Graphen wird der Lernfortschritt bezüglich der einzelnen Pensen pro Lernender / Lernendem notiert. Im Folgenden wird das Pensum vorgestellt und weiter unten auch die Nutzung der Graphen.

Die Struktur (vor allem) der Pensen gibt wesentliche Teile und Zusammenhänge zwischen Pensum relevanten Domänenobjekten vor. Die Pensum Struktur nach Parkhurst kennt die folgenden Teile:

1. Hinführung (Preface / Orientation section)

2. Thema (Topic / Objectives)

3. Problemstellung und Aufgaben (Problems / Tasks)

4. Dokumentationsarbeit (Written Work)

5. Verständnisarbeit (Memory Work)

6. Interaktion (Conferences)

7. (fachliche) Verweise und Referenzen (References)

8. Leistungseinheiten (Units / Equivalents)

Abbildung 14.4.1.: Zusammenhänge der Teile eines Pensums nach Parkhurst (vgl. Weichhart, 2012c)

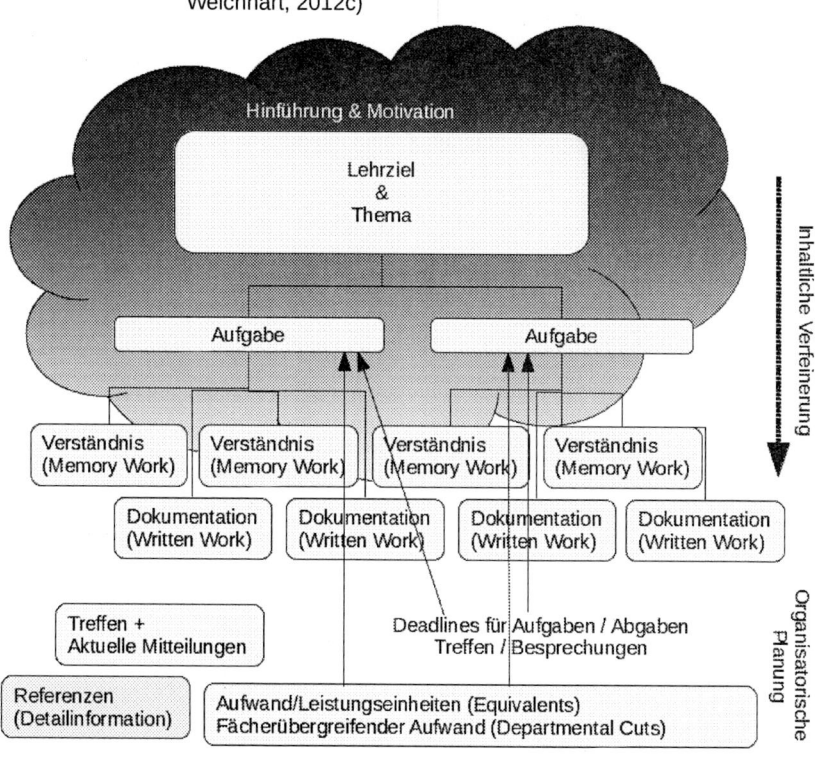

9. Aktuelle Mitteilungen (Bulletin Study)

10. Anerkennung der fächerübergreifenden Leistung (Departmental Cuts)

In der nachfolgend Abbildung werden diese Teile in Beziehung gesetzt. Die Hinführung motiviert die Aufgaben. Um die Erledigung der Aufgaben und damit die Erreichung der Lehrziele zu leiten, geben die Teile "Verständnisarbeit" und "Dokumentationsarbeit" Hilfestellung. Aufgaben werden bis zu vorher abgestimmten Terminen erledigt. Die dokumentierte Arbeit wird auch bei Treffen präsentiert oder besprochen.

Hinführung: Der erste Teil des Pensums dient der Motivation der Lernenden. Er soll das Interesse wecken und präsentiert die wesentlichen Elemente um die Frage "Warum soll ich das machen?" zu beantworten.

Thema: Dieser Teil präsentiert worum es geht. Dieser Teil soll - gerade bei jüngeren Kindern - immer gegeben sein. Dieser Teil präsentiert auch die zentrale Idee, die es zu entwickeln gilt.

Aufgaben: Die eigentliche Aufgabe wird hier präsentiert. Die Problemstellung kann viele Formen annehmen. Es können Karten gezeichnet, Bilder analysiert oder eine Reaktion stimuliert werden. Hier wird das Ziel des Pensums präsentiert. Problemstellungen sind Beispiele oder Theoreme, die es auszuarbeiten gilt, oder Experimente die durchgeführt werden.

Dokumentation: Dokumente und Dokumentationen, die zu erstellen sind und an die/den LehrerIn abzugeben sind. Jede Aufgabe soll auch mit einem Abgabedatum versehen werden.

Verständnis: Dieser Teil informiert über kognitive Aufgaben die durchzuführen sind.

Treffen: In diesem Teil werden Treffen vereinbart, bei denen bestimmte Themen diskutiert werden. So können sich Lernende selbstständig vorbereiten.

Referenzen: Hier werden Verweise zu notwendiger und weiterführender Literatur, wie Skripten und Papers, notiert. Auch soll angegeben werden welche Seiten oder Kapitel relevant sind und wo die Literatur zu finden ist.

Leistungseinheiten: In diesem Teil wird Lernenden gezeigt, wie und wann man Fortschritte auf dem eigenen Fortschrittsgraphen vermerkt. Die oben erwähnten Fortschrittsgraphen sind ein Bild der eigenen Leistung und ein "Kompass", der es Lernenden ermöglicht, die eigenen Bedürfnisse im Bezug zur gestellten Aufgabe zu entdecken und zu befriedigen. Dieser Graph sollte von Labor zu Labor und zu allen Klassenkonferenzen mitgenommen werden, und täglich vermerkt werden wie weit die Aufgaben erledigt wurden. Damit ergibt sich ein anschauliches Bild vom Fortschritt (siehe unten). Hier wird auch berücksichtigt, wenn die Arbeit an einem Pensum für mehrere Fächer gültig ist (siehe unten Departmental Cuts).

Mitteilungen: Hier werden den Lernenden aktuelle Informationen zur Verfügung gestellt.

Anerkennung der Leistung: Da es bei Parkhurst auch um Pensen geht welche fächerübergreifend angewendet werden, kann die Arbeit an diesen auch für mehrere Fächer zählen. In diesem Teil wird notiert wie viele Punkte (oder z.B. ECTS) es für welche Fächer gibt.

14.4.2. Feedbackgraphen nach Parkhurst

Für eine funktionale Umsetzung der Feedback Graphen werden die Graphenblätter nach Parkhurst als Input herangezogen. Feedback Graphen dienen im Dalton Plan zur Messung der (erledigten) Arbeit und (verbrauchten) Zeit. Feedback Graphen helfen den Lernenden ihren eigenen Fortschritt zu beobachten. Insbesondere ist für Lernende auch relevant wie der Lehrende den inhaltlichen Fortschritt (im Zusammenhang mit dem gesamten Pensum) sieht. Graphen helfen beim Planen und unterstützen den selbstverantwortlichen Umgang mit Zeit ("budgeting time") (Parkhurst, 1923, 2010, S. 134ff). ....

Der weitere Text dieses Teils der Erklärungs– und Vermittlungskomponente folgt den Ausführungen in Kapitel 10.1.4 auf Seite 102.

15. Implementierung der Dalton Plan Software Komponente

Die Implementierung findet unter den in Kapitel 10.1 beschriebenen Rahmenbedingungen statt. Es wurden drei Sichten für die Arbeit mit Pensen implementiert:

`/assignment/` Die erste Sicht erlaubt es, Pensen zu bearbeiten (Editor) und auch Feedbackgraphen zu sehen. Es können Feedbackgraphen für einen einzelnen Lernenden und für alle Lernende eines Arbeitsbereiches angezeigt werden.

`/assignmentPublic/` Die zweite Sicht generiert Anzeigen auch für nicht angemeldete BenutzerInnen. Es können alle Beispielpensen angezeigt werden oder alle Abgaben für einzelne BenutzerInnen.

`/assignment/metaAssignment.jsf` Die dritte Sicht stellt die Erklärungs– und Vermittlungskomponente dar.

Im folgenden werden erst die neu implementierten graphischen Interaktionselemente, dann die Pensum-spezifischen Rechte gefolgt von den Pensen UI Sichten beschrieben.

15.1. Neue Graphische Interaktionselemente

Um alle notwendigen Informationen in einer Sicht zu aggregieren, muss mit dem zur Verfügung stehenden Platz sparsam umgegangen werden. Zwei eigens entwickelte User Interface Interaktionselemente ermöglichen die Optimierung des Platzbedarfs.

Zur Navigation werden in Scholion 2.0 zwei Interaktionselemente angeboten. Beide sind in der folgenden Abbildung umrandet. Auf der linken Seite eine hierarchische Navigation mit den Arbeitsbereichen, dann den Modulen und letztendlich den Inhaltsknoten (siehe folgende Abbildung). Weiters gibt es unter der Knopfleiste ein Navigationselement namens „Breadcrumbs". Dieses Element ermöglicht es den navigierten Pfad in der Hierarchie wieder zurück zu steigen.

Abbildung 15.1.1.: Navigation Arbeitsbereich

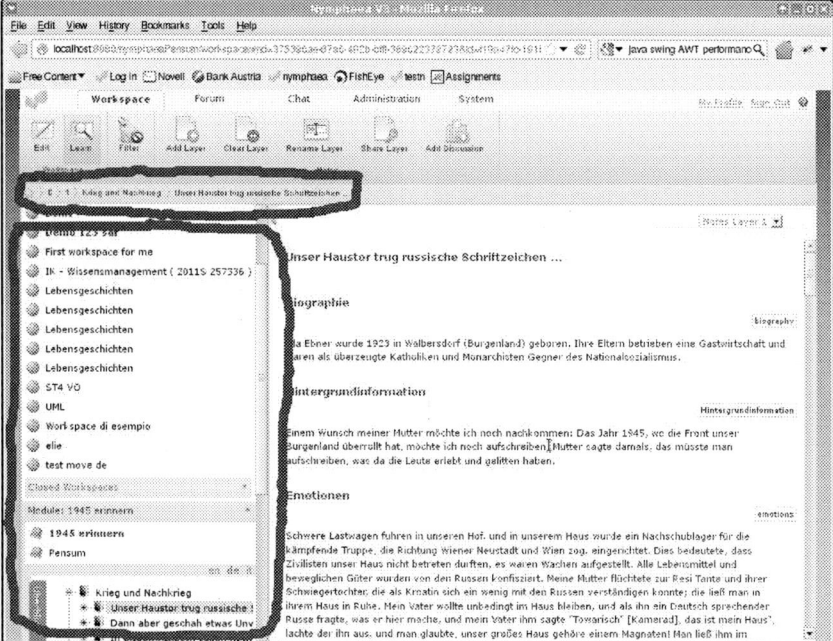

Diese beiden oben beschriebenen Elemente wurden platzsparend kombiniert. In der Dalton Plan Sicht existiert nur ein Navigationselement, welches optisch den „Breadcrumbs" ähnelt, aber zusätzlich ein Menü anbietet um in der jeweiligen Ebene beziehungsweise in der folgenden Ebene ein Domänenobjekt auszuwählen. Die folgende Abbildung zeigt die Nutzung dieses Interaktionelementes.

Abbildung 15.1.2.: Breadcrumb Navigation in der Dalton Plan Sicht

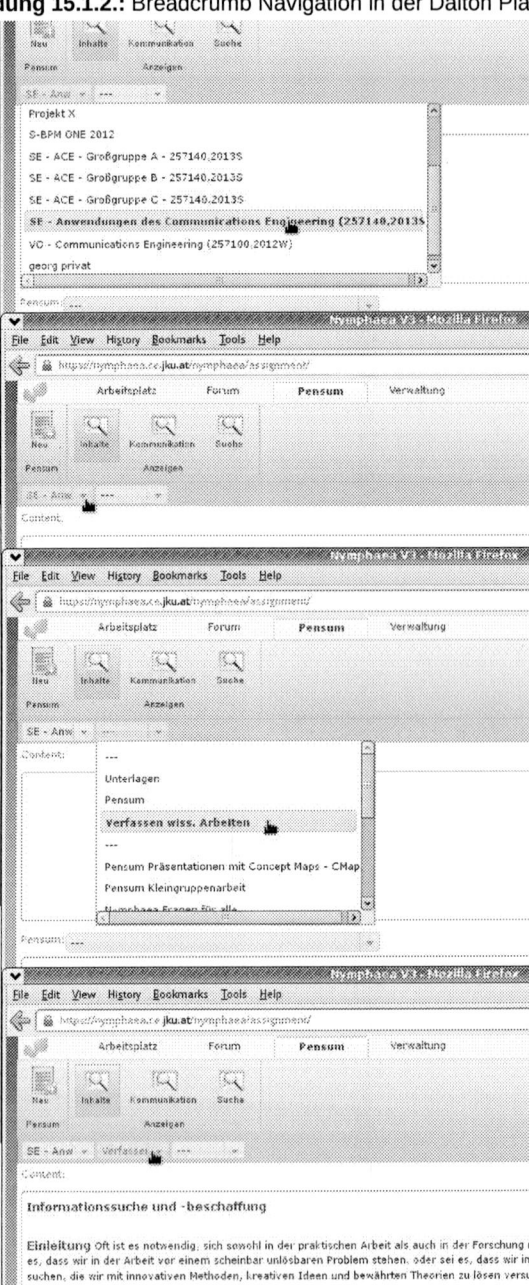

Ein zweites neues graphische Interaktionselement das BenutzerInnen unterstützt den verfügbaren Platz besser zu nutzen, ist eine flexible Anzeigebox die ein– und ausgeblendet und in ihrer Größe geändert werden kann. Knöpfe in der Knopfleiste ermöglichen die Anzeige der Boxen ein und auszuschalten. Ein Grün hinterlegter Knopf in der Knopfleiste zeigt an, dass die Box angezeigt wird (siehe folgende Abbildungen). Bei angezeigter Box wird auf der rechten Seite ein Schieber angezeigt, der es ermöglicht die einzelnen Bildschirmbereiche in der Größe anzupassen.

In der folgenden Abbildung werden durch die Annotierungen 'A', 'B', 'C' die Knöpfe markiert, die die Anzeigeboxen für den Inhalt (1), die Kommunikation (3), und die Suche (4) ein und ausgeblendet werden. Nicht vollständig ausblendbar, aber in der Größe veränderbar, ist die Anzeigebox für Pensen (2).

Abbildung 15.1.3.: Inhalte, Pensum, Kommunikation, Suche in halb offenen Anzeigeboxen

In der folgenden Abbildung wurde die Anzeigebox für Pensen vergrößert und die für Inhalte verkleinert. Alle Boxen sind aber eingeblendet.

Abbildung 15.1.4.: Verkleinerung der Inhaltsbox und Vergrößerung der Pensum Box

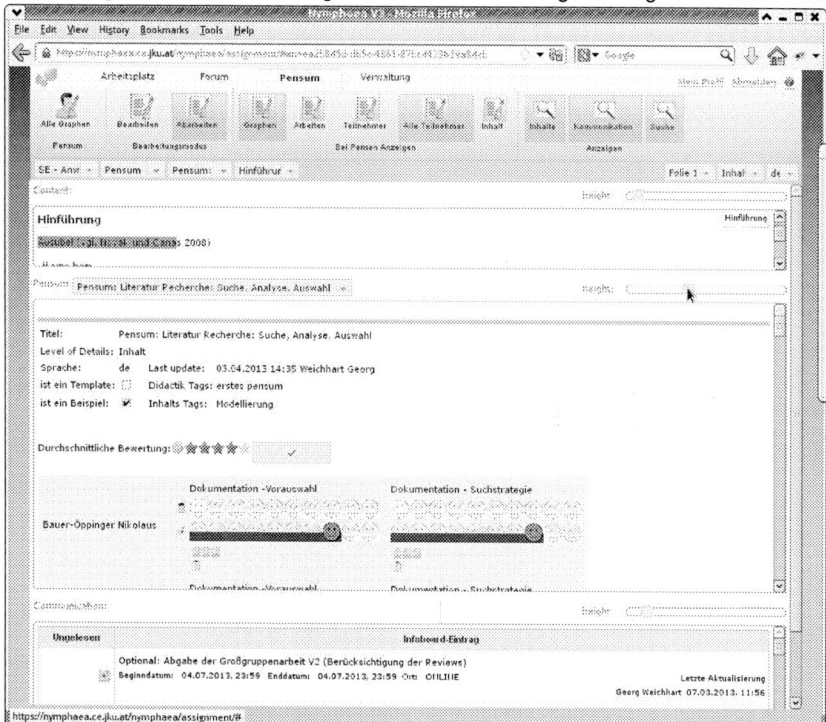

In der folgenden Abbildung wurden mittels der Knöpfe die Anzeigeboxen für Inhalte, die Kommunikation und die Suche vollständig ausgeblendet. Es bleibt im gesamten Browser Fenster Platz für die Anzeige des Pensums. In der Abbildung unten werden Feedbackgraphen für ein Pensum angezeigt.

Abbildung 15.1.5.: Inhalte, Kommunikation und Suche sind ausgeblendet

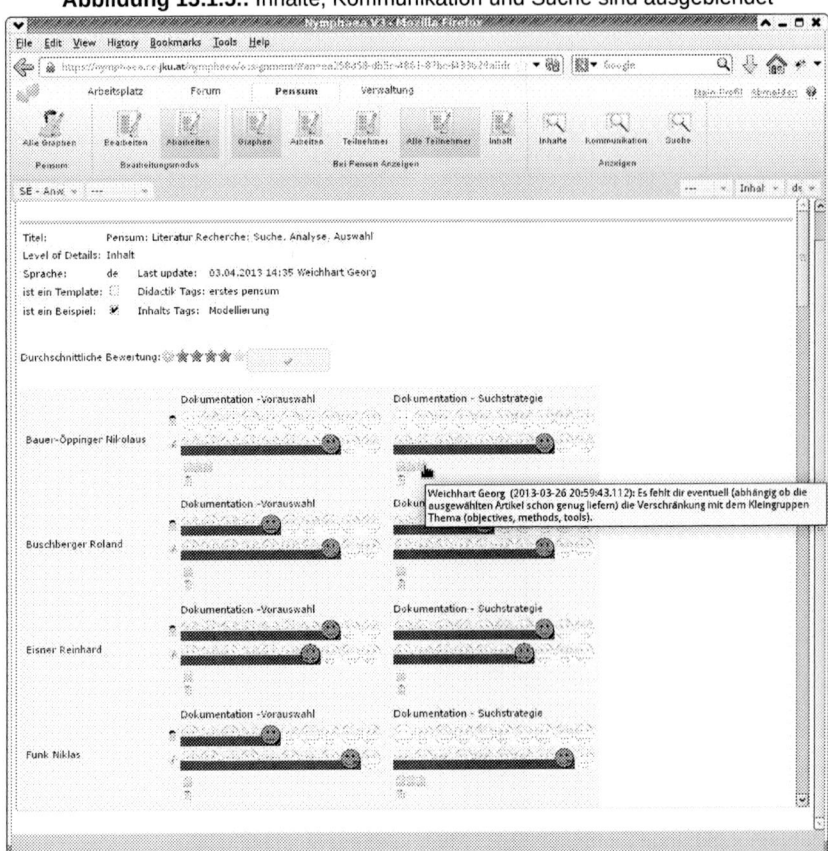

Zu sehen ist in der obigen Abbildung auch das Feedbacksystem. Hier können Pensen auf einer fünfteiligen „Sternen" Skala bewertet werden können. Das angezeigte Pensum hat ein durchschnittliches Feedback von 4 Sternen. Um eine eigene Bewertung abzugeben, muss der entsprechende Stern ausgewählt werden und der Knopf neben den Sternen gedrückt werden. Angezeigt wird aber immer nur die durchschnittliche Bewertung.

15.2. Pensum spezifische Rechte

Um BenutzerInnen die Möglichkeit zu geben mit Pensen zu arbeiten, müssen erst die entsprechenden Rechte gesetzt werden. Es gibt in Scholion 2.0 zwei Arten von Rechten (siehe auch folgende Abbildungen):

Systemweite Rechte - Anzeigen von Pensen

Arbeitsbereichs-spezifische Rechte - Erzeugen von Pensen und Evaluieren (Verbessern, Bewerten) von Pensen (Aufgabe der Lehrenden).

Systemweite Rechte („Permissions") werden an Rollen festgemacht. Alle BenutzerInnen, die eine entsprechende Rolle haben, sehen in Scholion 2.0 einen Reiter „Pensum" („Assignment"). Dies ist in der folgenden Abbildung dargestellt.

Abbildung 15.2.1.: Systemweites Recht mit Pensen zu arbeiten

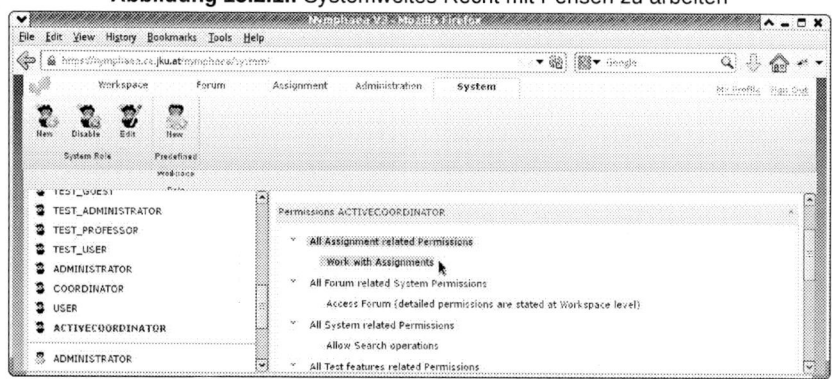

Für jeden Arbeitsbereich (z.B. Kurs, Projekt) in dem mit Pensen gearbeitet wird, muss für den Lehrenden auch das Recht des Erzeugens und Bearbeitens von Pensen gesetzt werden. Alle TeilnehmerInnen in einem solchen Arbeitsbereich, die die Arbeit an Pensen von Lernenden bewerten sollen, brauchen auch das Recht „Bewerten von Pensen". Diese flexible Vorgehensweise erlaubt es, dass Lernende sich selbst Pensen stellen und diese auch gegenseitig bewerten. In der folgenden Abbildung werden für die Arbeitsbereichsrolle „ADMINISTRATOR" die Rechte zum Erzeugen von Pensen und zur Bewertung von Pensen gesetzt.

Abbildung 15.2.2.: Arbeitsbereichs-spezifische Pensen Rechte

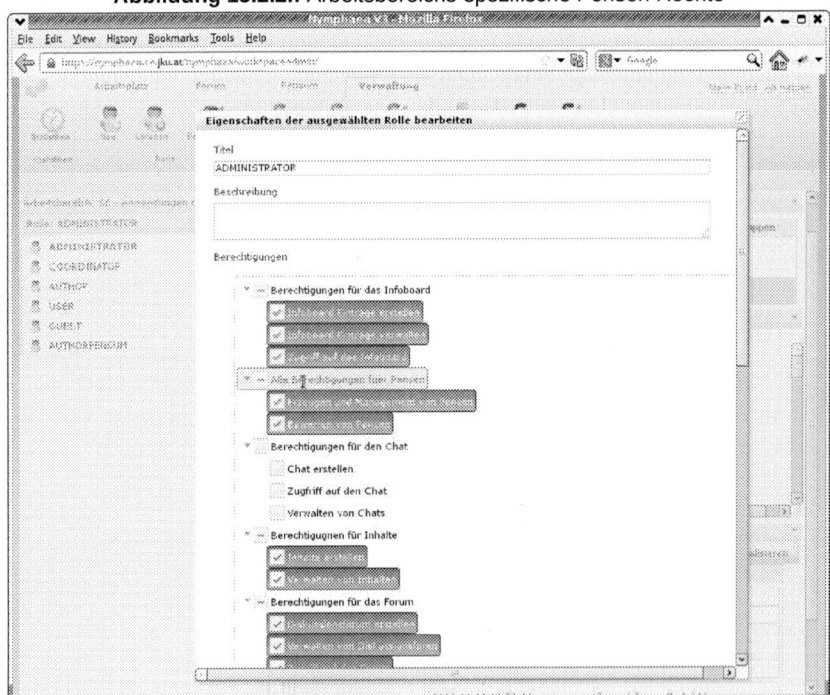

Alle TeilnehmerInnen an einem Arbeitsbereich die Pensen bewerten können, sehen alle Abgaben und Kommentare, die Lernende bei ihrer Arbeit an Pensen erzeugt haben. Gemäß dem Ansatz von Parkhurst ist das immer nur die/der Lehrende.

15.3. Pensum Editor

Nach Setzen der entsprechenden Rechte (siehe oben) kann ein Lehrender nun in der Pensum Sicht einen Arbeitsbereich mit dem Breadcrumb Navigationselement auswählen. Hier können nun neue Pensen erzeugt werden:

Abbildung 15.3.1.: Erzeugen von Pensen

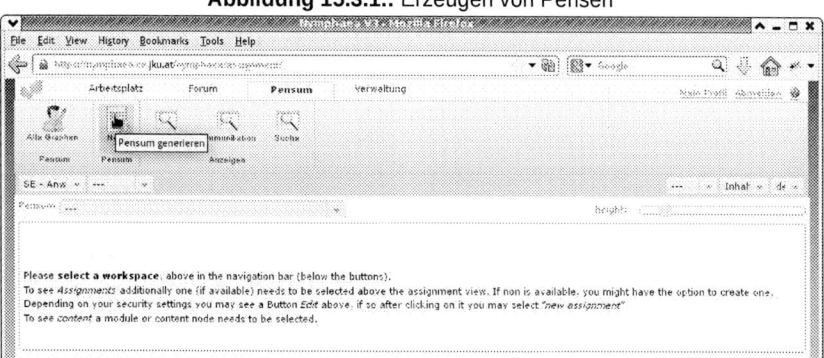

Bei der Erzeugung von Pensen werden Foren für die Kommunikation gemäß den Parkhurst Pensen Teilen „Aktuelle Mitteilungen" (Bulletin Study) und „Interaktion" (Conferences) erzeugt. Da beides mit den in Scholion 2.0 vorgegebenen Domainobjekten umgesetzt wurde, werden diese Pensumteile auch in bestehenden Sichten angezeigt. Neu erzeugte Pensen werden in Modulen der Arbeitsplatz Sicht angezeigt, die Diskussionsforen in der Forumssicht (siehe folgende Abbildung).

Abbildung 15.3.2.: Pensum im Arbeitsplatz und Pensum-Diskussionsforen in der Forumssicht

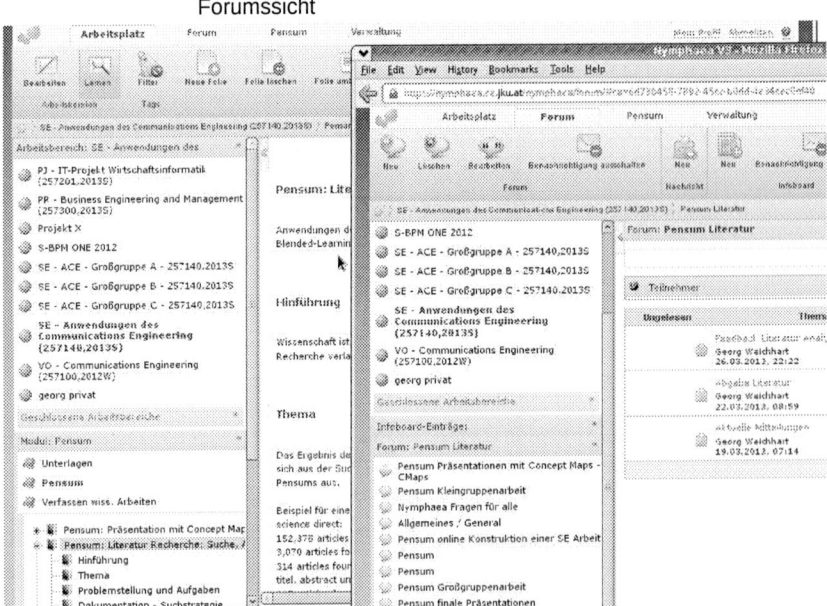

Die Verwendung von bestehenden Domainobjekten bei der Implementierung ermöglicht nun auch die Nutzung von bestehenden Funktionalitäten. Das heißt, Pensen können mit dem Annotierungswerkzeugen in Scholion 2.0 annotiert werden. Diese Annotierungen können in der Gruppe geteilt werden und im Forum kann zum Beispiel eine sprachliche Verbesserung diskutiert werden (siehe zu Annotierungswerkzeugen Kapitel 10.1.2.2 auf Seite 97 und zu diesen Anforderungen die Concept Map zu Funktionalitäten und UI Sichten für das Lehren mittels Erstellen von Pensen Kapitel 8.2.5 auf Seite 72).

Nach dem Erzeugen eines Pensums öffnet sich der Editor und es wird ein eigener Inhaltsknoten für jeden Pensumteil nach Parkhurst generiert. Diese können mit einem Richtext Editor inhaltlich bearbeitet werden. Wenn mehre Dokumentationsarbeiten von den Lernenden zu verfassen sind, kann die Struktur des Pensums erweitert werden. Der Editor erlaubt, weitere Teile eines Typs nach Parkhurst im Pensum zu integrieren. Wenn ein Pensum als Template genutzt werden soll, so ist das Pensum mit der entsprechenden Check-box zu markieren und alle Pensenteile, die nicht Teil des Templates sind, können entfernt werden.

In der folgenden Abbildung wird im oberen Teil ein Pensum inhaltlich bearbeitet. Im unteren Teil der Abbildung wird ein Teil Hinführung einem Pensum hinzugefügt. Dieses Pensum ist als Beispiel markiert.

Abbildung 15.3.3.: Pensum Editor

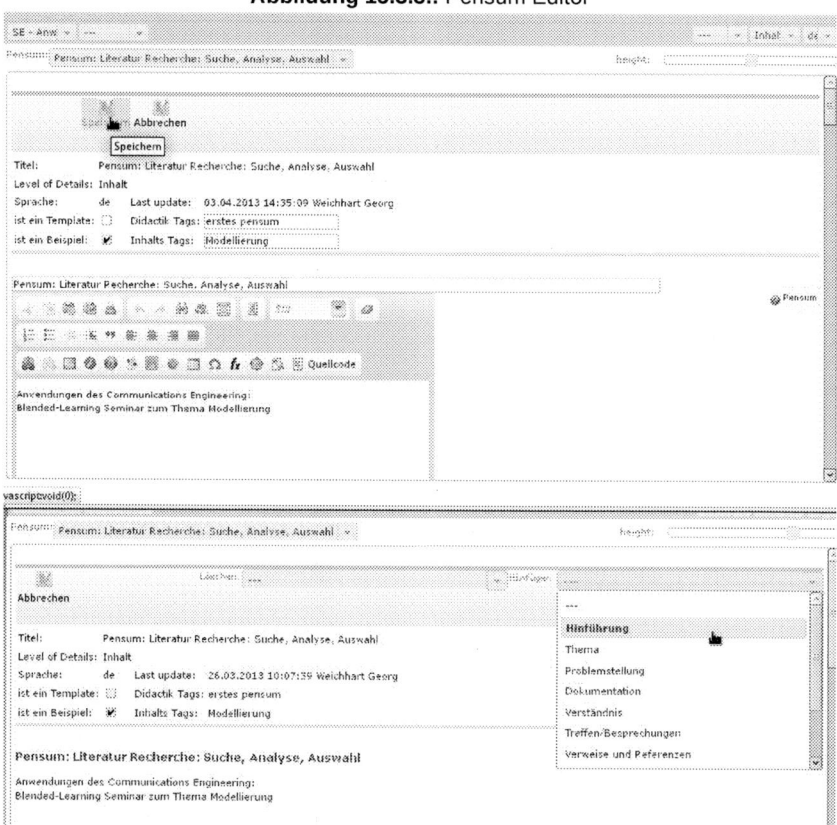

Zu sehen ist in der obigen Abbildung auch die Möglichkeit, inhaltliche Tags und didaktische Tags dem Pensum hinzuzufügen. Sowohl die Tags als auch die Checkboxen „Beispiel" und „Template" werden in der Pensum Suche genutzt. In der folgenden Abbildung wird diese Anzeigebox „Suche" dargestellt. Da es notwendig sein kann beim Schreiben von Pensen auf Beispiele zuzugreifen, gibt es diesen eigenständigen Bereich dessen Größe geändert werden kann.

In der folgenden Abbildung sieht man eine erfolgreiche Suche nach Pensen, die mit „Concept Map" getaggt sind.

Abbildung 15.3.4.: Repository mit beispielhaften Pensen und Pensentemplates

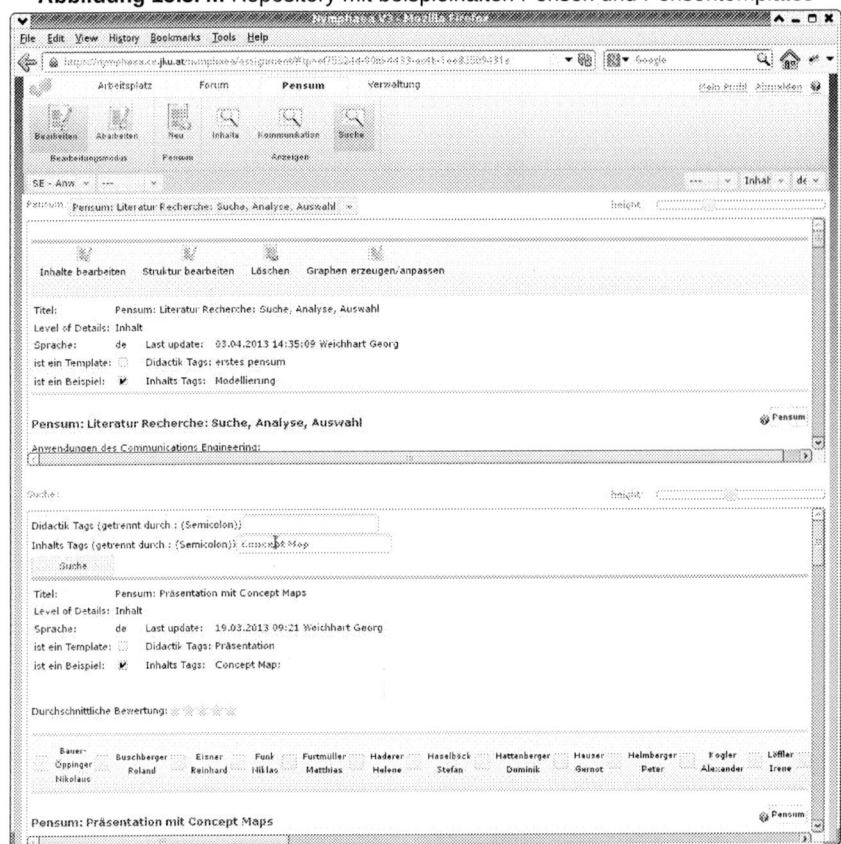

15.4. Feedbackgraphs

Lernende, das heißt BenutzerInnen die keine Rechte haben Pensen zu bewerten, sehen nur Feedbackgraphen in der Pensen Anzeigebox, und können keine Pensen erzeugen bzw. editieren. Es bleibt die Möglichkeit, sich den Inhalt eines Arbeitsbereiches, die Kommunikation eines Arbeitsbereiches anzusehen. Außerdem kann nach beispielhaften Pensen gesucht werden.

Für alle BenutzerInnen gibt es eine Sicht mit allen Graphen aller Pensen eines Lernenden. In der folgenden Abbildung sieht ein Lernender alle seine Graphen und eigene Bewertung, die Bewertung vom Lehrenden. Weiters sieht ein Lernender auch die Kommentare von ihr/ihm und die Kommentare, die ein Lehrender zu den Dokumentationsaufgaben abgegeben hat. Schließlich wird angezeigt, wenn ein Lernender Dokumentationsaufgaben abgegeben hat (in der folgenden Abbildung ist der Cursor über einer solchen Abgabe).

Abbildung 15.4.1.: Graphen eines Lernenden

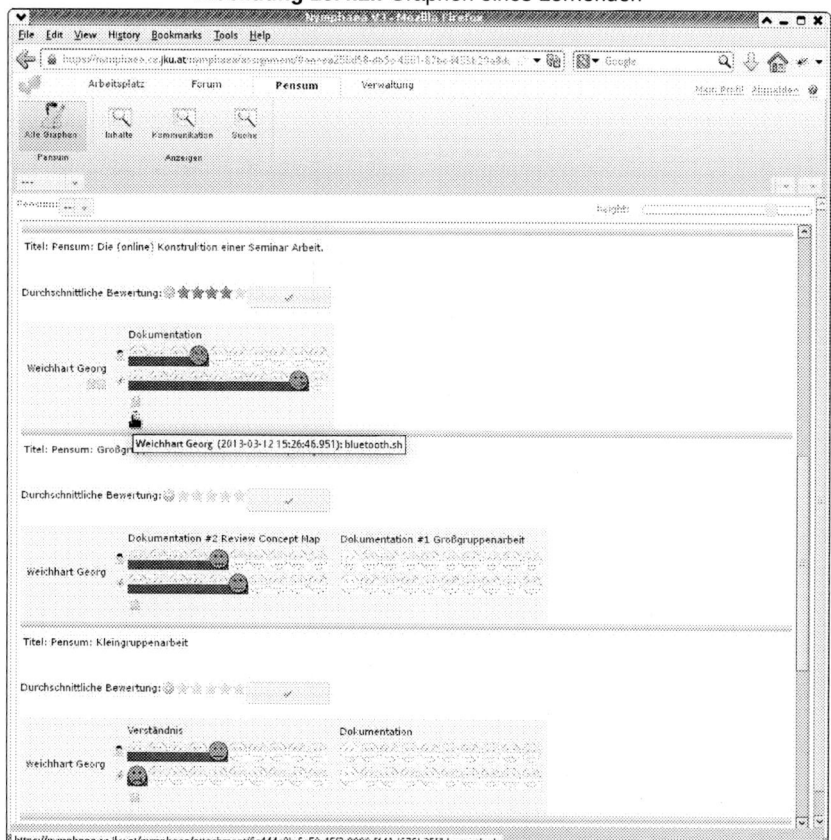

Wenn ein Arbeitsbereich und ein entsprechendes Pensum ausgewählt wurde, kann zum ausgewählten Pensum Folgendes angezeigt werden (Siehe Abbildung 15.4.2 auf der nächsten Seite: in der Knopfleiste: „Bei Pensen Anzeigen"):

Graphen aller Lernenden eines Pensums (Knopf: Graphen),

die eigenen Abgaben und Kommentare zu einer Dokumentationsarbeit (Knopf: Arbeiten), und

der Inhalt des Pensums (Knopf: Inhalt).

Lehrende sehen noch die Knöpfe: Teilnehmer und „Alle Teilnehmer" mit denen ausgewählt werden kann welche Arbeiten von welchen Lernenden angezeigt wird.

Diese Anzeigeteile können mit den entsprechenden Knöpfen in der Knopfleiste ein-(grün hinterlegt) oder ausgeschaltet (grau hinterlegt) werden.

Abbildung 15.4.2.: Graphen aller Lernenden eines Pensums

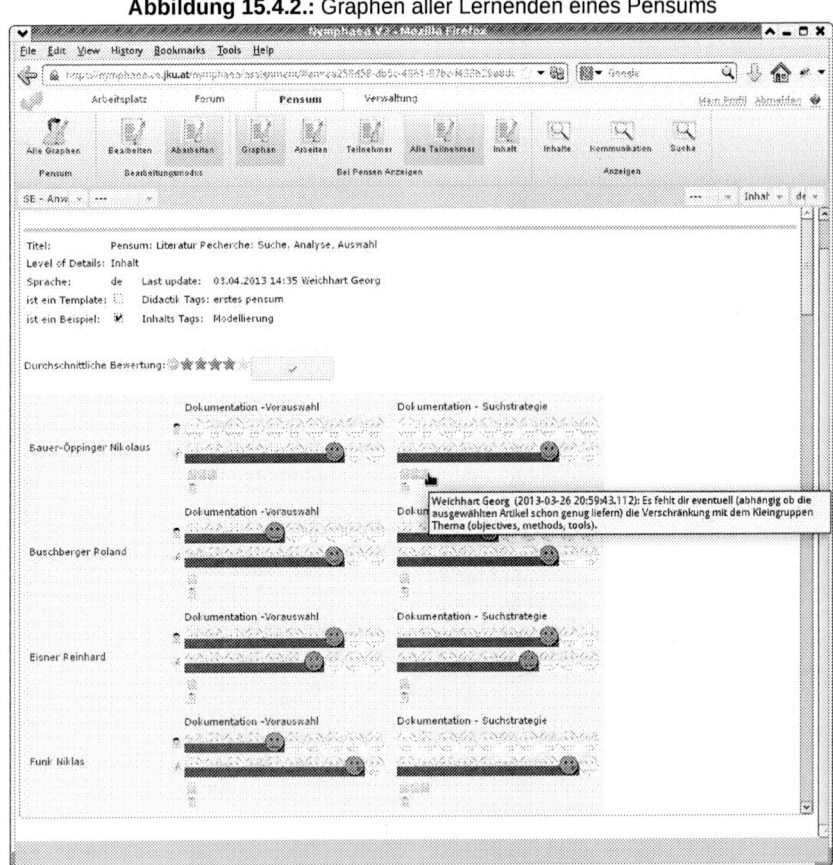

In der Abbildung oben bekommt ein Lernender einen Überblick über alle Lernenden und deren Graphen für ein Pensum. Wenn der Knopf „Arbeiten" eingeschaltet ist, kann

Abbildung 15.4.3.: Abgaben Lernender

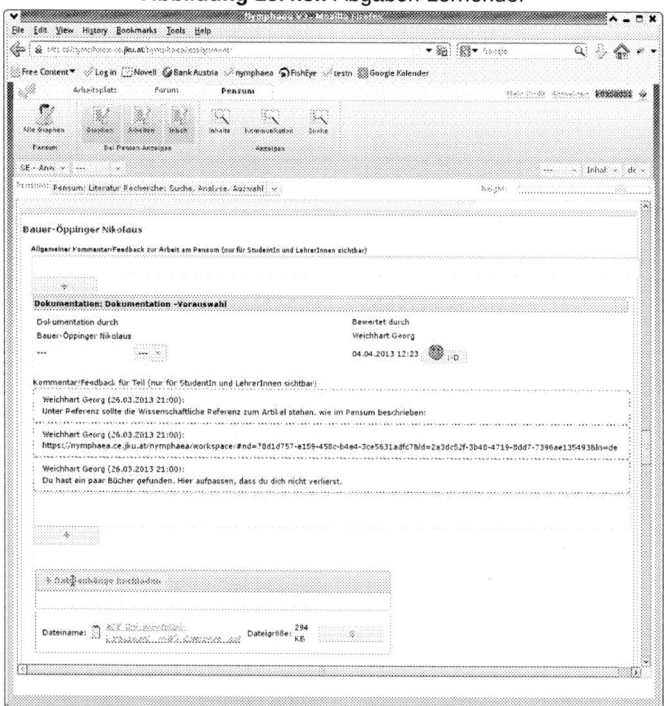

ein Lernender für jede Dokumentationsarbeit Kommentare (z.B. Links) abgeben, seine Arbeit selbst einschätzen auf einer Skala von 1-10 und Dokumente mit seiner Arbeit hochladen. Diese Abgaben, Kommentare werden dann in den Graphen sichtbar (wie oben dargestellt).

In dieser Sicht können Lehrende aus der Liste der eingetragenen BenutzerInnen auswählen, welchen Lernenden sie bewerten wollen, und zusätzlich auch (wie die Lerneden) Kommentare abgeben, und Dateien hochladen. Im Gegensatz zu Lernenden können Lehrende alle BenutzerInnen bewerten. Das quantitative Feedback von Lehrenden ist rechts im Kommentar Teil zu sehen (Smileys/Emoticons), die Selbsteinschätzung durch den Lernenden auf der linken Seite.

Abbildung 15.4.4.: Evaluierung, Bewertung von Lernenden

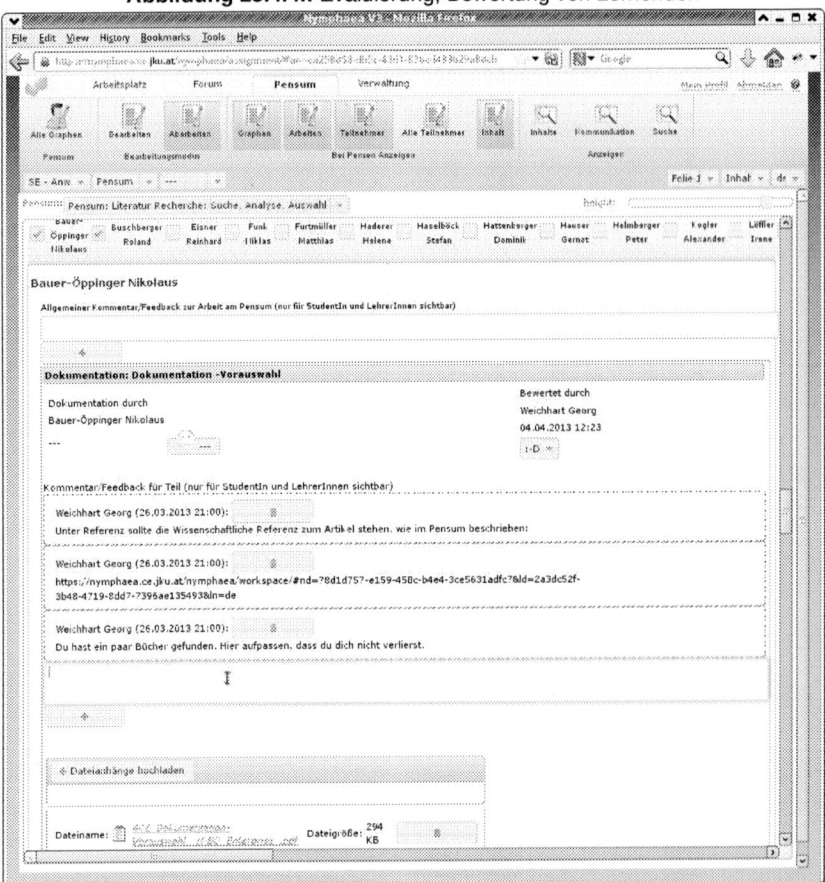

Die folgenden Emoticons wurden für die Feedbackgraphen entwickelt. Unter den Emoticons steht die Länge des Graphen. Eine '4' bedeutet, dass die Linie 4 Icons lang ist, und an der letzten Stelle das Emoticon gezeigt wird. die restlichen 6 Emoticons werden mit dem '—' Emoticon als inaktiv dargestellt. Zusehen sind beispielhafte Graphen oben.

Abbildung 15.4.5.: Feedbackgraphen Emoticons

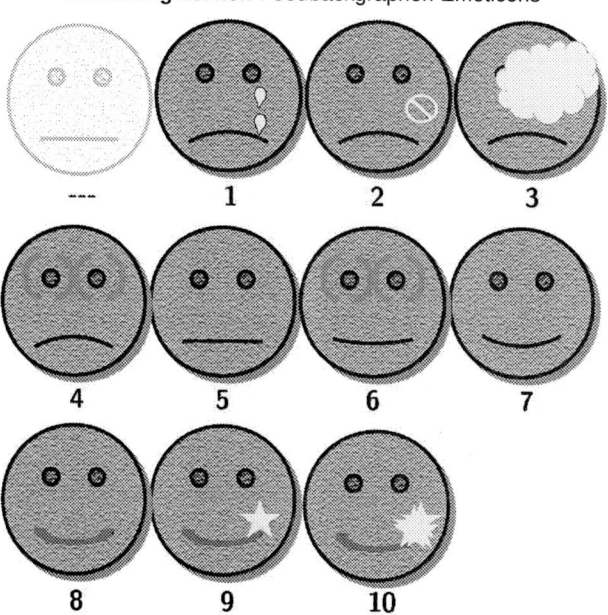

Zu beachten ist, dass es bei der Bewertung und bei den Graphen zu Änderungen gegenüber dem Design und den Graphen von Parkhurst gekommen ist:

Zeitliche vs. inhaltliche Orientierung: Parkhurst orientiert sich bei den Feedbackgraphen an der Zeit. Die Pensen werden für Tage, Wochen geplant. Parkhurst trifft keine Aussagen über den inhaltlichen Aufwand und dieser wird wahrscheinlich auch abhängig sein von den Aufgaben, die Lernende in anderen (Schul-) Fächern zu leisten hat. Im Design wurden noch Zeiten eingetragen. In der Implementierung kam es hier zu einer inhaltlichen Ausrichtung bei der Abgabe von Dokumentationsaufgaben. Das ermöglicht eine einfachere Benutzerinteraktion und bietet den Mehrwert, dass Lernende die Qualität selbst einschätzen können und explizit der Einschätzung der Lehrenden gegenübergestellt wird. In Bezug auf die Planung gibt es aber hier keine Möglichkeit in den Graphen festzustellen, welche Aufgaben bis Ende einer Woche fertigzustellen sind. Die Auflistung der Termine und Aufgaben wird im Infoboard dargestellt (siehe Abbildung 10.1.8 auf Seite 99). Damit sind diese Termine in der Forum „Anzeigebox" in der Pensum Seite sichtbar (siehe Punkt 3 in Abbildung 15.1.3 auf Seite 150. Hier wird das Forum angezeigt, in der darauf folgenden Abbildung 15.1.4 auf Seite 151 wird das Infoboard gezeigt).

Synchrone vs. asynchrone Abgaben: Bei Parkhurst werden die „Linien" in den Graphenblättern im Gespräch zwischen LehrerIn und Lernenden gemeinsam erstellt. Im E–Learning erfolgt die Abgabe mehr explizit und das Gespräch könnte asynchron stattfinden (synchron z.b. in einem Chat). Jedenfalls gibt es einen „Startzeitpunkt" an dem eine verschriftlichte Arbeit abgegeben wird, und einen „Endzeitpunkt" an dem die Bewertung erstellt wird. Die Dalton Plan Komponente respektiert und unterstützt diese Vorgehensweise durch zwei getrennte „Bewertungsknöpfe" (siehe oben „Dokumentiert durch" und „Evaluiert durch"). Weiters wird in der Dalton Plan Komponente die Möglichkeit geboten, dass Lehrende und Lernende sich „privat" austauschen .

In dieser Sicht kann auch der Inhalt eines Pensums ansehen werden. Es gibt hier, wie auch im Bearbeitungsmodus, die Möglichkeit, die Erklärungs– und Vermittlungskomponente aufzurufen (siehe unten Abbildung 15.5.3 auf Seite 166).

15.5. Erklärungs– und Vermittlungskomponente

Die Erklärungs– und Vermittlungskomponente besteht aus zwei Teilen. Den ersten Teil bilden die oben (Kapitel 11.2 auf Seite 119) angeführten Pensen zum Thema Schreiben eines Pensums. Inhaltlich ist der Text deckungsgleich mit dem Text oben. Das Format der Darstellung und der Bilder wurde der Webumgebung angepasst.

Den zweiten Teil der Erklärungs– und Vermittlungskomponente stellen die „kontextabhängigen" Erklärungen zu den Pensen Teilen dar. Die „Hilfe" Icons (siehe nächste Abbildung) im Editor erlauben es BenutzerInnen den entsprechenden Text für jeden Teil des Pensums direkt aufzurufen.

Bei einem Click auf das Hilfeicon öffnet sich ein neues Fenster (oder Reiter) im Browser und zeigt einen kurzen Hilfetext für den entsprechenden Pensumteil an.

Abbildung 15.5.1.: Erklärungs– und Vermittlungskomponenten - Pensen zum Schreiben von Pensen

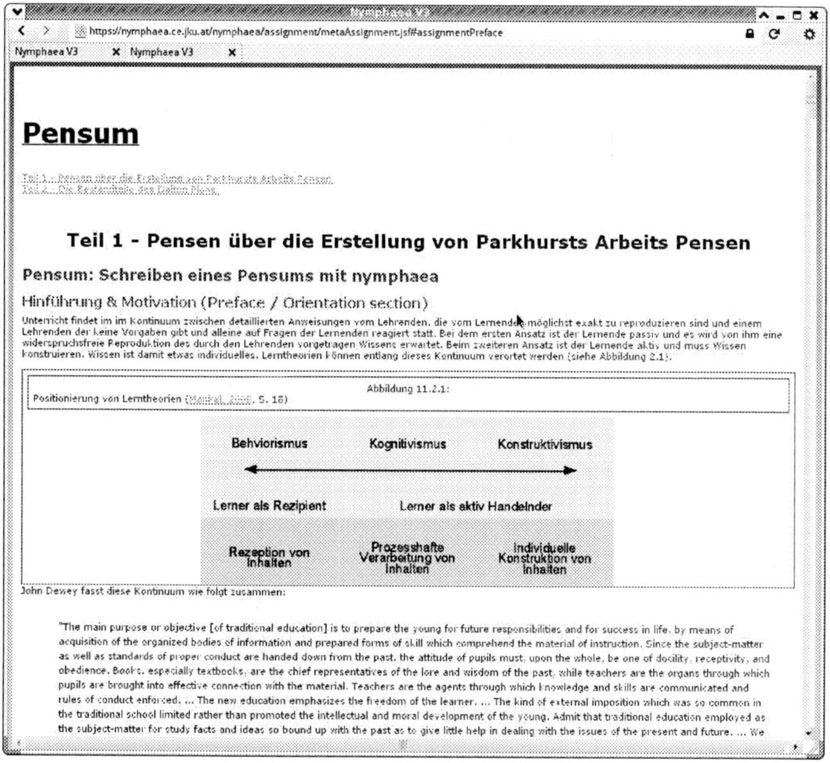

Pensum

Teil 1 - Pensen über die Erstellung von Parkhursts Arbeits Pensen
Teil 2 - Die Restauilität des Dalton Plans

Teil 1 - Pensen über die Erstellung von Parkhursts Arbeits Pensen

Pensum: Schreiben eines Pensums mit nymphaea

Hinführung & Motivation (Preface / Orientation section)

Unterricht findet im im Kontinuum zwischen detaillierten Anweisungen vom Lehrenden, die vom Lernenden möglichst exakt zu reproduzieren sind und einem Lehrenden der keine Vorgaben gibt und alleine auf Fragen der Lernenden reagiert statt. Bei dem ersten Ansatz ist der Lernende passiv und es wird von ihm eine widerspruchsfreie Reproduktion des durch den Lehrenden vorgetragen Wissens erwartet. Beim zweiteren Ansatz ist der Lernende aktiv und muss Wissen konstruieren. Wissen ist damit etwas individuelles. Lerntheorien können entlang dieses Kontinuum verortet werden (siehe Abbildung 2.1).

Positionierung von Lerntheorien (Menkel, 2005, S. 18)

Abbildung 11.2.1:

| Behviorismus | Kognitivismus | Konstruktivismus |

Lerner als Rezipient → Lerner als aktiv Handelnder

| Rezeption von Inhalten | Prozesshafte Verarbeitung von Inhalten | individuelle Konstruktion von Inhalten |

John Dewey fasst diese Kontinuum wie folgt zusammen:

"The main purpose or objective [of traditional education] is to prepare the young for future responsibilities and for success in life, by means of acquisition of the organized bodies of information and prepared forms of skill which comprehend the material of instruction. Since the subject-matter as well as standards of proper conduct are handed down from the past, the attitude of pupils must, upon the whole, be one of docility, receptivity, and obedience. Books, especially textbooks, are the chief representatives of the lore and wisdom of the past, while teachers are the organs through which pupils are brought into effective connection with the material. Teachers are the agents through which knowledge and skills are communicated and rules of conduct enforced. ... The new education emphasizes the freedom of the learner. ... The kind of external imposition which was so common in the traditional school limited rather than promoted the intellectual and moral development of the young. Admit that traditional education employed as the subject-matter for study facts and ideas so bound up with the past as to give little help in dealing with the issues of the present and future. ... We

Abbildung 15.5.2.: Hilfe Icon

Abbildung 15.5.3.: Kontextabhängige Hilfe zu den Pensen Teilen

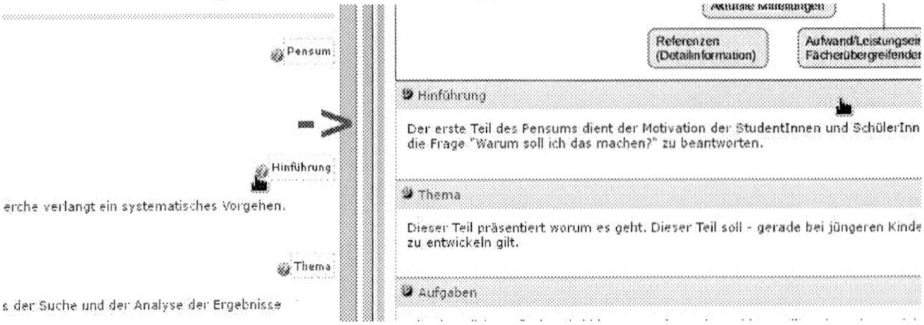

15.6. Portfolio

Die von den Experten beschriebene Portfoliosicht soll ein Lernen im öffentlichen Raum unterstützen. Es gibt nun die Möglichkeit für BenutzerInnen alle Pensen und Abgaben anzuzeigen. Dazu brauchen InteressentInnen keinen Scholion 2.0 Account und müssen nicht eingeloggt sein. Es reicht der Aufruf einer URL mit der Benutzerkennung (z.B.: https://nymphaea.ce.jku.at/ nymphaea/assignmentPublic/?user=ak112249). Angezeigt werden alle Abgaben eines Lernenden, die Kommentare, die Selbsteinschätzung und der Inhalt der Pensen.

Abbildung 15.6.1.: Portfolio eines Benutzers in Scholion 2.0

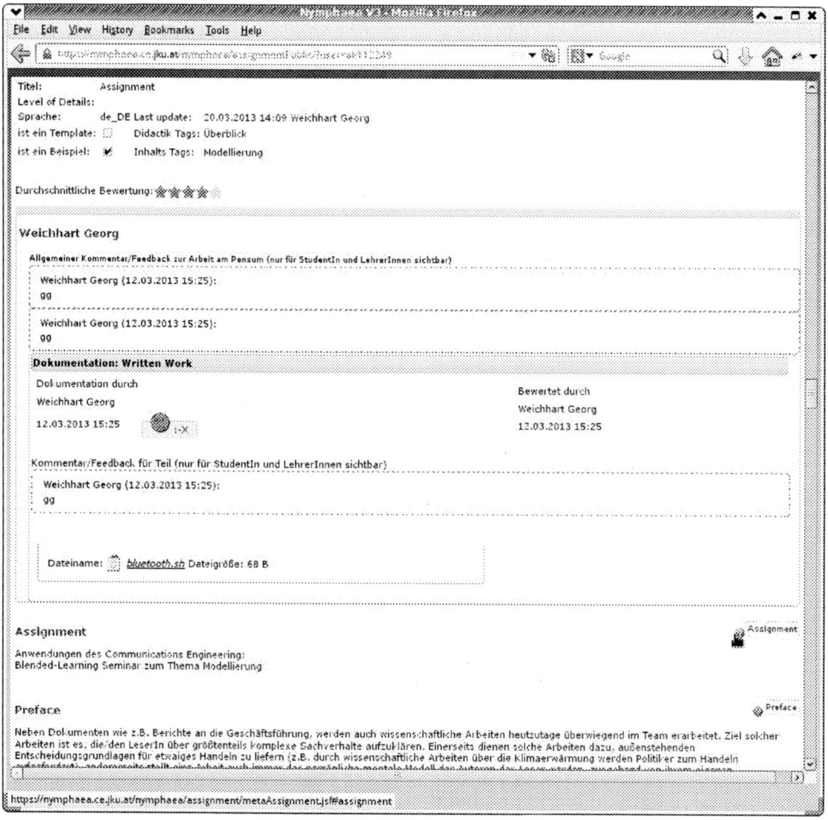

16. Code Statistiken

Für die folgenden Statistiken wurden zwei unabhängige Code Statistik Software Pakete genutzt. Gitstats (http://gitstats.sourceforge.net/) erlaubt es Statistiken aus dem Scholion 2.0 Coderepository (basierend auf git, http://git-scm.com/) zu extrahieren. Mit 'Sonar' (http://www.sonarsource.org/) wurde der aktuelle Java-Sourcecode und auch die Web-View Dateien bezüglich ihrer Größe analysiert.

Scholion 2.0 hat in Summe (inklusive Dalton Plan Komponente) 507.722 Zeilen in 3460 Dateien. Die wichtigsten Dateiarten und ihre Größe (in Zeilen) ist in der folgenden Tabelle dargestellt.

Tabelle 16.0.1.: Codestatistik

Dateierweiterung	Dateien (%)	Zeilen (%)	Zeilen/Datei
png	862 (24.91%)	31106 (6.13%)	36
java	770 (22.25%)	152143 (29.97%)	197
js	516 (14.91%)	201799 (39.75%)	391
gif	293 (8.47%)	1213 (0.24%)	4
swf	234 (6.76%)	103409 (20.37%)	441
xhtml	181 (5.23%)	37273 (7.34%)	205
css	160 (4.62%)	45708 (9.00%)	285
jar	99 (2.86%)	336408 (66.26%)	3398
xml	65 (1.88%)	11515 (2.27%)	177
properties	42 (1.21%)	7241 (1.43%)	172
prefs	18 (0.52%)	610 (0.12%)	33
txt	17 (0.49%)	1439 (0.28%)	84
html	17 (0.49%)	4016 (0.79%)	236
jpg	12 (0.35%)	14018 (2.76%)	1168
bat	11 (0.32%)	143 (0.03%)	13
xsl	10 (0.29%)	10314 (2.03%)	1031
sql	8 (0.23%)	3621 (0.71%)	452
sh	8 (0.23%)	247 (0.05%)	30

Für die Entwicklung der Dalton Plan Komponente wurden von mir 370 mal in das Code Repository Dateien übertragen („Commits"). In Summe wurden 1.863.593 Zeilen hinzugefügt, und 1.268.221 Zeilen entfernt (gemäß Statistik des Code Repository). Die folgende Abbildung zeigt die Coding Aktivitäten des Jahres 2012 und 2013. Zwischen Jänner 2012 und April 2012 wurde im Coderepositoriy nicht nur am Pensum gearbeitet. Auch nicht sichtbar sind die Arbeiten an Scholion 2.0 vor diesem Zeitraum.

Abbildung 16.0.1.: Coding Aktivitäten Georg Weichhart

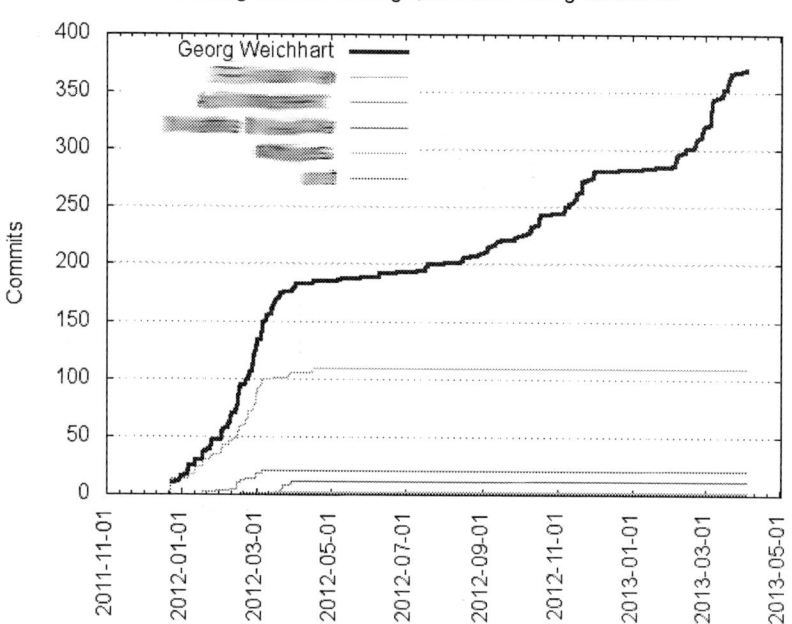

Es gab in diesem Zeitraum 515 Commits, die zu folgenden Zeiten gemacht wurden. Diese Commits beinhalten nicht die Sourcecode Basis, die vor Dezember 2011 vorhanden war.

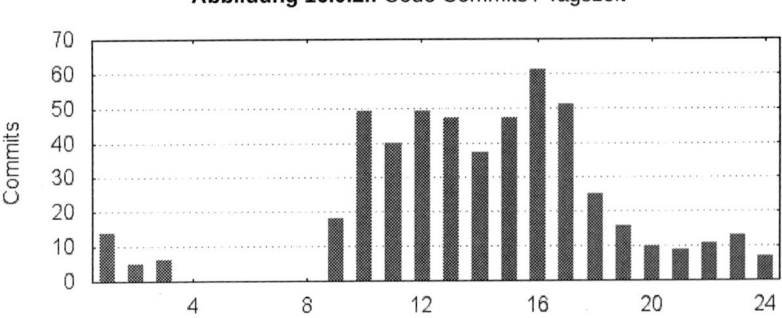

Abbildung 16.0.2.: Code Commits / Tagszeit

Commits
0
10
20
30
40
50
60
70
4
8
12
16
20
24

Die folgenden Abbildungen geben einen Eindruck der Größe des Dalton Plan spezifischen Java Codes. Die Fläche der Rechtecke in den Abbildungen korrespondiert mit der Anzahl der Codezeilen der betrachteten Komponente oder Klasse. Je größer ein Rechteck, um so mehr Codezeilen. Dadurch wird es möglich einen Eindruck über die Größe einer Dalton Plan Komponente im Kontext von bestehenden Komponenten zu vermitteln.

Abbildung 16.0.3.: Größe der Java Source Pakete

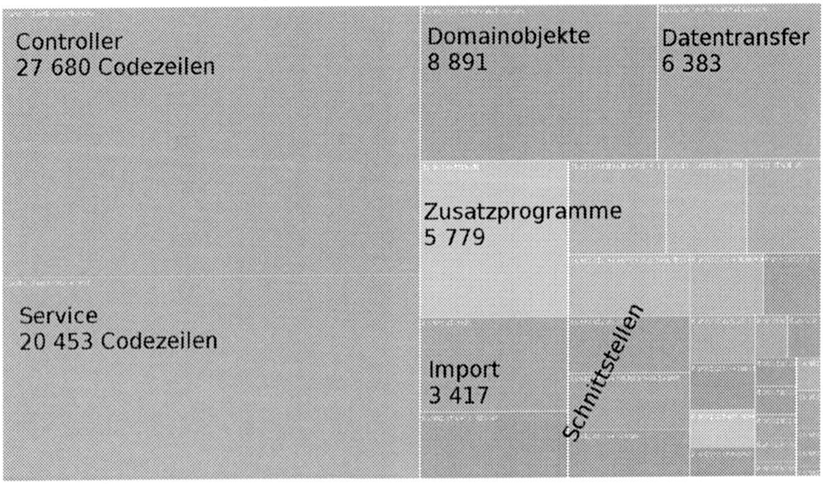

Controller
27 680 Codezeilen
Domainobjekte
8 891
Datentransfer
6 383
Zusatzprogramme
5 779
Service
20 453 Codezeilen
Import
3 417
Schnittstellen

Hier werden die Controller-, Service-, und Dataaccessebenen angezeigt. Die pensen-spezifische Controller Klasse (AssignmentControllerImpl) hat die dritt meisten Code-zeilen (1.387 Zeilen). Die pensen-spezifische Service Klasse (AssingmentServiceImpl) rangiert in der Codezeilen Statistik der Services auf Rang 7 (638 Zeilen). Für die Navi-gation wurde auch ein Controller mit 1.106 Zeilen implementiert (NavigationPathCon-trollerImpl). Da die Navigation nur für das User Interface relevant ist, gibt es für die Navgiation keine Service und Datenzugriffs Klassen.

Abbildung 16.0.4.: Service Klassen

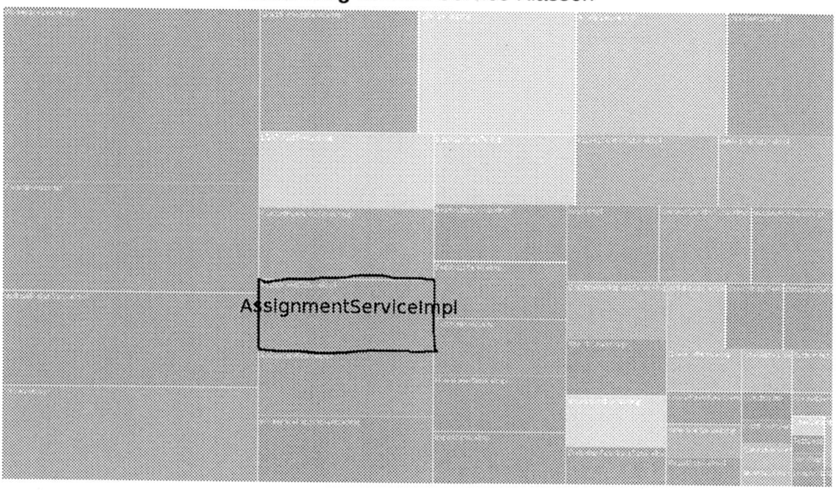

Abbildung 16.0.5.: Controller Klassen

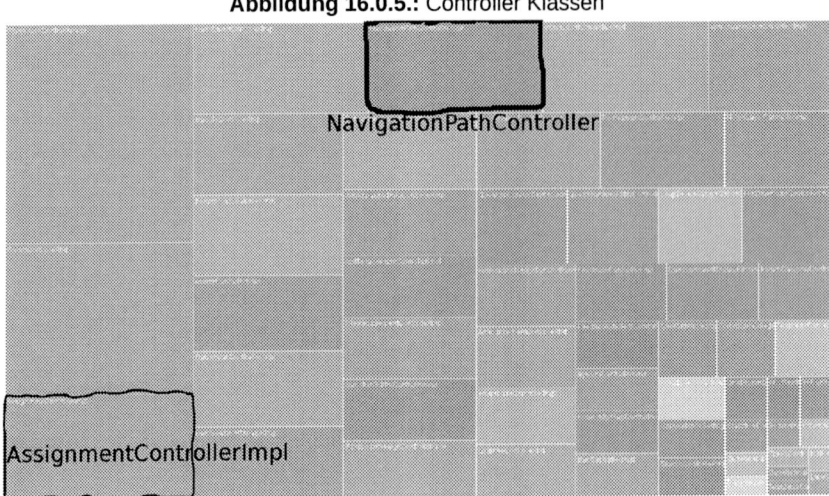

Die pensen-spezifischen Datenzugriffsklassen sind

AssignmentDaoHibernateImpl - 109 Zeilen

AssignmentEvaluationDaoHibernateImpl - 64 Zeilen

AssignmentEvaluationPartDaoHibernateImpl - 12 Zeilen

AssignmentEvaluationCommentDaoHibernateImpl - 11 Zeilen

Die Domainobjekte, die zur Speicherung der Daten geschrieben wurden, sind:

AssignmentImpl - 170 Zeilen

AssignmentEvaluationPartImpl - 138 Zeilen

AssignmentEvaluationImpl - 81 Zeilen

AssignmentEvaluationCommentImpl - 24 Zeilen

Für die Sichten wurden folgende Dateien generiert:

Meta-Assignment / Erklärungs– und Vermittlungskomponente:

- assignment.xhtml - 18 Zeilen

- assignmentBulletinStudy.xhtml - 21 Zeilen

- assignmentConferences.xhtml - 22 Zeilen

- assignmentDepartmentalCuts.xhtml - 21 Zeilen

- assignmentsEquivalents.xhtml - 22 Zeilen

- assignmentMemoryWork.xhtml - 21 Zeilen

- assignmentPreface.xhtml - 20 Zeilen

- assignmentProblems.xhtml - 21 Zeilen

- assignmentReferences.xhtml - 22 Zeilen

- assignmentTopic.xhtml - 22 Zeilen

- assignmentWrittenWork.xhtml - 21 Zeilen

- metaAssignment.xhtml - 923 Zeilen

- metaAssignmentReferences.xhtml - 209 Zeilen

UI Komponenten / Interaktionselemente:

- assignmentEdit.xhtml - 223 Zeilen

- assignmentFeedback.xhtml - 381 Zeilen

- assignmentUserOverview.xhtml - 114 Zeilen

- navigationPath.xhtml - 59 Zeilen

- navigationPathContentDetails.xhtml - 61 Zeilen

- assingWorkToTask.xhtml - 42 Zeilen

- assignmentFeedbackSelect.xhtml - 20 Zeilen

- assignmentFeedbackSelectOutput.xhtml - 33 Zeilen

- assignmentFeedbackTable.xhtml - 47 Zeilen

- assignmentFeedbackTable.xhtml - 47 Zeilen

Assignment Sicht

    – `assignment.xhtml` - 674 Zeilen

Portfolio

    – `assignmentPublic.xhtml` - 159 Zeilen

Die folgenden Abbildungen zeigen diese Sichten im Kontext der anderen Komponenten von Scholion 2.0.

Abbildung 16.0.6.: Sichten in Scholion 2.0

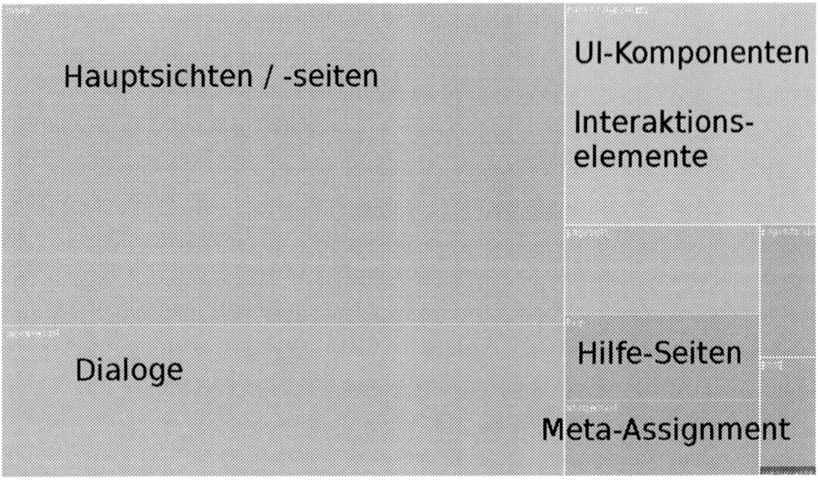

Von den Einstiegsseiten in Scholion 2.0 wurden unten die Assignment Sicht und die Portfolio Sicht markiert.

Abbildung 16.0.7.: Main Entry Pages in Nymphaea 2.0

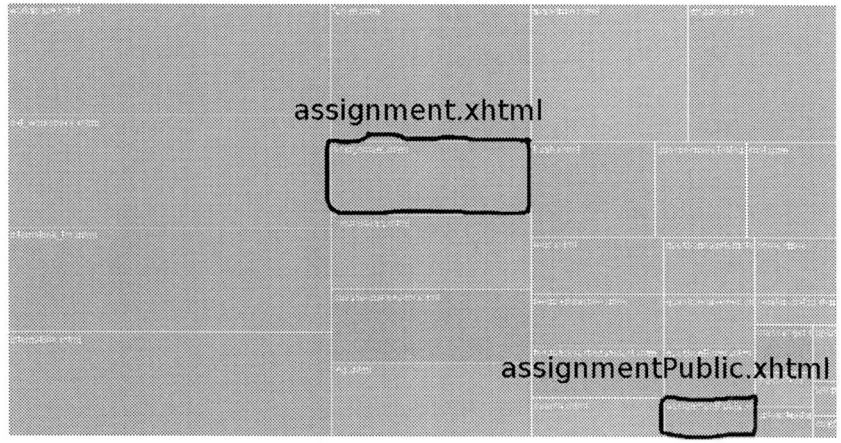

Die folgende Abbildung zeigt die Komponenten / Interaktionselemente die speziell für die Assignment Sichten implementiert wurden.

Abbildung 16.0.8.: UI Komponenten / Interaktionselemente für die Pensum Sichten

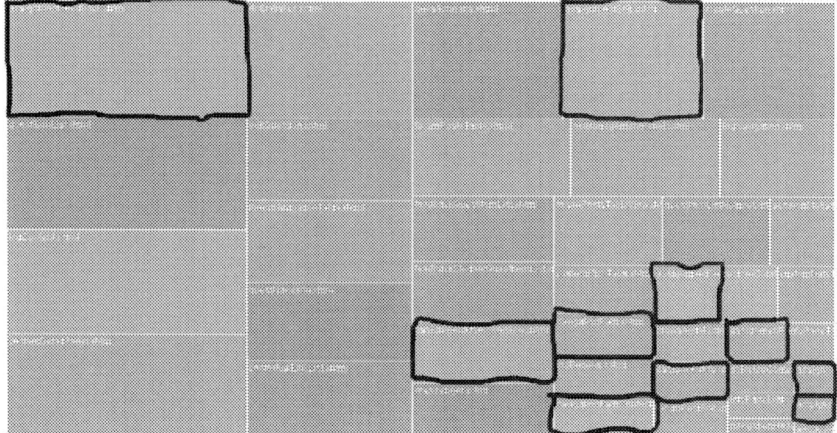

Zu diesen Dateien kommen noch Konfigurationsdateien, Schnittstellenklassen und Bilder die hier nicht explizit im Detail angeführt wurden.

17. Fazit Teil V — Implementierung

Ausgangsbasis für die Implementierungsaktivitäten waren User Interface Designs und die existierenden Domänen Modelle von Scholion 2.0. Es wurden neue Domänen Modelle für Pensen erarbeitet und implementiert. Weiters wurden Sichten und Services speziell für Pensen umgesetzt. Die Implementierung stützt sich auf die vorhandene Architektur und Implementierung in Scholion 2.0.

Die Implementierung wurde auf einem öffentlich erreichbaren Server installiert. Diese Installation bildete die Basis für eine Evaluierung durch die Experten.

Teil VI.

Evaluierung

Nach der Implementierung der Ergebnisse ist die Frage offen, wie gut mit dem Pensen Editor, den Feedbackgraphen, dem Portfolio und der Erklärungs– und Vermittlungskomponente die ursprünglichen Aspekte des gestellten Ziels erreicht werden. Eine Evaluierung betrifft die Qualität der Erreichung der zwei Teilziele *(Zielaspekte) „Transferierbarkeit der Dalton Plan Instrumente ins E–Learning"* und *„E–Learning Unterstützung für die Wissensvermittlung mittels selbstorganisierten Lernens"*.

Um die Qualität der Zielerreichung zu messen, wird im Folgenden eine Vorgehensweise beschrieben, die folgende Ergebnisse liefert:

Evaluation der Brauchbarkeit der erarbeiteten Dalton Plan Komponenten

Evaluation der Qualität der Unterstützung der Wissensaneignung und Wissensvermittlung mittels selbstorganisierten Lernens

In den folgenden Kapiteln wird erst das Design der Evaluierung besprochen und dann die Umsetzung und das Ergebnis der Evaluierung dokumentiert.

18. Vorgehensweise bei der Evaluation

Die Evaluierung teilt sich in zwei getrennte Teile. Im ersten Teil wird die Arbeit in sich evaluiert, und dieser Teil beschäftigt sich mit der Frage wie gut die Anforderungen der Experten erfüllt wurden. Der zweite Teil der Evaluation beschäftigt sich mit der Frage, wie weit die Lernumgebung das Potential der Wissensvermittlung mittels selbstorganisierten Lernens hebt. Hier wird die Wirkung der Forschungsergebnisse nach außen erhoben.

Für den ersten Teil der Evaluierung werden die Concept Maps genutzt, die im Verlauf dieser Arbeit erstellt wurden. Diese Maps dokumentieren Schritt für Schritt den Prozess der Anforderungsanalyse (siehe Kapitel 8 auf Seite 58). In mehreren Zwischenschritten wurden aus diesen Maps Funktionen für die Umsetzung abgeleitet und als Concept Maps dokumentiert. Diese Dokumentationen werden nun genutzt um die Ergebnisse zu evaluieren.

In einem ersten Schritt werden die Concept Maps mit den UI Sichten genutzt um die Ergebnisse auf ihre Vollständigkeit zu prüfen. Es wird überprüft, ob alle geforderten Funktionalitäten umgesetzt wurden. Das heißt in diesem Schritt bilden die im Design erarbeiteten Funktionalitäten den Referenzpunkt für die Feststellung von „Vollständigkeit".

Im zweiten Schritt dienen die von den Experten validierten Concept Maps als Basis um die Vollständigkeit der Umsetzung in Bezug auf die *Unterstützung der Anwendung* der Dalton Plan Instrumente zu überprüfen. Vollständigkeit bezieht sich hier auf die Erfüllung der in den Experteninterviews erhobenen Anforderungen. Dazu werden gemeinsam mit den Experten ihre initialen Concept Maps reflektiert. Diese Reflexion findet im Rahmen eines Interviews statt, in dem diese Concept Maps gemeinsam annotiert werden.

Methodisch ähnelt dieser Schritt dem von Kandiko und Kinchin entwickelten Verfahren (Kandiko und Kinchin, 2012b,a; Kinchin et al., 2010). Kandiko und Kinchin erweiterten die Methode des Interviews mit Concept Maps. Concept Maps unterstützte Interviews wurden über mehrere Jahre durchgeführt und die sich verändernden Konzeptualisierungen der Interviewpartner konnten so aufgezeigt werden (Kandiko und Kinchin, 2012a). Kandiko und Kinchin (2012b) stellen fest, dass die Nutzung von Concept Maps den Erkenntnisgewinn unterstützt. Wie in diesem Verfahren dienen auch hier Concept Maps als Referenzpunkt und wirken unterstützend im Interview. Auch Kandiko und Kinchin annotierten die Concept Maps mit den Gesprächspartnern. Im Gegensatz zu Kandiko und Kinchin (2012b) werden aber nicht sich ändernde Konzeptualisierungen festgehalten, sondern der Eindruck der Vollständigkeit der Ergebnisse in Bezug auf die Anforderungen durch die Interviewpartner.

Der zweite Teil der Evaluierung beschäftigt sich mit der Qualität der Unterstützung der Lehrenden für das Vermitteln von Wissen mittels selbstorganisierten Lernens. Die Experten werden befragt, ob die erarbeiteten Ergebnisse Lehrende unterstützen, selbstorganisiertes Lernen zu übermitteln. Wiederum werden Concept Maps dazu genutzt den Dialog mit dem Interviewpartner zu unterstützen (Kandiko und Kinchin, 2012a). Als „Indikatoren" für selbstorganisiertes Lernen werden Parkhurst's Prinzipien genutzt (Parkhurst, 2010):

Umgang mit Freiheit zu erlernen

Kreativität zu erlernen

in einer Gemeinschaft als Mitglied agieren zu können

Erziehung zur Selbstständigkeit

Dieser Teil der Evaluierung versucht mit den Interviewpartnern zu klären, ob der Dalton Plan im E–Learning die ursprünglichen Prinzipien der Pädagogik erfüllt und unterstützt.

Methodisch teilt sich die Evaluation in ein eigenständiges Überprüfen der implementierten Funktionen (gemessen an den verlangten Features aus der Anforderungsanalyse) und einem Concept Map gestützten Leitfaden-Interview (Kandiko und Kinchin, 2012a; Kromrey, 2009).

19. Umsetzung der Evaluation

19.1. Vorarbeiten

19.1.1. Technische Vorarbeiten

Als technische Vorbereitung wurde Scholion 2.0 mit der integrierten Dalton Plan Komponente auf einem öffentlich zugänglichen Server an der Universität Linz installiert. Hier wird Scholion 2.0 seit mehreren Semestern in der Lehre verwendet. Für jede angebotene Lehrveranstaltung kann die Unterstützung durch die E–Learning Plattform Scholion 2.0 aktiviert werden. Damit steht für die Lehre an der Universität Linz die Dalton Plan Komponente zur Verfügung.

19.1.2. Inhaltliche Vorarbeiten

Für die unten angegebene Lehrveranstaltung wurden Pensen in das E–Learning System eingegeben und aktiv im Unterricht verwendet:

```
Titel: Seminar Anwendungen des Communications Engi-
neering

Untertitel: Ein Blended Learning Seminar zum Thema
Modellierung

Lehrveranstaltungsklasse: 2WAWCES

LVA-Nummer: 257.140 (2013S)

LVA-LeiterIn: Georg Weichhart

LVA-Sprache: DE

Zugeteilte Studierende: 30
```

Für die Demonstration der Plattform und der Komponenten konnte bei den Evaluierungen auf reale Daten aus dieser Lehrveranstaltung (LVA) zugegriffen werden (Details zu diesem Seminar und den verwendeten Pensen finden sich im Anhang Kapitel B auf Seite 246).

19.1.3. Fragenkatalog

Für die Experteninterviews wurde ein Fragenkatalog entwickelt um diese als halb—strukturierte Interviews zu führen. Die Fragen dienen der Orientierung im Gespräch, und werden dem qualitativen Forschungsparadigma folgend nicht wörtlich gestellt. Damit entstand keine Notwendigkeit für einen Pretest, da es in dieser Form der qualitativen Forschung nicht um die Entwicklung eines möglichst perfekten Interviewleitfadens geht (Kromrey, 2009).

Die Interviews sollen die Qualität der Zielerreichung festmachen. Daher besteht der Fragekatalog aus zwei Teilen, gemäß den beiden Zielaspekten:

Transferierbarkeit der Dalton Plan Instrumente ins E–Learning

E–Learning Unterstützung für die Wissensvermittlung mittels selbstorganisierten Lernens

Der erste Teil des Fragenkatalogs ermittelt, ob die Anforderungen an eine Unterstützung aus den Interviews richtig erfasst und umgesetzt wurden. Dazu wird die Übereinstimmung zwischen den validierten Experteninterview Concept Maps und der Implementierung überprüft. Als zweite Dimension wird überprüft, ob die Implementierung im Sinne der in der Concept Map dokumentierten Anwendung brauchbar ist.

Die Evaluierung der Brauchbarkeit ist keine Evaluierung der Usability, da für ein Erheben der Usability die Software von den Experten in ihrer Lehre getestet werden müsste. Aus zeitökonomischen Gründen musste eine solche Überprüfung durch die Experten ausbleiben. Die Brauchbarkeit bezieht sich hier auf den Eindruck, ob die gebotenen Möglichkeiten eine Unterstützung bieten.

Mit dem zweiten Teil des Fragenkatalogs wird überprüft, ob die entwickelte E–Learning Unterstützung (unabhängig von ihrer Vollständigkeit und Brauchbarkeit, und auch unabhängig vom Dalton Plan) die Prinzipien unterstützt, die der Dalton Plan verfolgt.

Abbildung 19.1.1.: Fragekatalog zur Evaluierung — Teil 1

Decken die entwickelten Ergebnisse (Pensen Editor,
Feedbackgraphen, Portfolio, Erklärungs-- und
Vermittlungskomponente) die Anforderungen der Experten an Dalton
Plan Instrumente im E--Learning vollständig und brauchbar ab?

Sind die Anforderungen aus der initialen (vom Experten
validierten) Concept Map vollständig erfüllt?

- Welche Anforderungen wurden im Rahmen des Designs falsch
  interpretiert?
- Welche Anforderungen wurden unvollständig umgesetzt? Was
  fehlt?

Sind die entwickelten Komponenten im Rahmen der in den Concept
Maps beschriebenen Anforderungen brauchbar?

- Ist der Pensen Editor brauchbar?
  * Was sollte geändert werden, um die Brauchbarkeit des
    Editors zu verbessern?
- Ist die Feedbackgraph Sicht brauchbar?
  * Was sollte geändert werden, um die Brauchbarkeit der
    Feedbackgraphen zu verbessern?
- Ist die Erklärungs-- und Vermittlungskomponente brauchbar?
  * Was sollte geändert werden, um die Brauchbarkeit der
    Erklärungs-- und Vermittlungskomponente zu verbessern?
- Ist das Portfolio brauchbar?
  * Was sollte geändert werden, um die Brauchbarkeit des
    Portfolios zu verbessern?

Abbildung 19.1.2.: Fragekatalog zur Evaluierung — Teil 2

```
Können Lehrende durch die entwickelte Umgebung selbstorganisiertes
Lernen nun besser lehren? Werden Lehrende bei der Umsetzung der
(folgenden) Prinzipien in ihrer Lehre unterstützt?

Umgang mit Freiheit zu erlernen

   - Können Lehrende durch die entwickelte E--Learning
     Unterstützung den Umgang mit Freiheit besser (als ohne)
     übermitteln?

Kreativität zu erlernen

   - Können Lehrende durch die integrierten Dalton Plan
     Instrumente Kreativität besser übermitteln?

in einer Gemeinschaft als Mitglied agieren zu können

   - Können Lehrende durch die entwickelte E--Learning
     Unterstützung das Agieren in einer Gemeinschaft besser
     übermitteln?

Erziehung zur Selbstständigkeit

   - Können Lehrende durch die entwickelte E--Learning
     Unterstützung Lernende besser zur Selbstständigkeit
     erziehen?
```

19.1.4. Vorbereitung der Experteninterviews

Vorbereitend zu den Experteninterviews wurden die Experten aus den initialen Interviews erneut kontaktiert (die Ergebnisse der initialen Interviews sind in Kapitel 5.3.1 auf Seite 45 dargestellt). Mit den Experten wurde die Vorgehensweise besprochen und ein Termin vereinbart. Es wurde der Fragenkatalog (wie oben) und die von ihnen bereits erstellte Concept Map elektronisch übermittelt. Die übermittelten Concept Maps sind in den Abbildungen 5.3.1 auf Seite 46 & 5.3.2 auf Seite 47, 5.3.3 auf Seite 48, und 5.3.5 auf Seite 51 dargestellt.

19.2. Durchführung der Evaluierung

In den folgenden Unterkapiteln wird die Durchführung der oben entwickelten Vorgehensweise dokumentiert.

19.2.1. Überprüfung der Vollständigkeit

Der erste Schritt der Überprüfung reflektiert die Umsetzung anhand der Ergebnisse der Anforderungsanalyse.

In der Feedbackgraphen Sicht werden nur Informationen zur Kommunikation direkt in der Pensen Sicht angezeigt. Eine Anzeige der Forum Beiträge in der Graphen Sicht ist nicht sinnvoll, da der Inhalt eines Forumposts analysiert werden müsste um festzustellen, ob sich ein Forum Beitrag auf ein Pensum bezieht.

Gegenüber dem Design gibt es eine Änderung die Kommunikation betreffend. Es gibt die Möglichkeit, dass Lernende in der Feedbackgraphensicht direkt mit dem Lehrenden bezüglich eines Pensums kommunizieren. Diese Kommunikation ist für den betreffenden Lernenden und allen BenutzerInnen in der Rolle „Evaluator" sichtbar. Die Rolle „Evaluator" kann über das Rechtesystem in Scholion 2.0 allen BenutzerInnen zugewiesen werden. Damit ist es möglich, dass sich Studierende in der Gruppe selber evaluieren. Bei der entsprechenden Vergabe von Rechten sehen alle BenutzerInnen in der Rolle „Evaluator" die Kommentare bei den Pensen.

Dadurch gibt es zwei Klassen der Kommunikation im Rahmen des Unterrichts mit der Scholion 2.0 Dalton Plan Komponente. Die „Evaluator" - Lernender Kommunikation ist fest mit dem Pensum verbunden. Die Kommunikation im Forum ist zwar für alle TeilnehmerInnen eines Arbeitsbereiches sichtbar aber im Graphen nicht sichtbar.

Entgegen dem Design können auch keine Termine und Treffen in den Feedbackgraphen direkt eingegeben werden. Treffen und Termine sind im Infoboard in der Scholion 2.0 Sicht Forum sichtbar.

19.2.2. Experteninterviews

Im ersten Teil des Interviews wurden die Experten in die Dalton Plan E–Learning Komponente eingeführt. Für diese Einführung wurde auf den oben beschriebenen aktuellen Kurs, in dem die Dalton Plan Komponente genutzt wird, zurückgegriffen. Um eine effiziente Evaluierung zu erreichen, wurden die Concept Maps des entsprechenden Experten ausgedruckt und verwendet um:

Tabelle 19.2.1.: Überprüfung der Vollständigkeit der Umsetzung des Pensen Editors

Anforderung	Umsetzung
Abbildung der Pensen Struktur	Im Pensen Editor und in der Feedbackgraphen Sicht werden alle Teile des Pensums angezeigt.
Nutzung der bestehenden Arbeitsbereichs Funktionalitäten für das Ansehen und Annotieren von Inhalten.	Durch die Verwendung von bestehenden Scholion 2.0 Funktionalitäten können Pensen wie gewöhnliche Inhalte visualisiert und annotiert werden. Die Visualisierung (inklusive Annotationen) kann im Pensum Editor erfolgen. Annotierungen müssen aber in der Arbeitsbereichssicht gemacht werden.
Erzeugen, Ändern, Löschen von Pensen	Der Pensen Editor ermöglicht es Pensen zu erzeugen, zu ändern und zu löschen.
Verbindung mit Forum	Bei der Erzeugung von Pensen wird ein Diskussionsforum angelegt und mit den Pensen in Beziehung gesetzt.
Multimedia Unterstützung	Die Verwendung von Standard Scholion 2.0 Komponenten ermöglicht es Multimedia Dateien einzubinden.
Integration eines Beispielkatalogs	Pensen können als beispielhafte Pensen markiert werden und sind damit auch im Suchfenster zu finden.
Integration eines Template Katalogs	Pensen können als Pensen Templates markiert werden und sind damit auch im Suchfenster zu finden.
Didaktische & Inhaltliches Tagging von Beispielen und Templates	Pensen können mit Tags versehen werden.
Bewertung für Pensen, Beispiele und Templates	Pensen (und damit auch beispielhafte Pensen und Pensen Templates) können auf einer Skala von 0 - 5 bewertet werden.

Tabelle 19.2.2.: Überprüfung der Vollständigkeit der Umsetzung der Erklärungs– und Vermittlungskomponente

Anforderung	Umsetzung
Anleitung zum Schreiben von Pensen	Die Erklärungs– und Vermittlungskomponente erklärt mittels dreier Pensen, wie Pensen zu schreiben sind.
Überblick über die Struktur	Die Erklärungs– und Vermittlungskomponente gibt einen Überblick über die Struktur der Pensen.
Information zu den wesentlichen Zielen des Dalton-Plans (z.B.: ein(e) LehrerIn gibt nur Impulse, ein Pensum stellt eine abgeschlossene Einheit dar).	Es werden in der Erklärungs– und Vermittlungskomponente die wesentlichen Prinzipien des Dalton Plans erklärt.
Technische Integration	Die Erklärungs– und Vermittlungskomponente ist mittels eines „Hilfe" Knopfs aus dem Editor aufrufbar.
Detail Informationen zu allen strukturellen Teilen des Parkhurst Pensums	In der Erklärungs– und Vermittlungskomponente wird jeder Pensum Teil besprochen.

Tabelle 19.2.3.: Überprüfung der Vollständigkeit der Umsetzung der Feedbackgraphen

Anforderung	Umsetzung
Transparenzmachung des Lernfortschrittes	Die implementierte Feedbackgraphen Sicht ermöglichen es den Fortschritt der Abarbeitung des „Dokumentation" Teiles zu dokumentieren. Aus Sicht des Lehrenden und aus Sicht des Lernenden.
Transparenzmachung der Kommunikation und Interaktion	Die Pensen spezifische Kommunikation wird in der Feedbackgraphen Sicht angezeigt. *Es fehlt hier allerdings eine Integration mit dem Forum.*
Anzeigen von abgearbeiteten und noch ausständigen Aufgaben aus Sicht des Lehrenden	Siehe oben „Transparenzmachung des Lernfortschrittes"
Anzeigen von abgearbeiteten und noch ausständigen Aufgaben aus Sicht des Lernenden	Siehe oben „Transparenzmachung des Lernfortschrittes"
Verschränkung mit Forum um Kommunikation (qualitatives Feedback) zu ermöglichen	Die Feedbackgraphen Sicht wie auch der Editor ermöglichen es die Kommunikation aus den Diskussionsforen anzuzeigen und bieten auch eine einfache Möglichkeit einen Diskussionsbeitrag zu verfassen.
Anzeige von Kommunikation beim Arbeiten an Aufgaben	siehe oben
Management von Graphen durch die/den LehrerIn	Management von Graphen beschränkt sich auf die Möglichkeit Evaluierungen der abgegebenen Arbeiten zu jedem Pensum Teil „Dokumentationsarbeit" für jede(n) Lernende / Lernenden vorzunehmen. Es können beliebige BenutzerInnen die Rechte zur Evaluierungen bekommen. Damit wird es möglich, dass Lernende sich gegenseitig evaluieren.

Tabelle 19.2.4.: Überprüfung der Vollständigkeit der Umsetzung der Portfolio Komponente

Anforderung	Umsetzung
abgearbeitete Pensen werden externen Nutzern zur Verfügung gestellt	Ein als Beispiel markiertes Pensum kann in einer öffentlichen Sicht (Portfolio) auch Personen die nicht angemeldet sind zugänglich gemacht werden. Ebenso kann von extern auf alle Pensen einer Benutzerin / eines Benutzers über die Portfolio Sicht zugegriffen werden.

Aufgaben und Aspekte für die Evaluation der Zufriedenheit zu identifizieren

Anmerkungen und Feedback der Experten direkt in den Concept Maps einzufügen

Die Durchführung der Evaluation wurde mittels Video Software aufgezeichnet um bei der Auswertung auf die originalen Aussagen zurückgreifen zu können. Visuell aufgezeichnet wurde nicht das Gespräch, sondern der Bildschirm und die Interaktion mit der Software, um so die Benutzerinteraktion mit der Dalton Plan Komponente während des Gespräches zu dokumentieren.

Als erster Experte wurde Experte A kontaktiert und ein Interview mit ihm geführt. Dieses Interview dauerte 1 Stunde 30 Minuten, und wurde im Science Park der Universität Linz durchgeführt. Das zweite Interview wurde mit Experten C in seinem Büro geführt. Die Dauer dieses Interviews betrug 50 Minuten. Das letzte Interview mit Experten B wurde mittels der Videotelefonie Software „Skype" (http://www.skype.com) geführt. Hierfür wurde ein Teil des Computerbildschirmes mit Skype übertragen, um eine gemeinsame Gesprächsbasis zu haben. Für die Aufnahme konnte aus technischen Gründen nur der Ton aufgezeichnet werden. Diese Interview dauerte 1 Stunde 20 Minuten.

Während der ersten Evaluierung durch Experten A wurden Fehler in der Implementierung sichtbar. Diese Fehler beeinflussten die Evaluierung nicht, wurden aber vor den weiteren Evaluierungen behoben.

Die Concept Maps wurden während des Interviews annotiert und später unter Zuhilfenahme der Aufzeichnungen wurden diese Annotierungen ergänzt und verfeinert. Die folgende Abbildung zeigt die Legende für die Annotierungen in den Concept Maps:

Abbildung 19.2.1.: Legende Annotierung

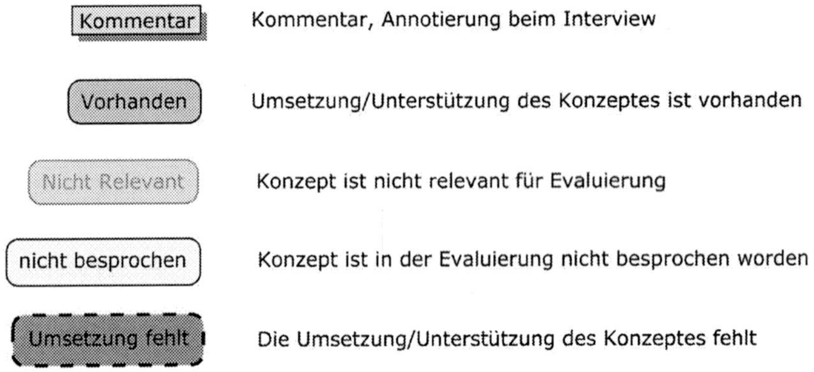

| Kommentar | Kommentar, Annotierung beim Interview |

Vorhanden   Umsetzung/Unterstützung des Konzeptes ist vorhanden

Nicht Relevant   Konzept ist nicht relevant für Evaluierung

nicht besprochen   Konzept ist in der Evaluierung nicht besprochen worden

Umsetzung fehlt   Die Umsetzung/Unterstützung des Konzeptes fehlt

20. Ergebnisse der Evaluation

20.1. Evaluation durch Experten A

Zu Beginn des Interviews mit Experten A wurde die Dalton Plan Komponente vorgestellt. Die E–Learning Software Scholion 2.0 ist Experten A bereits bekannt und er kann als geübter Benutzer gesehen werden.

Startpunkt für die Evaluierung war die Feedbacksicht. Es wurden die Graphen in Verbindung mit dem Abgabewerkzeug vorgestellt. Dem folgend wurden der Editor und das Metapensum vorgestellt. Nach der Vorstellung wurde der Fragenkatalog (wie oben) besprochen. Die folgende Liste zeigt den Fragebogenkatalog mit den Antworten. Zur besseren Lesbarkeit des Textes wurden die Fragen unten verkürzt dargestellt.

1. Decken die entwickelten Ergebnisse die Anforderungen der Experten an Dalton Plan Instrumente im E–Learning vollständig und brauchbar ab?

    a) Sind die Anforderungen aus der initialen Concept Map vollständig erfüllt? Welche Anforderungen wurden im Rahmen des Designs falsch interpretiert? Welche Anforderungen wurden unvollständig umgesetzt? Was fehlt?

    Die folgenden Abbildungen zeigen die annotierten Concept Maps. Die erfüllten und nicht erfüllten Anforderungen wurden gemäß der Legende oben markiert. Vier Aspekte werden nicht unterstützt. Das E–Learning System bietet keine Möglichkeit Pensen mit guten Hinführungen (Preface) zu suchen. Das implementierte Bewertungssystem bezieht sich auf ein gesamtes Pensum und nicht wie gewünscht auf den Hinführungsteil.
    Nicht implementiert wurde auch eine Unterstützung für das Verfassen von Pensen mit Bezug darauf, dass ein(e) AutorIn erkennt, dass die „Hinführung" der wichtigste Teil eines Pensums ist. Das Metapensum macht nicht klar, dass die Hinführung der wichtigste Teil eines Pensums ist. Hier fehlt auch der Hinweis, dass eine „Hinführung" die Verbindung zwischen Theorie und Praxis beinhalten soll.

Abbildung 20.1.1.: Annotierte Concept Map Experte A - Teil 1

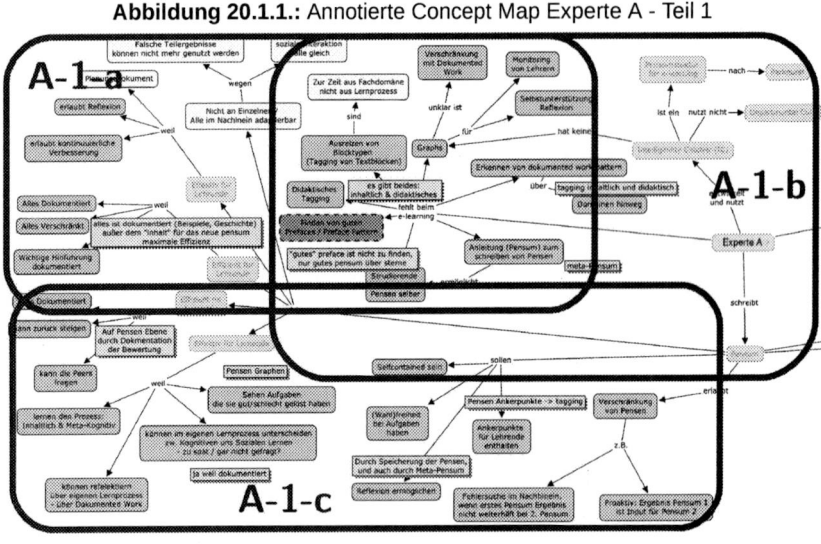

Die folgenden zwei Teile einer Concept Map zeigen die annotierte Interview Concept Map von Experten A (in Kapitel 5.3.1 auf Seite 45 ist die Ausgangsbasis dargestellt). Zur besseren Lesbarkeit ist diese Map aufgeteilt. Diese Teile sind in den ersten Maps mit einem blauen Rahmen markiert und werden nachfolgend gezeigt.

b) Sind die entwickelten Komponenten im Rahmen der in den Concept Maps beschriebenen Anforderungen brauchbar? Was sollte geändert werden um die Brauchbarkeit dieser Komponente zu verbessern?

   i. Editor

   ii. Feedbackgraph

   iii. Erklärungs– und Vermittlungskomponente

   iv. Portfolio

Der folgende Text gibt Inhalte des Interviews aus Sicht des Interviewpartners wieder.

Der Editor ist aus Sicht von Experten A brauchbar, da die Strukturierung Hilfe bietet. Auch die Verschränkung mit dem Metapensum bietet Unterstützung um den Umgang mit den Dalton Plan Instrumenten zu

Abbildung 20.1.2.: Annotierte Concept Map Experte A - Teil 2

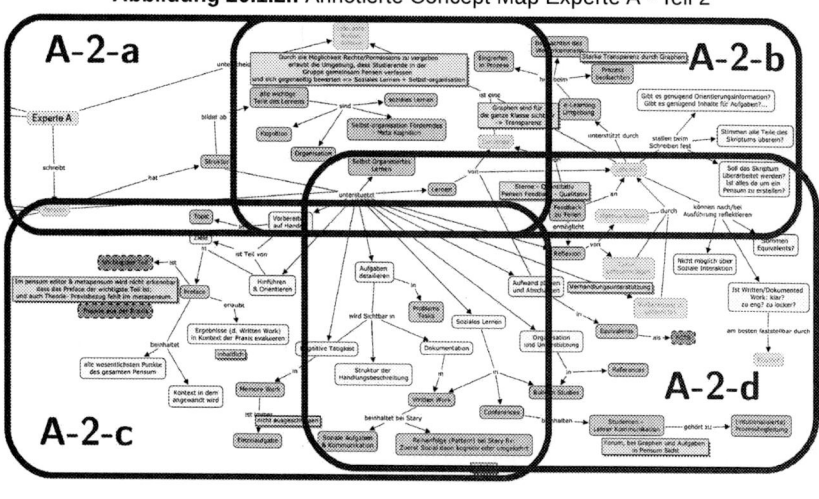

erlernen. Das Metapensum beschreibt sowohl den Gesamtzusammenhang als auch Details zu den Teilen eines Pensums nach Parkhurst. Die zeitliche Komponente (bis wann ist etwas zu erledigen) ist in der entwickelten Unterstützung nicht so stark ausgeprägt wie in den Feedbackgraphen von Parkhurst.

Die asynchrone Feedback Möglichkeit löst die Gespräche zwischen Lehrenden und Lernenden ab und unterstützt den Umgang mit dem Dalton-Plan im E–Learning. Als zusätzliche Qualität dieses Vorgehens wird diese soziale Interaktion festgehalten und dokumentiert.

Die Portfolio Komponente wird von Experten A nicht angewandt und wurde nicht als notwendig gesehen.

2. Können Lehrende durch die entwickelte Umgebung selbstorganisiertes Lernen nun besser lehren? Werden Lehrende bei der Umsetzung der (folgenden) Prinzipien in ihrer Lehre unterstützt? Können Lehrende durch die entwickelte E–Learning Unterstützung den Umgang mit diesen Prinzipien besser übermitteln?

   a) Umgang mit Freiheit zu erlernen

   b) Kreativität zu erlernen

   c) in einer Gemeinschaft als Mitglied agieren zu können

   d) Erziehung zur Selbstständigkeit

Abbildung 20.1.3.: Annotierte Concept Map Experte A-1-a

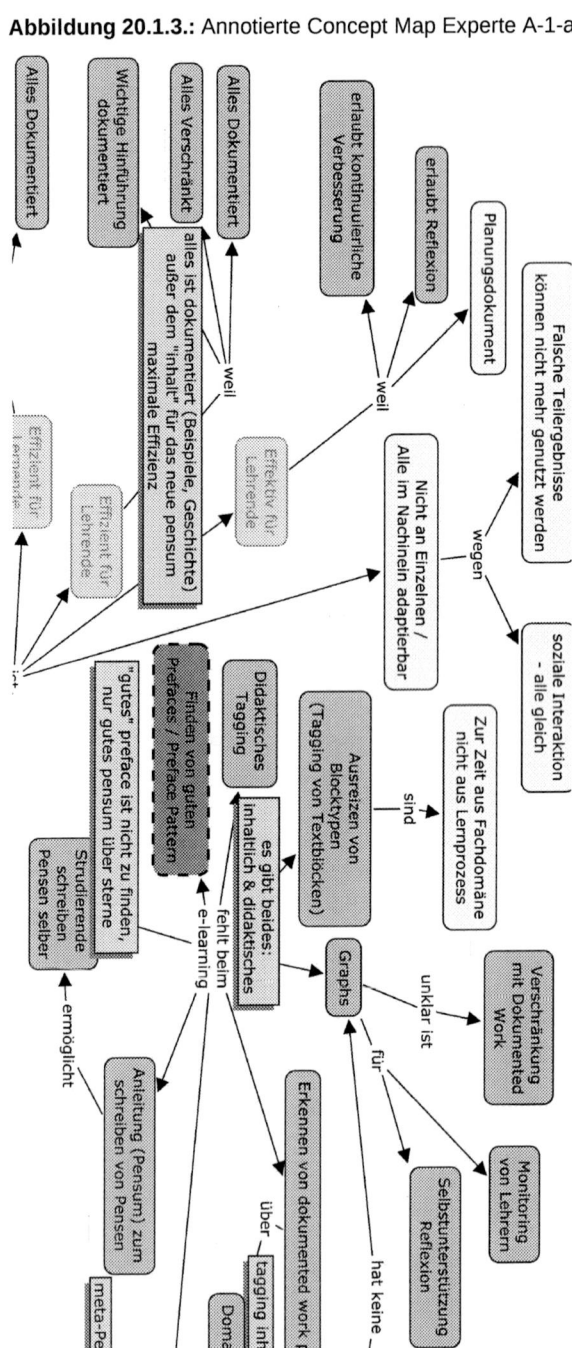

Abbildung 20.1.4.: Annotierte Concept Map Experte A-1-b

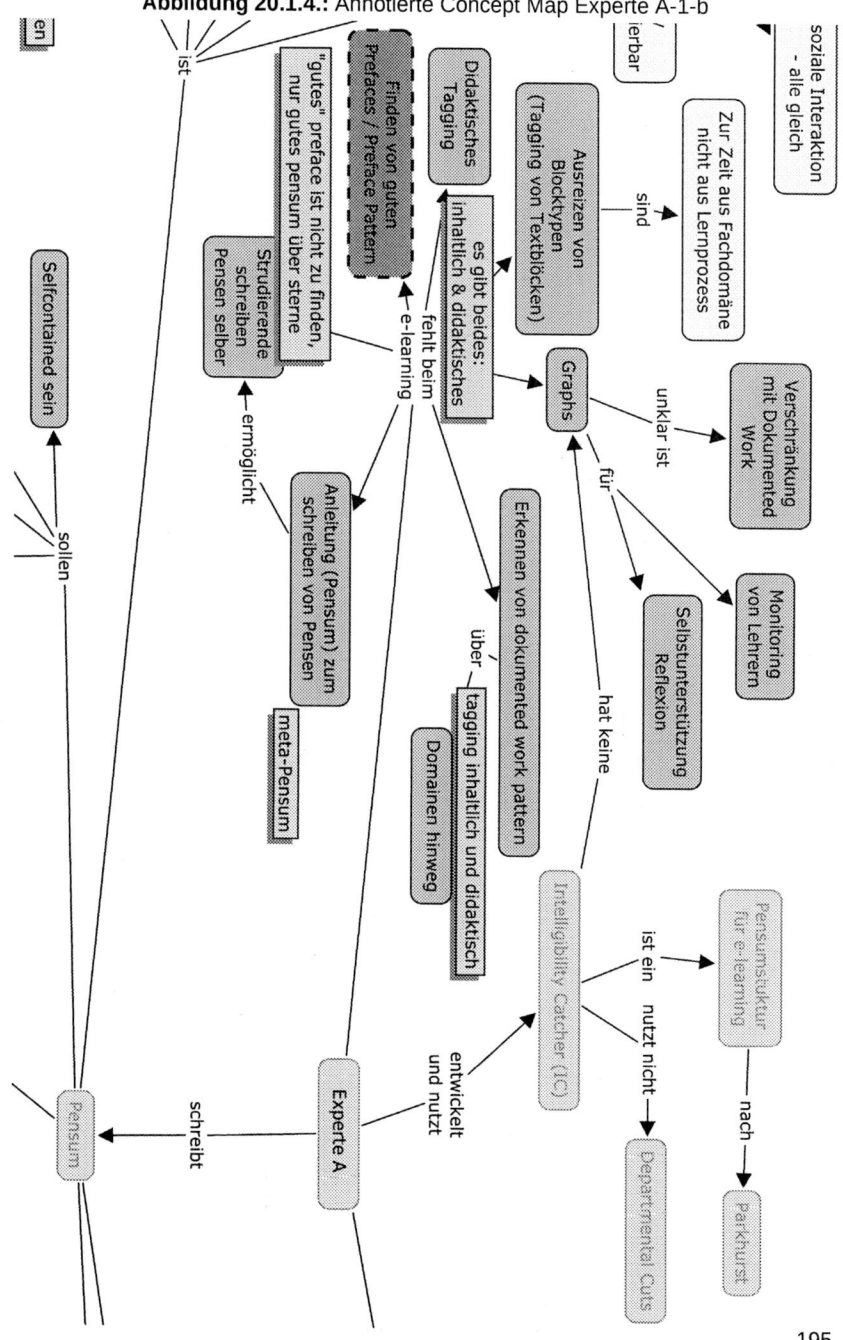

Abbildung 20.1.5.: Annotierte Concept Map Experte A-1-c

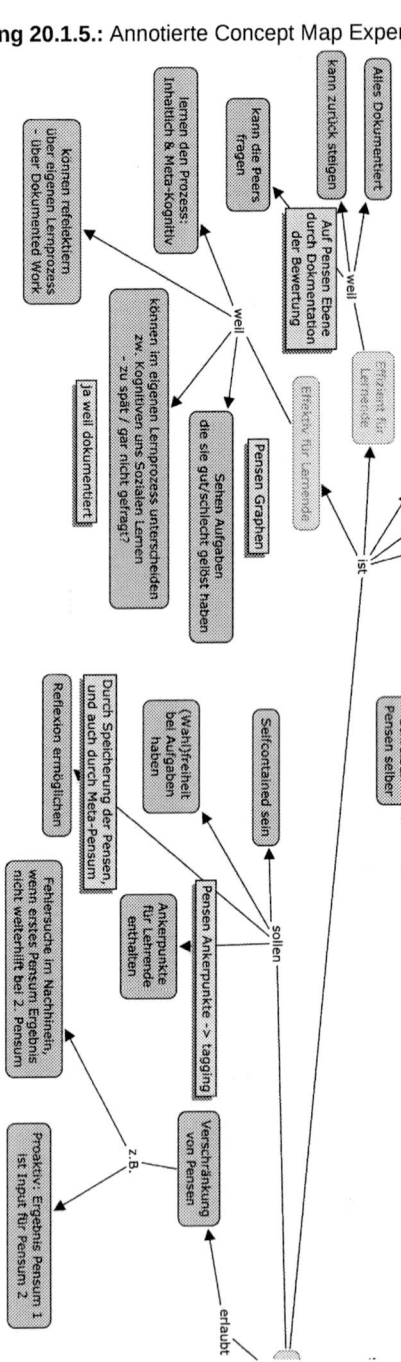

Abbildung 20.1.6.: Annotierte Concept Map Experte A-2-a

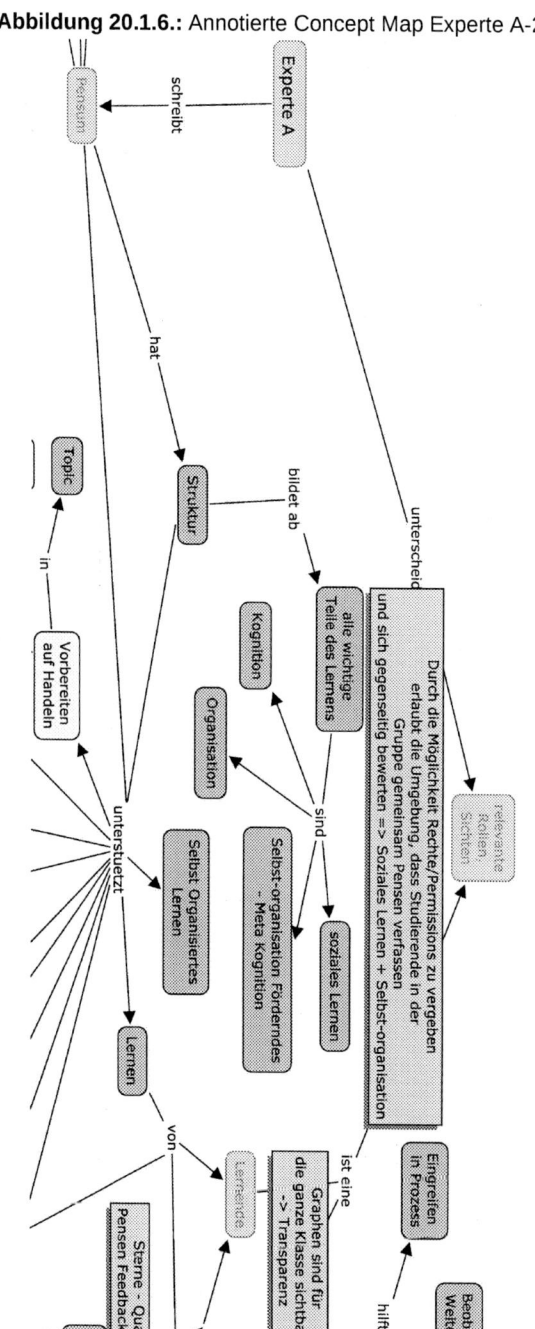

Abbildung 20.1.7.: Annotierte Concept Map Experte A-2-b

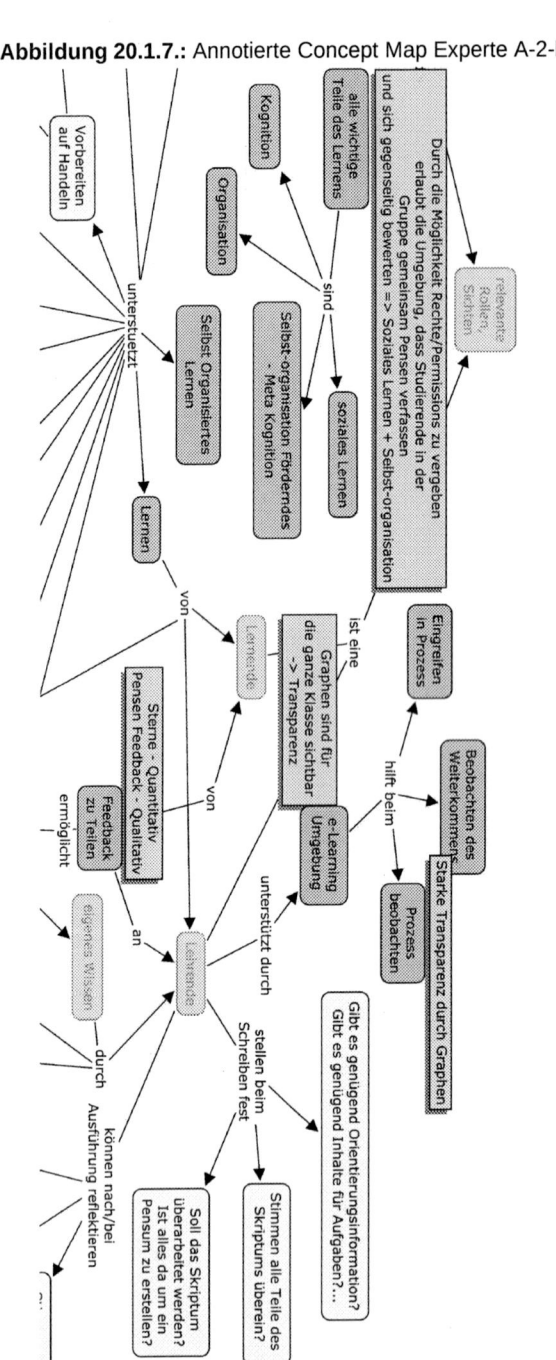

Abbildung 20.1.8.: Annotierte Concept Map Experte A-2-c

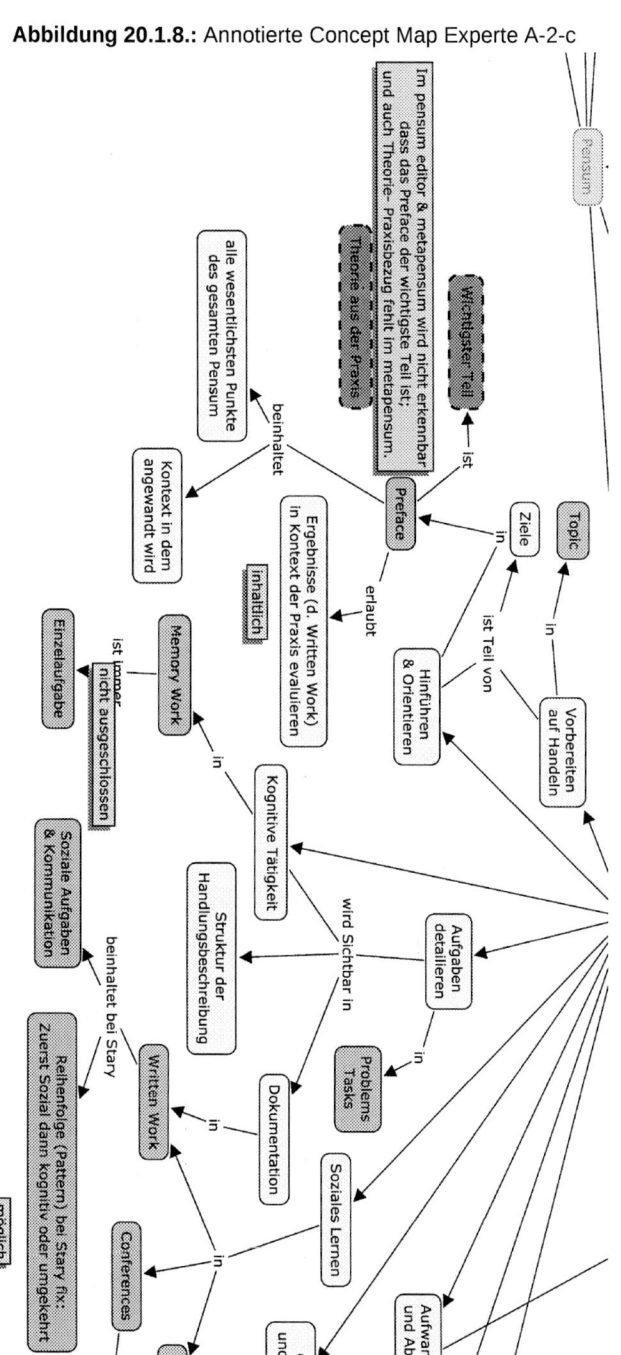

Abbildung 20.1.9.: Annotierte Concept Map Experte A-2-d

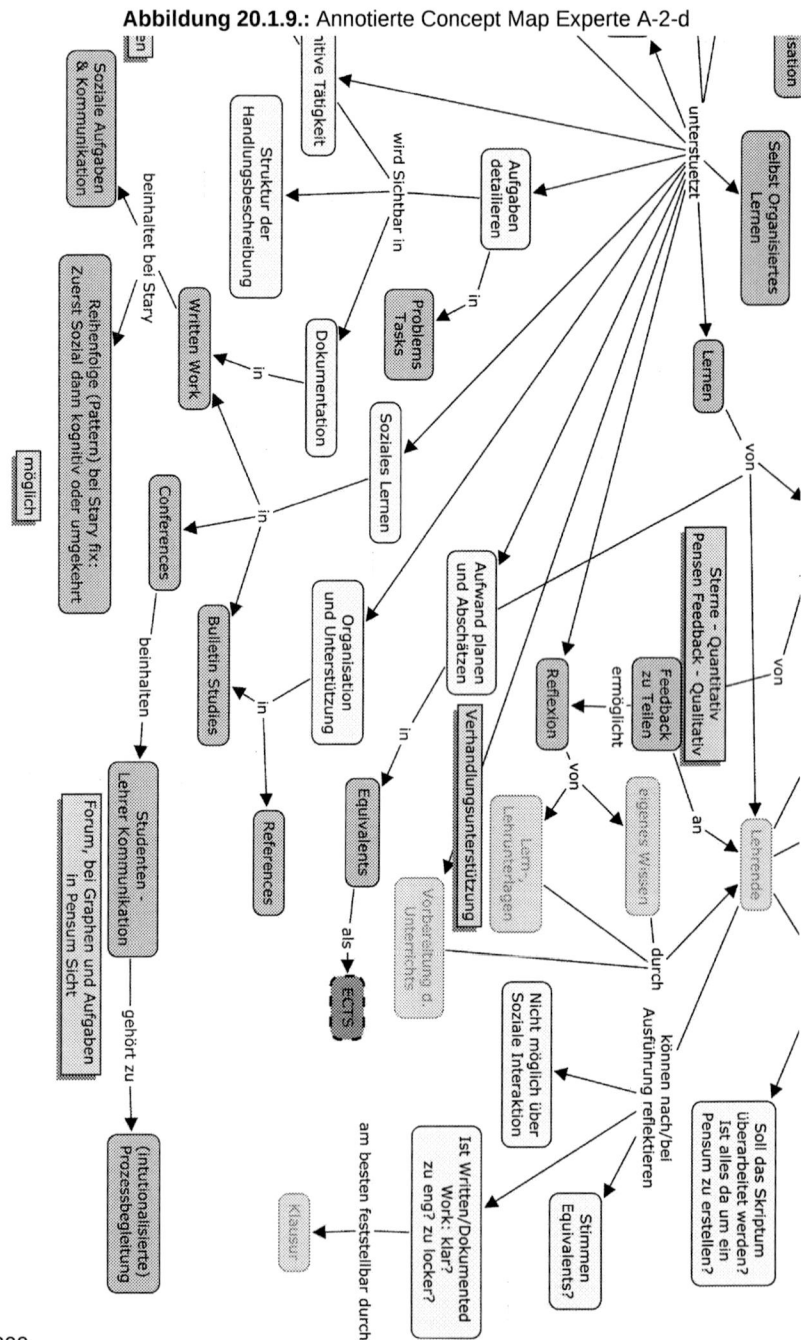

Der folgende Text gibt Inhalte des Interviews aus Sicht des Interviewpartners wieder.

Die Prinzipien des Dalton Plans werden indirekt unterstützt. Das heißt, der Dalton Plan mit E–Learning Unterstützung wirkt nicht direkt auf diese Prinzipien. In welcher Ausprägung die Prinzipien unterstützt werden, ist vom Lehrenden abhängig und davon, wie sie/er die Pensen verfasst.

Paradoxerweise wird durch den Dalton Plan im E–Learning mehr Struktur gefordert / geboten als bei gängigen Lehrmethoden; Ziel ist es aber, den Lernenden die Möglichkeit zu mehr Selbstorganisation zu bieten. Alleine durch die Struktur von Parkhurst kann keines der Prinzipien oben erlernt werden. Der Editor und die vorhandenen „Formulare" zur Dateneingabe wirken auch nicht direkt auf diese Prinzipien.

Das elektronische Medium an und für sich unterstützt das Lernen und die Reflexion. Durch die Abbildung und Speicherung, z.B. der sozialen Interaktion im Forum, kann daraus gelernt werden. Normalerweise ist soziale Interaktion flüchtig, hier kann aber die Dokumentation von anderen genutzt werden. Auch der individuelle Lern/Reflexions Prozess wird durch die „Nicht-Flüchtigkeit" besser unterstützt. Kreativität wird nicht unterstützt.

Durch die Erhöhung der Transparenz (Feedbackgraphen) werden die Lernenden in Lerngruppen besser eingebunden. Das Agieren in einer Gemeinschaft wird transparenter. Lehrende können durch die Graphen auch besser die Notwendigkeit eines Eingreifens abschätzen. Der Lehrende kann auch zurückhaltend agieren, und warten bis/ob Lernende sich im Forum selbst helfen. Zu einem späteren Zeitpunkt kann der Lehrende, unterstützt durch das Forum und die Graphen, den Lernenden erklären, warum sie/er (nicht) eingegriffen hat. Die Umgebung unterstützt die Erziehung zur Selbstständigkeit, es hängt aber zu einem wesentlichen Teil vom Umgang mit den Werkzeugen und der Didaktik ab.

20.2. Evaluation durch Experten B

Experte B kennt die Scholion 2.0 Standardfunktionalität. Daher konnte für dieses Interview auf eine allgemeine Scholion 2.0 Präsentation verzichtet werden.

1. Decken die entwickelten Ergebnisse die Anforderungen der Experten an Dalton Plan Instrumente im E–Learning vollständig und brauchbar ab?

   a) Sind die Anforderungen aus der initialen Concept Map vollständig erfüllt?

Abbildung 20.2.1.: Annotierte Concept Map Experte B

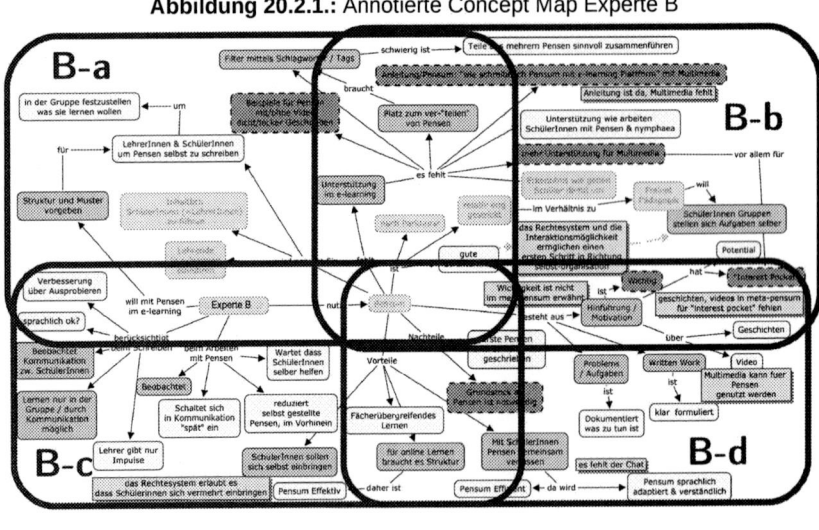

Welche Anforderungen wurden im Rahmen des Designs falsch interpretiert?
Welche Anforderungen wurden unvollständig umgesetzt? Was fehlt?

In Summe sind die präsentierten Ergebnisse eine sehr gute Umsetzung der Parkhurst Instrumente. Es fehlt vor allem im Metapensum die Einbindung von Videos. Damit könnte die motivierende Wirkung des Hinführungsteiles erhöht werden. Durch den Neuheitsgrad der Anwendung existiert kein Grundstock an Pensen.

Die folgende Concept Map zeigt die annotierte Version der Interview Concept Map von Experten B (siehe Kapitel 5.3.1 auf Seite 45). Zur besseren Lesbarkeit ist diese Map aufgeteilt und die Teile werden im Folgenden gezeigt. Die entsprechenden Teile sind mit einem blauen Rahmen markiert.

b) Sind die entwickelten Komponenten im Rahmen der in den Concept Maps beschriebenen Anforderungen brauchbar? Was sollte geändert werden, um die Brauchbarkeit dieser Komponente zu verbessern?

    i. Editor

    ii. Feedbackgraph

    iii. Erklärungs– und Vermittlungskomponente

Abbildung 20.2.2.: Annotierte Concept Map Experte B-a

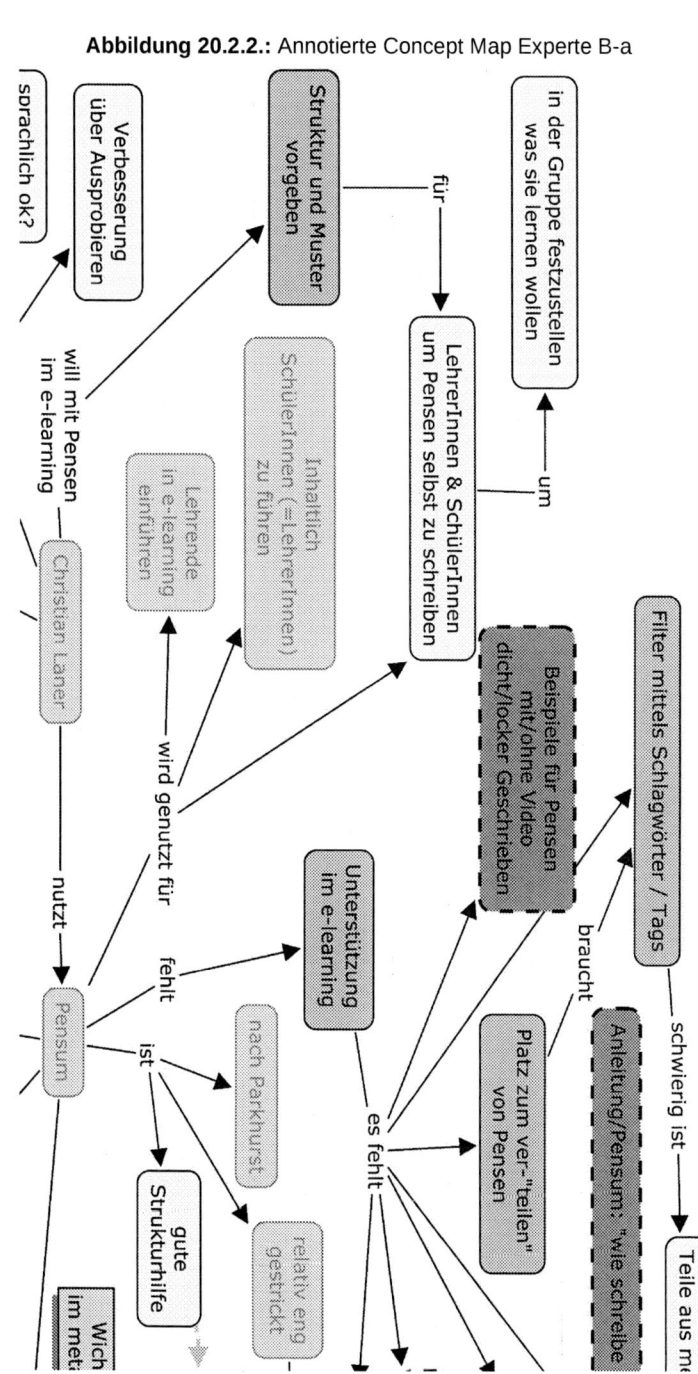

203

Abbildung 20.2.3.: Annotierte Concept Map Experte B-b

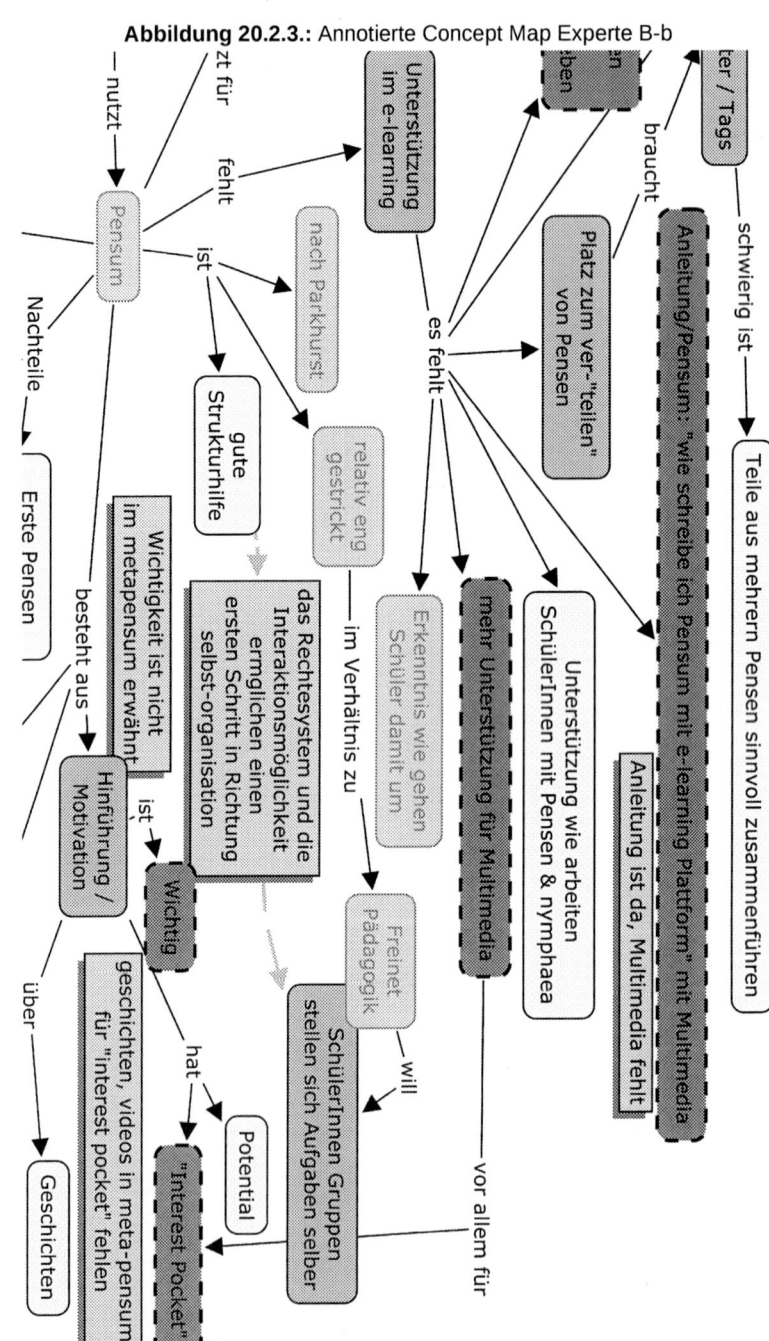

Abbildung 20.2.4.: Annotierte Concept Map Experte B-c

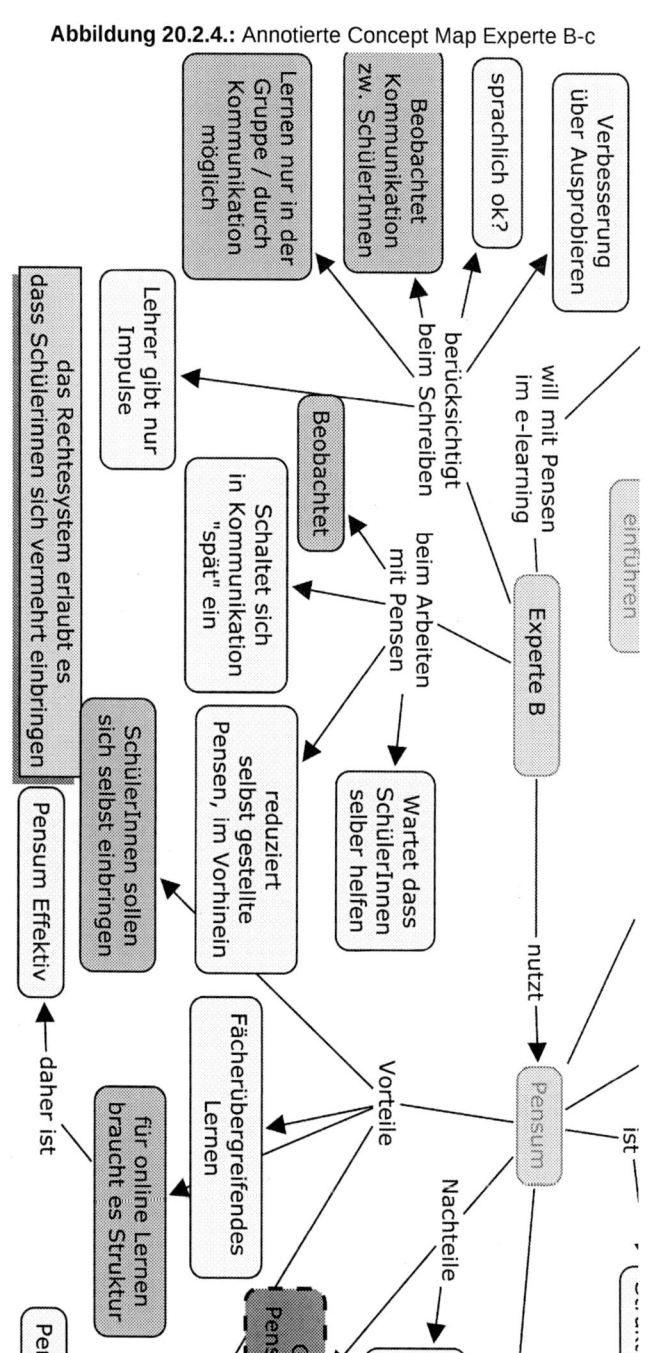

Abbildung 20.2.5.: Annotierte Concept Map Experte B-d

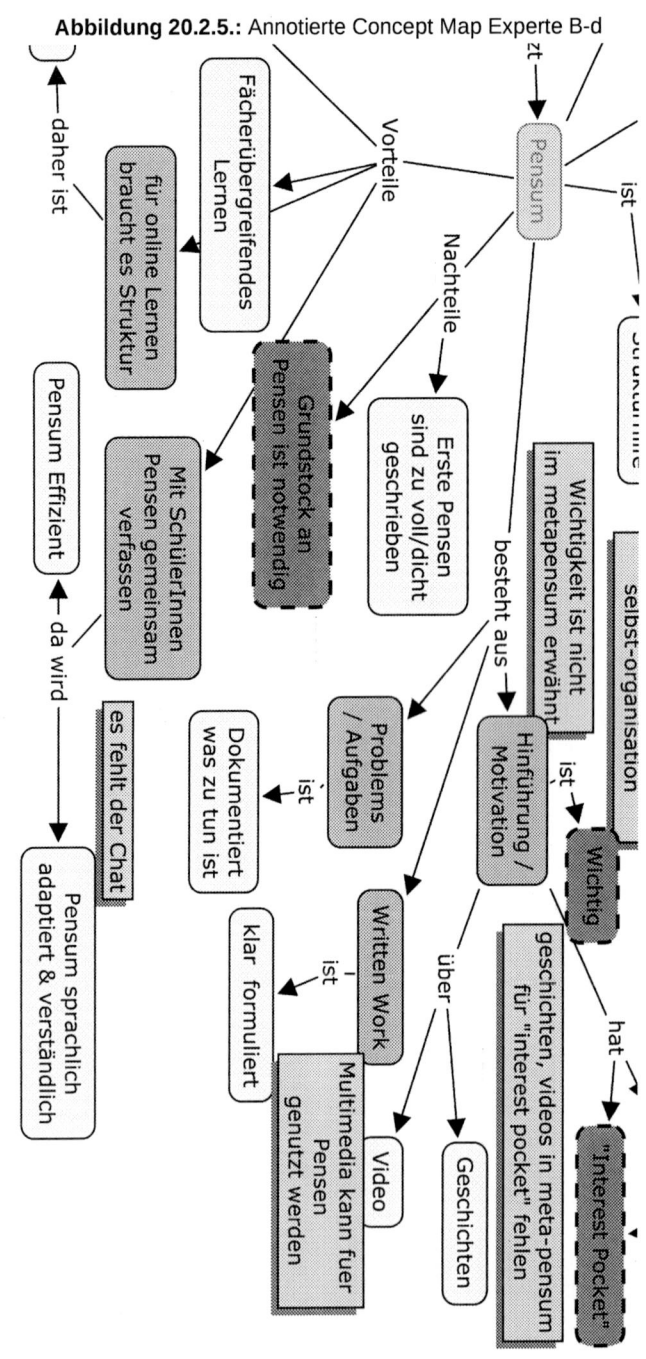

iv. Portfolio

Der folgende Text gibt Inhalte des Interviews aus Sicht des Interviewpartners wieder.

*Für ungeübte BenutzerInnen sind die flexiblen Anzeigebereiche zu viel
an Funktionalität und könnten BenutzerInnen verwirren. Teile der Benutzungsschnittstelle ein/ausblendbar zu machen, ist ein guter Ansatz um
ungeübte BenutzerInnen an ein System heranzuführen. Sehr gut ist die
Möglichkeit, einzelne Teile der Benutzungsschnittstelle zu vergrößern,
beziehungsweise zu verkleinern. Man kann sich so im ersten Schritt einen Überblick über die Aufgaben verschaffen, und dann Anzeigebereiche ausblenden um sich auf einen Teil zu fokussieren.*

*Es ist allerdings nicht gleich ersichtlich, welche Teile in der Pensumsicht
wiedergenutzt werden. Es könnte ungeübte BenutzerInnen verwirren,
wenn das selbe Forum mehrfach angezeigt wird.*

*Die Smileys (Emoticons) in den Feedbackgraphen sind eine neue, inter-
essante Idee, bei der die Wirkung auf Lernende zu beobachten ist.*

*Von Interesse wäre es auch, nicht nur die Dokumentationsarbeit in den
Graphen anzuzeigen, sondern auch die Verständnisarbeit. Lernende
könnten damit reflektieren wie weit sie ein Verständnis erlangt haben.
Allerdings ist hier ein Balken ausreichend, für die Selbsteinschätzung
der Lernenden.*

*Die Graphen könnten optisch schlanker dargestellt werden. Die Graphen
geben einen Überblick über die abgegebenen Dokumente und die Diskussionen.*

*Die Erklärungskomponente als Metapensum zu verfassen ist eine ge-
niale Idee. Damit können die BenutzerInnen, die wissen wollen wie ein
Pensum funktioniert, auch gleich erfahren wie ein Pensum auf Lernende
wirkt. Es fehlt allerdings der Erklärungskomponente eine motivierende
Hinführung. Die Hinführung im Metapensum sollte mit Videos und kurzen Geschichten motivierend verfasst sein, so dass die Neugierde ge-
weckt wird.*

*Das öffentliche Portfolio ist problematisch. Durch die Sichtbarkeit der
Lernerfolge könnte ein hoher psychischer Druck ausgeübt werden, dem
nicht alle standhalten könnten.*

2. Können Lehrende durch die entwickelte Umgebung selbstorganisiertes Lernen
nun besser lehren? Werden Lehrende bei der Umsetzung der (folgenden) Prinzipien in ihrer Lehre unterstützt? Können Lehrende durch die entwickelte

E–Learning Unterstützung den Umgang mit diesen Prinzipien besser übermitteln?

a) Umgang mit Freiheit zu erlernen

b) Kreativität zu erlernen

c) in einer Gemeinschaft als Mitglied agieren zu können

d) Erziehung zur Selbstständigkeit

Der folgende Text gibt Inhalte des Interviews aus Sicht des Interviewpartners wieder.

Die explizite Struktur von Parkhurst gibt den Lernenden eine gewisse Sicherheit, und führt sie durch die Aufgaben. Diese Sicherheit ist notwendig, damit auch ungeübte Lernende selbständig tätig werden können. Zum Beispiel werden Lernende darauf hingewiesen, wo sie nachdenken müssen und was ihre Gedächtnisleistung ist. Lernende können also erkennen, was ihre Leistung ist.

E–Learning hat hier Nachteile gegenüber dem face-to-face Unterricht. Wenn ein Lehrer in der Klasse steht, kann er erkennen wie es Studierenden geht, und kann darauf frühzeitig reagieren. Im E–Learning wird erst am Ende einer Aufgabe „Schriftliches" produziert, und ein Lehrender kann erst sehr spät reagieren.

Die Schulen, mit denen Experte B arbeitet, verfolgen ein Credo von Thomas Mann: „Der Freiheit anderer Name heißt Verantwortung". Erst wenn Lernende die Verantwortung übernehmen können, sollte man ihnen auch die Freiheiten dazu geben. Dieses Credo kann auch auf die Technologie umgelegt werden. Erst wenn Lernende die Verantwortung übernehmen können, sollte man ihnen Rechte im Arbeitsbereich geben und Sichten für sie freischalten.

Zu viel an Technologie könnte die Kreativität beschränken, da die Lernenden erst den Umgang mit der Technologie erlernen müssen und sich dann durch diese oft beschränkt fühlen. Ein anderer Blickwinkel auf Kreativität wäre, Kreativität als „einen anderen Zugang" zu sehen. Auch hier gibt es keine Funktionalität die Lernende unterstützt, sich andere Zugänge zu Inhalten zu erarbeiten.

Für das gemeinsame Verfassen von Pensen ist das Einbinden des Forums in der Pensumsicht gut. Die Unterstützung des gemeinsamen Schreibens von Pensen unterstützt die Selbständigkeit und Selbstorganisation. Eine Chat-- Komponente würde das zeitgleiche Schreiben mehrerer Lernenden an Pensen unterstützen. Das wäre die höchste Stufe der Selbstorganisation, in der

sich die Lernenden die Aufgaben selber stellen und abarbeiten.
Eine selbstorganisierte Lerngruppe übt oft auch Druck auf die Mitglieder aus.
Es ist zu erwarten, dass die Graphen diesen Druck verstärken, und dadurch unter Umständen auch die Selbstorganisation in der Gruppe verstärken.
Das Design des Lernens und Arbeitens in Lerngruppen müssen vom Lehrenden umgesetzt werden. Die Lerndesigns müssen Gruppenarbeiten erzwingen damit die Lernenden die technische Unterstützung nutzten. In diesem Zusammenhang sollten die Pensen auch Schritt für Schritt mehr technische Möglichkeiten nutzen. Die ersten Pensen zum Beispiel nutzen nur ein Forum, die zweiten Pensen nutzen Forum und Inhaltsbereiche, und so weiter.
Experten B *würde gerne die Scholion 2.0 - Dalton Plan Komponenten in seinem Unterricht nutzen.*

20.3. Evaluation durch Experten C

Startpunkt für die Evaluierung war eine Einführung in das System Scholion 2.0. Experte C hat das E–Learning System zum erstenmal gesehen. Es wurden ihm daher im ersten Schritt alle wesentlichen Funktionen und Sichten überblicksmäßig präsentiert.

1. Decken die entwickelten Ergebnisse die Anforderungen der Experten an Dalton Plan Instrumente im E–Learning vollständig und brauchbar ab?

   a) Sind die Anforderungen aus der initialen Concept Map vollständig erfüllt? Welche Anforderungen wurden im Rahmen des Designs falsch interpretiert? Welche Anforderungen wurden unvollständig umgesetzt? Was fehlt?

Das Portfolio unterstützt nicht ein Lernen im öffentlichen Raum, wie im Interview „gefordert". Unter Lernen im öffentlichen Raum wurde unter anderem auch gemeint, dass Werkzeuge, die bereits im öffentlichen Raum „sind", genutzt werden. Zum Beispiel das Wiki wird bereits in Unternehmen verwendet. Die Infrastruktur für ein Lernen im öffentlichen Raum sollte bereits vorhanden sein. Die Umsetzung der Lernumgebung (Parkhurst eingebettet in Scholion 2.0) spricht aber einen klassischen Lehr/Lernkontext an.
Nicht direkt unterstützt wird das „Hochlegen" der Latte, also das Stellen von Herausforderungen an Lernenden. Hier könnte im Metapensum die motivierende Wirkung von Herausforderungen stärker beschrieben werden. Erst durch den Lehrenden und einem entsprechenden Unterrichtsdesign können Studierende aktiviert werden.

Abbildung 20.3.1.: Annotierte Concept Map Experte C

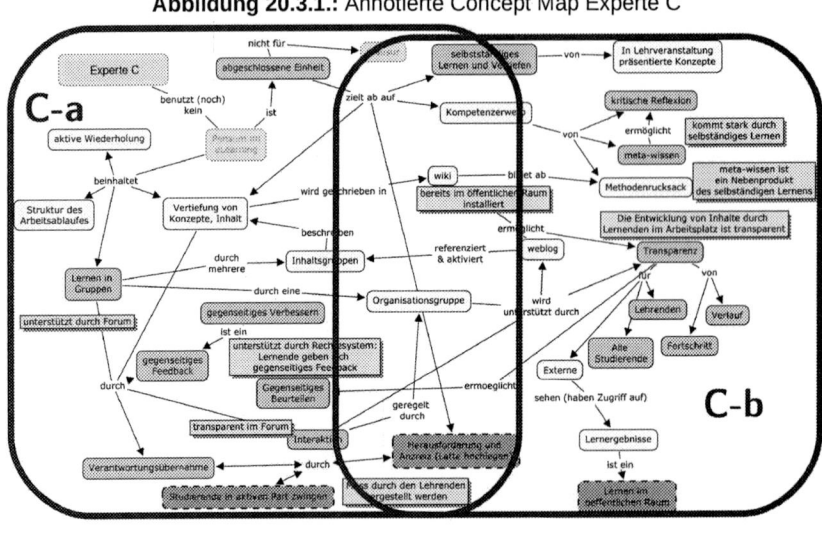

Die folgende Concept Map zeigt die annotierte Version der Interview Concept Map von Experten C (siehe Kapitel 5.3.1 auf Seite 45). Zur besseren Lesbarkeit ist diese Map aufgeteilt und die Teile werden im Folgenden gezeigt. Die entsprechenden Teile sind mit einem blauen Rahmen markiert.

b) Sind die entwickelten Komponenten im Rahmen der in den Concept Maps beschriebenen Anforderungen brauchbar? Was sollte geändert werden um die Brauchbarkeit dieser Komponente zu verbessern?

    i. Editor

    ii. Feedbackgraph

    iii. Erklärungs– und Vermittlungskomponente

    iv. Portfolio

Der folgende Text gibt Inhalte des Interviews aus Sicht des Interviewpartners wieder.

Der erste Eindruck des Systems ist sehr ansprechend. Der erste Eindruck der Usability (ohne das System selbst getestet zu haben) ist sehr positiv. Die Komponenten sprechen wesentliche Aspekte des Lernens

Abbildung 20.3.2.: Annotierte Concept Map Experte C-a

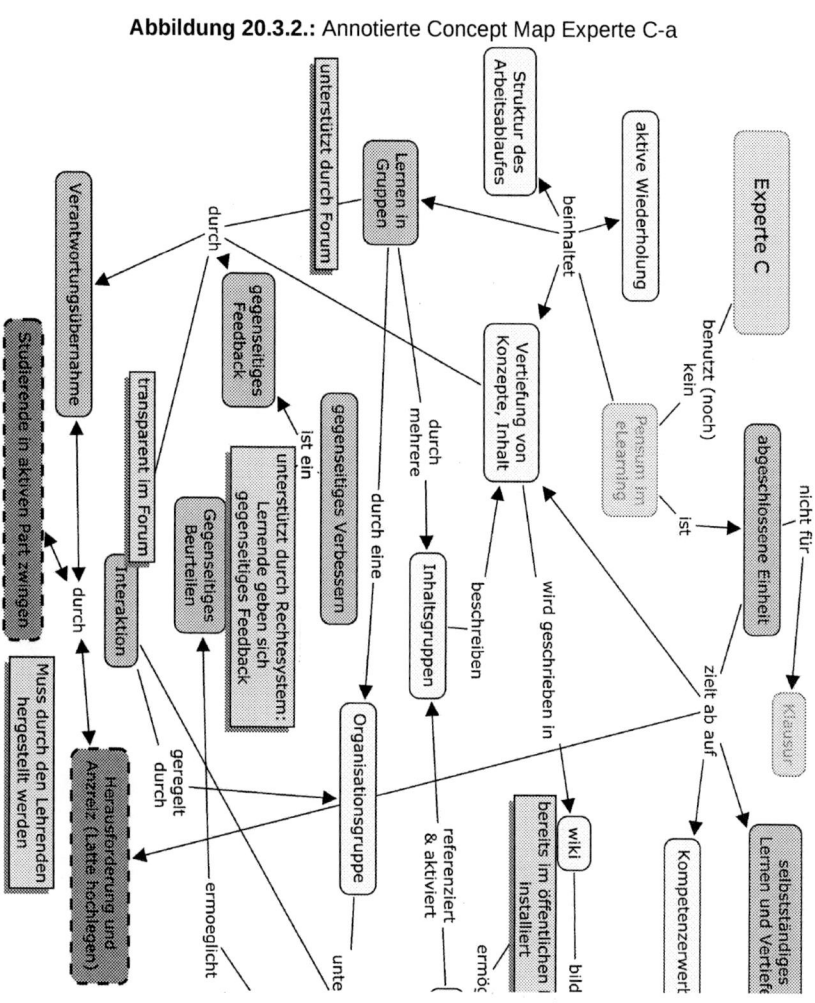

Abbildung 20.3.3.: Annotierte Concept Map Experte C-b

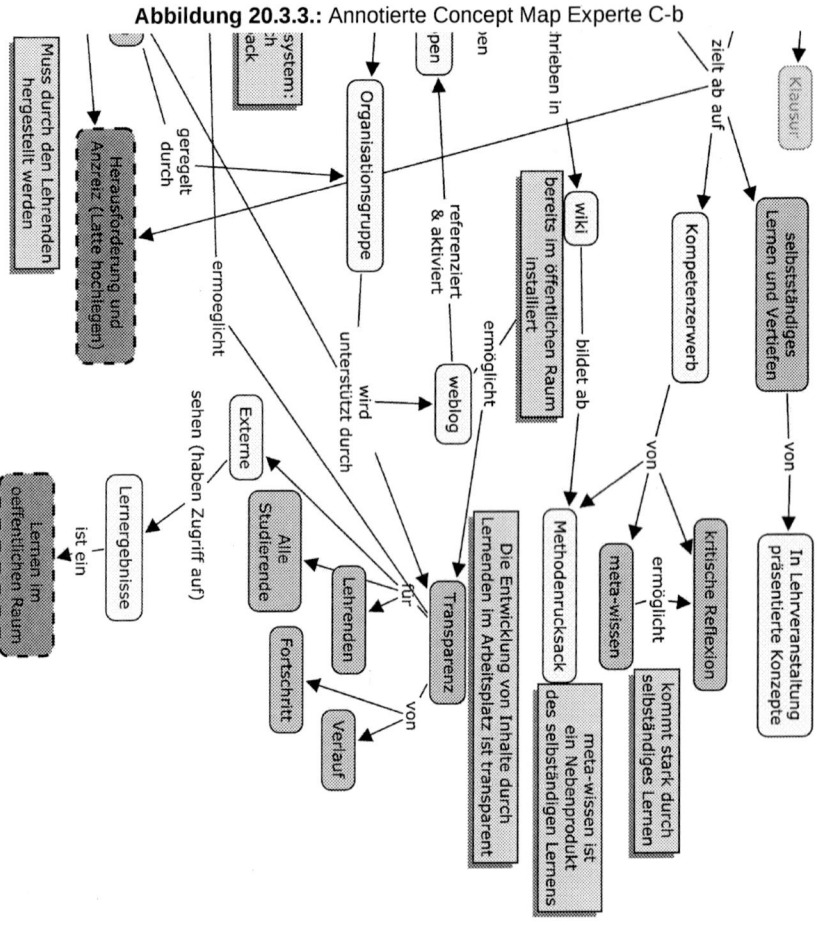

an. *Eine Evaluierung, wie hoch der Aufwand ist um von einer bestehenden Lern-Infrastruktur auf dieses System zu wechseln, kann im Interview nicht festgemacht werden.*

Es wäre noch zu überprüfen, ob verschiedene BenutzerInnengruppen verschieden mit dem System umgehen. Für Studierende, die geübt sind im Umgang mit webbasierten Technologien, ist dieses System sicher leichter nutzbar als für Studierende zum Beispiel der Psychologie.

2. Können Lehrende durch die entwickelte Umgebung selbstorganisiertes Lernen nun besser lehren? Werden Lehrende bei der Umsetzung der (folgenden) Prinzipien in ihrer Lehre unterstützt? Können Lehrende durch die entwickelte E–Learning Unterstützung den Umgang mit diesen Prinzipien besser übermitteln?

a) Umgang mit Freiheit zu erlernen

b) Kreativität zu erlernen

c) in einer Gemeinschaft als Mitglied agieren zu können

d) Erziehung zur Selbstständigkeit

Der folgende Text gibt Inhalte des Interviews aus Sicht des Interviewpartners wieder.

Web–basierte Lernumgebungen ermöglichen den Lernenden individuelle Zugänge zum Lernen. Damit unterstützen diese Systeme eine besondere Freiheit beim Lernen. Auch die Freiheit, sich im Rahmen eines Themas auf spezielle Interessen (Sub-Themen) zu fokussieren, wird erlaubt.
Die Asynchronität des Lernens im Web wird von der Lernumgebung sehr gut unterstützt. Die starke Einbindung eines Forums in den Sichten „Arbeitsplatz" und „Pensum" ist für ein Lernen sehr unterstützend. Das Forum erlaubt es, eine kommunizierte Problemlösung zu unterschiedlichen Zeitpunkten wiederzufinden. Das unterstützt Selbstständigkeit im Lernen.
Die Unterstützung der Kreativität über elektronische Plattformen ist fraglich. Es ist aber festzustellen, dass z.B. die Open Source Community sich fast ausschließlich über elektronische Werkzeuge austauscht und kreative Problemlösungen konstruiert.
Gegenseitige Verantwortungsübernahme wird in elektronischen Umgebungen gut sichtbar. Durch die Transparenz der elektronischen Lernumgebung wird Selbstständigkeit gefördert.

Tabelle 20.4.1.: Quantitative Analyse der (Nicht-)Umsetzung von Anforderungen

	A	B	C	$\sum$	%
Vorhandene/Unterstützte Konzepte	57	14	15	86	55.13
Fehlende/Nicht Unterstützte Konzepte	4	6	3	13	8.33
sonstige Konzepte	24	21	12	57	36.53
Summe Relevante Konzepte	85	41	30	156	100
Nicht Relevante Konzepte	17	8	3	28	
Summe Konzepte	102	49	33	184	

20.4. Aggregation und Diskussion der Ergebnisse

20.4.1. Vollständigkeit der Erfüllung der Anforderungen der Experten

Mit Bezug auf die im Designprozess festgemachten Funktionalitäten (siehe Kapitel 11 auf Seite 111) weist die Dalton Plan Komponente alle festgelegten Funktionalitäten auf. Es wurden aber nicht alle von den Experten gewünschten Funktionalitäten umgesetzt. Das heißt, es wurden im Design Funktionalitäten aus der Anforderungsanalyse nicht umgesetzt oder falsch interpretiert. Tabelle 20.4.1 fasst die Umsetzung der Dalton Plan Komponente quantitativ zusammen. Damit wird auch die Qualität der Concept Map basierten Methode zum nachvollziehbaren Transfer von Anforderungen aus der Anwendungsdomäne in die Softwaredomäne gemessen.

Die Summen entsprechen der Anzahl an Konzepten aus der Anforderungserhebung (vergleiche Kapitel 8.1 auf Seite 58). Als „nicht relevante Konzepte" wurden vor allem Konzepte, die in der Anforderungsanalyse als nicht relevant eingestuft wurden, klassifiziert (zum Beispiel Konzepte die den Intelligibility Catcher Ansatz ansprechen oder die Namen der Experten). Zusätzlich in diese Kategorie aufgenommen wurden allgemeine Lehr– und Lernkonzepte. Zum Beispiel gibt es bei Experten A und Experten C das Konzept „Klausur". Dies ist für eine Evaluierung nicht relevant. Bei Experten B ist ein solches Konzept zum Beispiel „Freinet Pädagogik".

Die Kategorie „Sonstige Konzepte" spricht Elemente an, die relevant sind, aber nicht direkt im Interview angesprochen wurden.

Die Kategorie „Vorhandene/Unterstützte Konzepte" beinhaltet alle Konzepte, die explizit als vorhanden genannt wurden.

Die Kategorie „Fehlende/Nicht Unterstützte Konzepte" beinhaltet alle Konzepte, die explizit als nicht unterstützt genannt wurden.

Als quantitative Zusammenfassung eignen sich die Zahlen in der Tabelle oben nur bedingt. Drei Interviews sind für eine quantitative Auswertung zu wenig. Auch werden oben die Konzepte isoliert pro Interview betrachtet. Es gibt aber bei diesen Konzepten Überlappungen.

Die als fehlend klassifizierten Konzepte zeigen solche Überlappungen. Es fehlt in der Implementierung im Allgemeinen und in der Erklärungs– und Vermittlungskomponente im Speziellen die Motivation. AutorInnen werden zu wenig aufmerksam gemacht, dass

der Pensumteil „Hinführung" die Theorie aus der Praxis motiviert

eine motivierende „Hinführung" bei Pensen der wichtigste Teil ist,

die „Hinführung" mittels Videos und/oder Geschichten geschrieben werden kann

ein gewisses Maß an Herausforderung motivierend wirkt (Latte hochlegen)

Der zweite große fehlende Aspekt ist die Unterstützung des Lernens im öffentlichen Raum.

Der dritte Aspekt, der den Experten bei der präsentierten Umgebung fehlt, ist ein Grundstock an Pensen, die als mittels der Sternenskala (siehe 15.1 auf Seite 146) als „gute/schlechte" Beispiele markiert wurden und die mit/ohne Multimedia verfasst sind.

20.4.2. Brauchbarkeit der Implementierung der Dalton Plan Instrumente

Im Großen und Ganzen betrachten die Experten das System als brauchbar. Der erste Eindruck des Systems ist sehr ansprechend und die Usability ist auch für neue AnwenderInnen gegeben.

Es wird in der Pensumsicht viel an Funktionalität angeboten. Die Experten meinen, dass ungeübte BenutzerInnen Probleme bekommen mit der flexiblen Gestaltung der Benutzungsschnittstelle. Teile der Benutzungsschnittstelle ein– und ausblendbar zu machen, ist ein guter Ansatz um ungeübte BenutzerInnen an ein System heranzuführen. Es ist allerdings nicht gleich ersichtlich, welche Teile aus dem Forum und dem Arbeitsbereich in der Pensumsicht wiederverwendet werden. BenutzerInnen könnten verwirrt werden, wenn die selbe Funktionalität an mehreren Stellen angeboten wird.

Als sehr gut wurde die Möglichkeit einzelne Teile der Benutzungsschnittstelle zu vergrößern und zu verkleinern erkannt. Ein(e) BenutzerIn kann sich so im ersten Schritt einen Überblick über die Aufgaben verschaffen, um dann Anzeigebereiche ein- oder ausblenden und auf einen Aspekt zu fokussieren.

Die Emoticons in den Feedbackgraphen sind eine neue, interessante Idee deren Wirkung auf Lernende nicht abzuschätzen ist. Von Interesse wäre es darüber hinaus nicht nur die Dokumentationsarbeit in den Graphen anzuzeigen, sondern auch die Verständnisarbeit. Lernende könnten damit reflektieren wie groß ihr Verständnis ist.

Die Graphen geben einen Überblick über die abgegebenen Dokumente und die Diskussionen. Die asynchrone Feedback Möglichkeit löst die Gespräche zwischen Lehrenden und Lernenden ab und unterstützt den Umgang mit dem Dalton-Plan im E–Learning. Als zusätzliche Qualität dieses Vorgehens wird diese Soziale Interaktion festgehalten und dokumentiert. Die zeitliche Komponente (bis wann ist etwas zu erledigen) ist nicht so stark ausgeprägt wie in den Feedbackgraphen von Parkhurst.

Die Erklärungs– und Vermittlungskomponente als Metapensum zu verfassen wurde als eine gute Idee erkannt. BenutzerInnen können damit auch erfahren wie ein Pensum auf Lernende wirkt. Die Verschränkung des Pensum Editors mit dem Metapensum bietet Unterstützung um den Umgang mit den Dalton Plan Instrumenten zu erlernen. Es fehlt allerdings der Erklärungs– und Vermittlungskomponente eine motivierende Hinführung zum Beispiel mit Videos oder kurzen Geschichten.

Das öffentliche Portfolio ist problematisch, da die Sichtbarkeit der Lernerfolge einen hohen psychischen Druck erzeugen könnte.

20.4.3. Unterstützung für die Wissensvermittlung mittels selbstorganisierten Lernens

Die Prinzipien von Parkhurst werden indirekt von der E–Learning Umgebung unterstützt. Die Umgebung unterstützt wesentliche Aspekte des Lernens. In welcher Qualität Unterstützung für das selbstorganisierte Lernen geboten wird, ist vom Lehrenden abhängig.

Der Dalton Plan im E–Learning bietet aber auch mehr Struktur als gängige Lehrmethoden. Durch diese Struktur wird Lernenden Sicherheit geboten, die sie positiv bei der Selbstorganisation ihres Lernens unterstützt.

Umgang mit Freiheit erlernen

E–Learning Umgebungen ermöglichen den Lernenden individuelle Zugänge zum Lernen und unterstützen so eine besondere Freiheit des Lernens. Die Individualisierung betrifft sowohl inhaltliche, als auch zeitliche Aspekte. Die Asynchronität des Lernens wird von der entwickelten Lernumgebung sehr gut unterstützt. Inhaltlich wird die Reflexion von Lernenden und Lehrenden unterstützt. Durch die Abbildung und Speicherung der sozialen Interaktion im Forum kann daraus gelernt werden. Der individuelle Lern– und Reflexionsprozess wird durch diese „Nichtflüchtigkeit" unterstützt.

Diese Nichtflüchtigkeit betrifft auch das Pensum im Allgemeinen. Lernende werden darauf hingewiesen, wo sie nachdenken müssen („memory work"). Lernende können also erkennen, was ihre Gedächtnisleistung sein soll.

Kreativität erlernen

Kreativität wird von der Plattform nicht unterstützt. Im Allgemeinen ist die Unterstützung der Kreativität über elektronische Plattformen fraglich. Ein zuviel an Technologie kann die Kreativität vor allem von ungeübten BenutzerInnen beschränken.

In einer Gemeinschaft als Mitglied agieren

Gegenseitige Verantwortungsübernahme wird in elektronischen Umgebungen gut sichtbar. Die Unterstützung der E–Learning Umgebung für ein gemeinsames Schreiben von Pensen bietet Unterstützung für die Selbständigkeit und Selbstorganisation. Eine Chat-Komponente würde das zeitgleiche Schreiben mehrerer Lernender an Pensen direkter unterstützen.

Die Graphen erhöhen die Transparenz in Lerngruppen. Eine selbstorganisierte Lerngruppe übt oft auch Druck auf die Mitglieder aus. Es ist zu erwarten, dass die Graphen diesen Druck verstärken, und dadurch unter Umständen auch die Selbstorganisation in der Gruppe verstärken. Es ist allerdings ein entsprechendes Lerndesign des Lehrenden notwendig um Lernende in eine Gruppenarbeit zu führen.

Lehrende können durch die Graphen auch besser die Notwendigkeit eines Eingreifens abschätzen.

Erziehung zur Selbstständigkeit

Die starke Einbindung eines Forums in den Sichten „Arbeitsplatz" und „Pensum" ist für ein Lernen sehr unterstützend. Das Forum erlaubt es, kommunizierte Problemlösungen zu unterschiedlichen Zeitpunkten wiederzufinden. Das unterstützt Selbstständigkeit im Lernen. Durch die Transparenz der elektronischen Lernumgebung wird Selbstständigkeit gefördert.

21. Fazit Teil VI — Evaluierung

Als Ausgangsbasis für die Evaluierung diente einerseits die Implementierung der Dalton Plan Komponente in Scholion 2.0 und andererseits eine Lehrveranstaltung an der Universität Linz, in der die Dalton Plan Komponente aktiv verwendet wird. Damit konnte gemeinsam mit den Experten die entwickelte Unterstützung anhand eines praktischen Falles evaluiert werden.

Als Fazit für die Evaluierung kann festgehalten werden, dass die Umgebung die Erziehung zur Selbstständigkeit unterstützt, es hängt aber zu einem wesentlichen Teil vom Umgang mit den Werkzeugen und der Didaktik ab, in welcher Qualität selbstorganisiertes Lernen umgesetzt wird.

Das eine Teilziel dieser Arbeit „*E–Learning Unterstützung für die Wissensvermittlung mittels selbstorganisierten Lernens*" wurde somit teilweise erreicht.

Gemessen wurde die Erreichung dieses Ziels auch an der Unterstützung der Prinzipien des Dalton Plans (Parkhurst, 2010; Eichelberger et al., 2008, S. 75):

Umgang mit Freiheit zu erlernen

Kreativität zu erlernen

in einer Gemeinschaft als Mitglied agieren zu können

Erziehung zur Selbstständigkeit

Die entwickelte Lernumgebung, also die Kombination Dalton Plan und E–Learning System, unterstützt drei dieser Prinzipien. Die Kreativität wird mit dem entwickelten System nicht unterstützt.

Das andere Teilziel dieser Arbeit ist eine „*Transferierbarkeit der Dalton Plan Instrumente ins E–Learning*". In Summe sind die entwickelten Funktionalitäten brauchbar und unterstützen Lehrende bei der Anwendung der Dalton Plan Instrumente im E–Learning. Dieses Teilziel wurde zu weiten Teilen erreicht.

Drei Aspekte sind nicht ausreichend transferiert und werden nicht ausreichend unterstützt. Die öffentliche Portfolio Sicht erfüllt nicht den intendierten Zweck. Bei der

Erklärungs– und Vermittlungskomponente könnten zur Verbesserung der Metapensen Videos und Geschichten in den Hinführungsteilen genutzt werden. In der Erklärung des Hinführungsteiles gehört auch stärker festgehalten, dass die Hinführung der wichtigste Teil eines Pensums ist und das Erlernen der Theorie aus der Praxis heraus motiviert. Der dritte Aspekt ist ein Fehlen eines Grundstockes von beispielhaften Pensen mit und ohne Multimedia.

Teil VII.

Reflexion

22. Kritische Methodenreflexion

In den folgenden Absätzen sollen einzelne der verwendeten Methoden und deren Anwendung kritisch betrachtet werden. ForscherInnen mit ähnlichen Vorhaben soll dadurch Anknüpfungspunkte für Verbesserungen geboten werden.

Die Concept Map gestützten Interviews haben aus Sicht des Forschers einige Vorteile. Die graphische Repräsentation verlangt einen Fokus auf Wesentliches. Die Interviews werden (offensichtlich) verkürzt abgebildet, und können so leicht vom Interviewten validiert werden. Der schrittweise Transfer von Wissen mittels dieser Concept Maps hat sich als transparent erwiesen. Die Methode wurde auch von Studierenden in einem anderen Kontext durchgeführt, und es wurde festgestellt, dass die Methode auch leicht übermittelbar ist (Weichhart, 2012b). Die Darstellung der Concept Maps auf Din A4 hat sich allerdings als Herausforderung erwiesen. Die Brauchbarkeit der entwickelten Methode ist auch noch weiter zu untersuchen: Ist die Methode für alle Anwendungskontexte brauchbar? Ist die Methode für Endanwender verständlich?

Bei den Interviews zur Evaluierung war festzustellen, dass der Forscher sich in einer Doppelrolle befand. Einerseits wurden die Ergebnisse im ersten Schritt präsentiert. Im zweiten Schritt war es dann notwendig, sich auf den Interviewten einzulassen und passiv zu werden. Dieser Schwenk von aktivem zu „inaktivem" Verhalten ist herausfordernd. Das heißt, es wäre für ähnliche Situationen sinnvoll, eine zweite Person mit dem Fragen-Teil der Interviews zu beauftragen. Diese Aufteilung würde auch eine potentielle Stresssituation, in der die Forschungsergebnisse „zu verteidigen" sind, vermeiden.

23. Nächste Schritte und offene Fragen

Die nächsten Schritte können in unmittelbare Schritte, mittelbare Schritte und langfristige Forschungs– und Implementierungsaufgaben unterteilt werden.

23.1. Unmittelbare Schritte

Die Portfoliosicht ist aus rechtlicher Sicht bedenklich, da Ergebnisse aus einem Seminar auch für anonyme Personen sichtbar werden. Die Evaluierung hat gezeigt, dass diese Sicht in der jetzigen Form nicht sinnvoll ist, deshalb wird diese Sicht im nächsten Release entfernt.

Die Evaluierung hat Schwächen der Erklärungs– und Vermittlungskomponente aufgezeigt. Diese Schwächen, insbesondere hinsichtlich der Beschreibung des Pensumteiles „Hinführung", werden mit einem der nächsten Software Releases ausgebessert. Bei der Beschreibung dieses Teiles sollten folgende Aspekte herausgestrichen werden:

Ist wichtigster Teil eines Pensums.

Soll motivierend sein.

Soll die Theorie aus der Praxis motivieren.

Besonders Videos und Geschichten könnten in diesem Teil eine gute Wirkung mit Hinblick auf die Motivation entfalten.

Aber auch der Teil „Problemstellung und Aufgaben" (Problems / Tasks) kann motivierender gestaltet werden, wenn der Verfasser eines Pensums die Latte hochlegt.

Für die Nutzung der Dalton Plan Komponente von einem breiteren Spektrum an BenutzerInnen ist eine online Hilfe zu dieser Komponente notwendig. Diese Hilfe wird für einen der kommenden Software Releases erstellt.

23.2. Mittelbare Schritte

Es ist wissenschaftlich von Interesse festzuhalten, wie die Lernenden mit den erarbeiteten Ergebnissen umgehen. Durch den Reifegrad der Implementierung und den Einsatz der Ergebnisse in einem Seminar ist es möglich, eine explorative Studie mit Studierenden durchzuführen. In dieser Studie kann über die Unterstützung von selbstorganisiertem Lernen aus Sicht der Lernenden reflektiert werden.

In der Evaluation wurde angemerkt, dass Graphen auch für Verständnisarbeit relevant wären, hier allerdings nur für die Selbsteinschätzung der Lernenden. Eine Implementierung dieser Idee könnte Lernende unterstützen zu reflektieren, ob sie das angegebene Verständnis erlangt haben.

23.3. Langfristige Forschungsaufgaben

Ausgehend von der vorliegenden ersten Integration einer Reformpädagogik im E–Learning öffnet sich nun ein Handlungsfeld, welches Vertiefungen in mehrere Richtungen erlaubt.

Die theoretischen Arbeiten haben zu Tage gebracht, dass es im E–Learning viele Ansätze ohne Berührungspunkte zwischen der Technologie und der Didaktik gibt (vgl. Simuth und Sarmany-Schuller, 2012; Hassanzadeh et al., 2012; Pange und Pange, 2011; Tavukcu et al., 2011). Technologische Ansätze verweisen auf pädagogische Ansätze als „Black Box" (z.B. Hammami et al., 2009; Wei und Yan, 2009). Pädagogische Ansätze nutzen bestehende Werkzeuge zum Lernen, geben aber keinen Input wie diese in einer Pädagogik integriert werden und versuchen auch nicht das Design der Technologie zu beeinflussen (z.B. Yau et al., 2009; Pange und Pange, 2011). So stehen Pädagogik und Technologie im E–Learning oft nebeneinander. Nur wenige Ansätze versuchen diese Lücke zu schließen. Insbesonders ist in diesem Aspekt der „Connectivism" Ansatz von Siemens (2005) hervorzuheben. Hier wird explizit nach der Schnittstelle zwischen neuen theoretischen Ansätzen („Chaos Theorie", „Netzwerktheorie", „Komplexe Adaptive Systeme"), neuen Technologien und Lernen geforscht. Der Einfluss von Technologien auf das Lernen unter dem Gesichtspunkt der Theorien ist jedoch noch zu erforschen. Auch der Einfluss der Theorien auf pädagogische Aspekte ist noch zu erforschen.

Ein weiterer Ansatz des Lernens mit Technologien ist das „organisationale Lernen". Hier wird explizit auf Technologie verwiesen aber es fehlt eine integrative Sichtweise auch mit Hinblick einer möglichen „organisationalen" Didaktik.

Die Evaluation zeigte, dass die Aspekte „Motivation" und „Kreativität" im Lernen, in der vorliegenden Arbeit nicht vollständig unterstützt wurden. Dieses Ergebnis zeigt folglich mehrfach Potential für weitere Forschungsaktivitäten auf.

24. Fazit der Arbeit

Ausgangspunkt dieser Arbeit war die Absicht, selbstorganisiertes Lernen mittels E–Learning und Reformpädagogik aufeinander abgestimmt zu unterstützen. Das Ziel der Arbeit ist:

Transferierbarkeit der Dalton Plan Instrumente in das E–Learning zur Unterstützung von Lehrenden für die Schaffung einer Lernumgebung, die selbstorganisierten Wissenserwerb ermöglicht.

Dieses Ziel kann in zwei Teilziele beziehungsweise zwei Zielaspekte geteilt werden:

Transferierbarkeit der Dalton Plan Instrumente ins E–Learning

E–Learning Unterstützung für die Wissensvermittlung mittels selbstorganisierten Lernens

Zur Erreichung des ersten Teilzieles wurden die pädagogischen Instrumente des Dalton Plans ins *Web* transferiert und in einer E–Learning Umgebung vollständig integriert. Für diesen Transformationsprozess wurde eine neue Concept Map basierte Methode entwickelt. Eine Literaturanalyse konnte zeigen, dass eine Integration eines reformpädagogischen Ansatzes erstmalig in der wissenschaftlichen Literatur umgesetzt und dokumentiert wurde. Die Evaluierung zeigte, dass die Umsetzung der Dalton Plan Instrumente und der Daten-Strukturen vollständig und brauchbar ist, aber einige wenige Funktionen zur Unterstützung der Anwendung des Dalton Plans im E–Learning fehlen.

Für die Erreichung des zweiten Teilzieles wurde eine E–Learning Umgebung mit integrierter Pädagogik geschaffen. Die qualitative Evaluation zeigte, dass die Lernumgebung das Lehren von selbstorganisiertem Lernen zumindest indirekt unterstützt. Die implementierten Technologien und Methoden können die/den verantwortlichen LehrerIn nicht vollständig entlasten. Unterstützt werden aber drei von vier Prinzipien, die gemäß Dalton Plan Pädagogik selbstorganisiertes Lernen ausmachen.

Das Ergebnis dieser Arbeit ist ein erster Ansatz, der die Basis für weitere Forschungen an der Schnittstelle zwischen Lernen und Technologie ermöglicht.

Teil VIII.

Index, Literaturverzeichnis

Index

Literaturverzeichnis

Anderson, L. W., Krathwohl, D. R., Airasian, P. W., Cruikshank, K. A., Mayer, R. E., Pintrich, P. R., Raths, J., und Wittrock, M. C. (2001). *A Taxonomy for Learning, Teaching, and Assessing: A Revision of Bloom's Taxonomy of Educational Objectives*. Longman.

Auinger, A. und Stary, C. (2005). *Didaktikgeleiteter Wissenstransfer - Interaktive Informationsräume für Lern-Gemeinschaften im Web*. Deutscher Universitäts-Verlag / GWV Fachverlage GmbH, Wiesbaden.

Baxter, G. und Sommerville, I. (2011). Socio-technical systems: From design methods to systems engineering. *Interacting with Computers*, 23(1):4–17.

Bloom, B., Engelhart, M., Furst, E., Hill, W., und Krathwohl, D. (1956). *Taxonomy of educational objectives: The classification of educational goals. Handbook I: Cognitive domain*, volume 19. David McKay, New York.

Bogner, A. und Menz, W. (2002). Das theoriegenerierende Experteninterview - Erkenntnisinteresse, Wissensformen, Interaktion. In *Das Experteninterview - Theorie, Methode, Anwendung*, S. 33 – 70. Leske + Budrich.

Bortz, J. und Döring, N. (2002). *Forschungsmethoden und Evaluation: für Human- und Sozialwissenschaftler*, volume 3. Springer-Verlag, Berlin, Heidelberg.

Cao, L. und Ramesh, B. (2008). Agile Requirements Engineering Practices: An Empirical Study. *Software, IEEE*, 25(1):60–67.

Casanova, D., Moreira, A., und Costa, N. (2011). Technology Enhanced Learning in Higher Education: results from the design of a quality evaluation framework. *Procedia - Social and Behavioral Sciences*, 29(0):893–902.

Cañas, A. J., Carff, R., Hill, G., Carvalho, M., Arguedas, M., Eskridge, T. C., Lott, J., und Carvajal, R. (2005). Concept Maps: Integrating Knowledge and Information Visualization. In *Knowledge and Information Visualization*, S. 205–219. Springer.

Cañas, A. J., Hill, G., und Lott, J. (2003). Support for Constructing Knowledge Models in CmapTools. Technical Report 2003-02, Pensacola: Institute for Human and Machine Cognition, Institute for Human and Machine Cognition, 40 South Alcaniz St., Pensacola FI 32501. Zugriff: 26.08.2011.

Coffey, J. W., Carnot, M. J., Feltovich, P., Hoffman, R. R., Feltovich, J., Cañas, A. J., und Novak, J. D. (2003). A summary of literature pertaining to the use of concept mapping techniques and technologies for education and performance support. Technical report, Pensacola, FL: Institute for Human and Machine Cognition.

Cooper, J., Lee, S.-W., Gandhi, R., und Gotel, O. (2009). Requirements Engineering Visualization: A Survey on the State-of-the-Art. In *Requirements Engineering Visualization (REV), 2009 Fourth International Workshop on*, S. 46–55.

Davies, M. (2011). Concept mapping, mind mapping and argument mapping: what are the differences and do they matter? *Higher Education*, 62(3):279–301.

Davis, E. J., Smith, T. J., und Leflore, D. (2008). *Chaos in the Classroom - A New Theory of Teaching and Learning*. Carolina Academic Press, Durham, North Carolina.

Dewey, J. (1938). *Experience and Education*. Touchstone, New York.

Eichelberger, H., Editor (2002a). *Eine Einführung in die Daltonplan-Pädagogik*. StudienVerlag.

Eichelberger, H. (2002b). Vorwort. In Eichelberger, H., Editor, *Eine Einführung in die Daltonplan-Pädagogik*, S. 7–8. StudienVerlag.

Eichelberger, H. und Laner, C. (2006). *internet(t)e schulentwicklung auf SCHOLION - Europäische innovative Schulentwicklung durch blended learning*. Pädagogisches Institut der deutschen Sprache in Bozen.

Eichelberger, H., Laner, C., Kohlberg, W. D., Stary, E., und Stary, C. (2008). *Reformpädagogik goes E-Learning - neue Wege zur Selbstbestimmung von virtuellem Wissenstransfer und individualisiertem Wissenserwerb*. Oldenbourg, München, Wien.

Fisher, P. T. und Murphy, B. D. (2010). *Spring Persistence with Hibernate*. Apresspod Series. Apress.

Friedman, R. S. und Deek, F. P. (2003). Innovation and Education in the Digital Age: Reconciling the Roles of Pedagogy, Technology, and the Business of Learning. *IEEE TRANSACTIONS ON ENGINEERING MANAGEMENT*, 50:403–412.

Genilloud, G., Frank, W., und Génova, G. (2006). Use Cases, Actions, and Roles. In Bruel, J.-M., Editor, *Satellite Events at the MoDELS 2005 Conference*, volume 3844 of *Lecture Notes in Computer Science*, S. 280–289. Springer Berlin / Heidelberg, Departamento de Informática, Universidad Carlos III de Madrid, Avda. Universidad, 30 – 28911 Leganés, Madrid Spain.

Grefen, P., Eshuis, R., Mehandjiev, N., Kouvas, G., und Weichhart, G. (2009). Internet-Based Support for Process-Oriented Instant Virtual Enterprises. *Internet Computing, IEEE*, 13(6):65 –73.

Génova, G., Llorens, J., Metz, P., Prieto-Díaz, R., und Astudillo, H. (2005). Open Issues in Industrial Use Case Modeling. In Nunes, N., Selic, B., Rodrigues da Silva, A., und Toval Alvarez, A., Editoren, *UML Modeling Languages and Applications*, volume 3297 of *Lecture Notes in Computer Science*, S. 52–61. Springer Berlin / Heidelberg, Carlos III University of Madrid.

Hackl, D. (2002). Schulentwicklung am Beispiel einer Grundschulklasse. In Eichelberger, H., Editor, *Eine Einführung in die Daltonplan-Pädagogik*, S. 111–160. Studien-Verlag.

Hammami, S., Mathkour, H., und Al-Mosallam, E. (2009). A multi-agent architecture for adaptive E-learning systems using a blackboard agent. In *Computer Science and Information Technology, 2009. ICCSIT 2009. 2nd IEEE International Conference on*, S. 184 –188.

Hassanzadeh, A., Kanaani, F., und Elahi, S. (2012). A model for measuring e-learning systems success in universities. *Expert Systems with Applications*, 39(12):10959–10966.

Hölbling, R., Wittwer, H., und Neuhauser, G. (2008). COOL Cooperatives offenes Lernen: Eine Initiative für mehr Selbständigkeit, Eigenverantwortung und Kooperation an unseren Schulen. Booklet to Video, Kullmann und Berger Filmproduktion.

Iacob, M., Jonkers, H., Lankhorst, M., Proper, H., und Quartel, D. (2012). *ArchiMate 2.0 Specification*. The Open Group.

Islam, S. und Omasreiter, H. (2005). Systematic use case interviews for specification of automotive systems. In *Software Engineering Conference, 2005. APSEC '05. 12th Asia-Pacific*, S. 8pp.

Jong, T., Weinberger, A., Girault, I., Kluge, A., Lazonder, A., Pedaste, M., Ludvigsen, S., Ney, M., Wasson, B., Wichmann, A., Geraedts, C., Giemza, A., Hovardas, T., Julien, R., Joolingen, W., Lejeune, A., Manoli, C., Matteman, Y., Sarapuu, T., Verkade,

A., Vold, V., und Zacharia, Z. (2012). Using scenarios to design complex technology-enhanced learning environments. *Educational Technology Research and Development*, 60(5):883–901.

Kandiko, C. B. und Kinchin, I. M. (2012a). Challenges in Cross-Cultural PHD Supervision: Mapping to Facilitate Dialogue. In Cañas, A. J., Novak, J. D., und Vanhear, J., Editoren, *Concept Maps: Theory, Methodology, Technology. Proc. of the Fifth Int. Conference on Concept Mapping*, S. 57–64, Msida, Malta. University of Malta.

Kandiko, C. B. und Kinchin, I. M. (2012b). Follow the Arrows: Tracing the Underlying Structure of a Doctorate. In Cañas, A. J., Novak, J. D., und Vanhear, J., Editoren, *Concept Maps: Theory, Methodology, Technology. Proc. of the Fifth Int. Conference on Concept Mapping*, S. 236–243, Msida, Malta. University of Malta.

Kiersch, J. (2007). *Die Waldorfpädagogik - Eine Einführung in die Pädagogik Rudolf Steiners*. Verlag Freies Geistesleben, Stuttgart, 11 edition.

Kinchin, I. M., Streatfield, D., und Hay, D. B. (2010). Using Concept Mapping to Enhance the Research Interview. *International Journal of Qualitative Methods*, 9(1):52–68.

Kleuker, S. (2011). *Grundkurs Software-Engineering mit UML*, chapter Anforderungsanalyse, S. 51–85. Vieweg+Teubner.

Konrad, K. und Traub, S. (1999). *Selbstgesteuertes Lernen in Theorie und Praxis*. Oldenbourg, München, Wien.

Krathwohl, D. (2002). A revision of Bloom's taxonomy: An overview. *Theory into practice*, 41(4):212–218.

Kromrey, H. (2009). *Empirische Sozialforschung - Modelle und Methoden der standardisierten Datenerhebung und Datenauswertung*, volume 12. Lucius & Lucius, Stuttgart.

Lemieux, C. M. (2001). Learning contracts in the classroom: tools for empowerment and accountability. *Social Work Education*, 20(2):263–276.

Leonard, A. (2010). *JSF 2.0 Cookbook: Over 100 simple but Incredibly effective recipes for taking control of your JSF applications*. Quick answers to common problems. Packt Publishing Ltd.

Lindgaard, G., Dillon, R., Trbovich, P., White, R., Fernandes, G., Lundahl, S., und Pinnamaneni, A. (2006). User Needs Analysis and requirements engineering: Theory and practice. *Interacting with Computers*, 18(1):47 – 70.

MacDonald, C. und Thompson, T. L. (2005). Structure, Content, Delivery, Service, and Outcomes: Quality e-Learning in higher education. *The International Review of Research in Open and Distance Learning*, 6(2):1–25.

Mankel, M. (2008). *Lernstrategien und E-Learning - Eine empirische Untersuchung.* Verlag Dr. Kovac.

Mayring, P. (2002). *Einführung in die Qualitative Sozialforschung.* Beltz Studium, Weinheim, Basel.

Mehandjiev, N., Stalker, I. D., Fessl, K., und Weichhart, G. (2006). Interoperability Contributions of CrossWork. In Konstantas, D., Bourrières, J.-P., Léonard, M., und Boudjlida, N., Editoren, *Interoperability of Enterprise Software and Applications*, S. 449–450. Springer London. 10.1007/1-84628-152-0_41.

Meuser, M. und Nagel, U. (2002). ExpertInneninterviews - vielfach erprobt, wenig bedacht - Ein Beitrag zur qualitativen Methodendiskussion. In *Das Experteninterview - Theorie, Methode, Anwendung*, S. 71 – 93. Leske + Budrich.

Mieg, H. A. und Näf, M. (2005). Experteninterviews in den Umwelt- und Planungswissenschaften. Eine Einführung und Anleitung. Institut für Mensch-Umwelt-Systeme (HES), ETH Zürich. Zugriff 18.05.2012.

Mooij, T. (2009). Education and ICT-based self-regulation in learning: Theory, design and implementation. *Education and Information Technologies*, 14:3–27.

Nebe, K. und Zimmermann, D. (2007). Aspects of Integrating User Centered Design into Software Engineering Processes. In *Human-Computer Interaction, Part I, HCII 2007*. Springer-Verlag Berlin Heidelberg.

Neuhauser, G. und Wittwer, H. (2002). Das COOL*-Projekt - Der Daltonplan in der Sekundarstufe II - Ein Dalton-inspierter Schulentwicklungsprozess an der BHAK/BHAS-Steyr. In Eichelberger, H., Editor, *Eine Einführung in die Daltonplan-Pädagogik*, S. 161–203. StudienVerlag.

Neuhauser, G. und Wittwer, H. (2008). Cooperatives Offenes Lernen - Neue Ansätze einer kollegialen Lehrer / -innenfortbildung. In Wien, P. H., Editor, *Lehrer/-innenbildung in Europa*, S. 41–46. Pädagogische Hochschule Wien.

Novak, J. D. und Cañas, A. J. (2008). The Theory Underlying Concept Maps and How to Construct and Use Them. Technical Report Technical Report IHMC CmapTools 2006-01 Rev 01-2008, Florida Institute for Human and Machine Cognition (IHMC). Zugriff: 04.12.2010.

Nuseibeh, B. und Easterbrook, S. (2000). Requirements engineering: a roadmap. In *ICSE '00 Proceedings of the Conference on The Future of Software Engineering*, S. 35–46. ACM.

Object Management Group (2009). *OMG Unified Modeling Language (OMG UML), Superstructure (version 2.0)*. OMG.

O'Donnell, A. M., Dansereau, D. F., und Hall, R. H. (2002). Knowledge Maps as Scaffolds for Cognitive Processing. *Educational Psychology Review*, 14(1):71–86.

Pange, A. und Pange, J. (2011). Is E-learning based on learning theories? A literature review. *World Academy of Science, Engineering & Technology*, 56:62–66.

Pankowska, M. (2012). User participation in information system development. In *Information Society (i-Society), 2012 International Conference on*, S. 396–401.

Parkhurst, H. (1923, 2010). *Education On The Dalton Plan*. Nabu Press.

Pfadenhauer, M. (2002). Auf gleicher Augenhöhe reden. In Bogner, A., Litting, B., und Menz, W., Editoren, *Das Experteninterview - Theorie, Methode, Anwendung*. Leske + Budrich, Opladen.

Popp, S. (2002). Der Daltonplan - Eine zukunftsfähige Unterrichtskonzeption für die Sekundarschule? In Eichelberger, H., Editor, *Eine Einführung in die Daltonplan-Pädagogik*, S. 59–70. StudienVerlag.

Reinmann, G. (2011). Qualitative Sozialforschung. E-Learning-System der Mediendidaktik des imb Augsburg. Revision 3 (Sept. 2010), Zugriff: 26.08.2011.

Rocard, M., Csermely, P., Jorde, D., Lenzen, D., Walberg-Henriksson, H., und Hemmo, V. (2007). Science Education Now: A Renewed Pedagogy for the Future of Europe. http://ec.europa.eu/research/science-society/document_library/pdf_06/report-rocard-on-science-education_en.pdf, Directorate-General for Research, European Commission: Brussels.

Rozendaal, J. S., Minnaert, A., und Boekaerts, M. (2001). Motivation and self-regulated learning in secondary vocational education: information-processing type and gender differences. *Learning and Individual Differences*, 13(4):273 – 289.

Schrack, C. (2009). Individualisierung im kollaborativen E-Learning mit Fokus Kreativität udn Problemlösung. In Hornung-Prähauser, V. und Luckmann, M., Editoren, *Kreativität und Innovationskompetenz im digitalen Netz - Wie kommt das "Neue"mit Hilfe von internettechnologien in die Welt*. Salzburg Research Forschungsgesellschaft m.b.H., Salzburg.

Siemens, G. (2005). Connectivism: a learning theory for the digital age. *International Journal of Instructional Technology & Distance Learning*, 2. http://www.itdl.org/journal/jan_05/article01.htm.

Simuth, J. und Sarmany-Schuller, I. (2012). Principles for e-pedagogy. *Procedia - Social and Behavioral Sciences*, 46:4454–4456.

Skiera, E. (2003). *Reformpädagogik in Geschichte und Gegenwart: Eine kritische Einführung*. Hand- und Lehrbücher der Pädagogik. R. Oldenbourg Verlag, München, Wien.

Smart, K. L. und Whiting, M. E. (2001). Designing systems that support learning and use: a customer-centered approach. *Information & Management*, 39(3):177 – 190.

Stalker, I. D., Carpenter, M., Mehandjiev, N., Owrak, A., und Weichhart, G. (2010). Domain Knowledge Integration. In Mehandjiev, N. und Grefen, P., Editoren, *Dynamic Business Process Formation for Instant Virtual Enterprises*, Advanced Information and Knowledge Processing, S. 151–167. Springer London. 10.1007/978-1-84882-691-5_10.

Stary, C. (2007). Intelligibility Catchers for Self-Managed Knowledge Transfer. In *Advanced Learning Technologies, 2007. ICALT 2007. Seventh IEEE International Conference on*, S. 517 –521.

Stary, C. (2009). The Design of e-Learning Contracts: Intelligibility Catchers in praxi. In *Web Intelligence and Intelligent Agent Technologies, 2009. WI-IAT '09. IEEE/WIC/ACM International Joint Conferences on*, volume 3, S. 203 –206.

Stary, C. (2010). Explizierung und Explorierung von Vermittlungswissen für effektives e-Learning. In Breitner, M. H., Lehner, F., Staff, J., und Winand, U., Editoren, *E-Learning 2010*, S. 47–62. Physica-Verlag HD.

Stary, C. (2012). Growing through learning - Essential technology enablers. *Journal of Organisation Transformation & Social Change*, 9(1):63–74.

Stary, C., Maroscher, M., und Stary, E. (2013). *Wisssensmanagement in der Praxis, Methoden, Werkzeuge, Beispiele*. Hanser. mit Beiträgen von Jeannette Hemmecke und Wilfried Wieden.

Stary, C. und Stary, E. (2007). Die Konzepte hinter dem Spaß–e-learning & Reformpädagogik. In Paul-Stueve, T., Editor, *Mensch & Computer 2007 Workshopband*, S. 97–100. Verlag der Bauhaus-Universität Weimar.

Stary, C. und Weichhart, G. (2012). An e-Learning Approach To Informed Problem Solving. *Knowledge Management & E-Learning: An International Journal (KM&EL)*, 4(2):195–216. Special Issue on Supporting, Managing, & Sustaining Creativity and Cognition through Technology.

Tavukcu, T., Arapa, I., und Özcan, D. (2011). General overview on distance education concept. *Procedia - Social and Behavioral Sciences*, 15(0):3999–4004.

Terhart, E. (2009). *Didaktik: Eine Einführung*. Reclam, Ditzingen.

Walls, C. (2008). *Spring im Einsatz*. Hanser.

Wei, X. und Yan, J. (2009). An E-learning System Architecture Based on Web Services and Intelligent Agents. In *Hybrid Intelligent Systems, 2009. HIS '09. Ninth International Conference on*, S. 173 –177.

Weichhart, G. (2006). Agent Technologies for Production Systems. In *Proceedings of SAISIA Workshop*.

Weichhart, G. (2007). Requirements for a Complex Adaptive Systems Oriented Framework for Enterprise Modelling and Integration. In *Proceedings of the 3rd I* PROMS Virtual International Conference*.

Weichhart, G. (2008). *Interface Cultures. Artistic Aspects of Interaction*, chapter Software Agents. transcript Verlag.

Weichhart, G. (2012a). Applied e-Learning Systems Research - An empirical, qualitative method for modelling e-Learning environments. In *21st European Meetings on Cybernetics and Systems Research (EMCSR), book of abstracts*, S. 24–27.

Weichhart, G. (2012b). Bridging the Gap between qualitative, empirical work and Software design. In Cañas, A. J., Novak, J. D., und Vanhear, J., Editoren, *Concept Maps: Theory, Methodology, Technology. Proc. of the Fifth Int. Conference on Concept Mapping*, Msida, Malta. University of Malta.

Weichhart, G. (2012c). Constructing a new Role for Teachers. In *21st European Meetings on Cybernetics and Systems Research (EMCSR), book of abstracts*, S. 417–421.

Weichhart, G. (2012d). S-BPM Education on the Dalton Plan: An E-Learning Approach. In Oppl, S. und Fleischmann, A., Editoren, *S-BPM ONE - Education and Industrial Developments*, volume 284 of *Communications in Computer and Information Science*, S. 181–193. Springer, Berlin Heidelberg.

Weichhart, G. (2013a). The Learning Environment as a Chaotic and Complex Adaptive System. *Systems. connecting matter, life, culture and technology*, 1(1):36–53.

Weichhart, G. (2013b). Supporting Interoperability for Chaotic and Complex Adaptive Enterprise Systems. In Demey, Y. T. und Panetto, H., Editoren, *On the Move to Meaningful Internet Systems: OTM 2013 Workshops*, volume 8186 of *Lecture Notes in Computer Science*, S. 86–92. Springer Berlin / Heidelberg.

Weichhart, G. (2014). Requirements for Supporting Enterprise Interoperability in Dynamic Environments. In Mertins, K., Bénaben, F., Poler, R., und Bourrières, J., Editoren, *Enterprise Interoperability VI*, Proceedings of the I-ESA Conferences. Springer Berlin / Heidelberg.

Weichhart, G., Feiner, T., und Stary, C. (2010). Implementing organisational interoperability—The SUddEN approach. *Computers in Industry*, 61(2):152 – 160.

Weichhart, G., Hämmerle, A., und Fessl, K. (2002). Service-Oriented Concept Of A Holonic Enterprise - Enabling Adaptive Networks Along The Value Chain. In *Proceedings of 5th IEEE/IFIP int. conference on Information technology for Balanced Automation Systems in manufacturing and services (BASYS)*. Kluwer Academic Publishers.

Weichhart, G., Pirker, J., Gütl, C., und Stary, C. (2014). 3D Progressive Education Environment for S-BPM. In *S-BPM ONE - Scientific Research - Proceedings of the 6th International Conference 2014*, CCIS - Communication in Computer and Information Science. Springer Berlin / Heidelberg.

Weichhart, G. und Stary, C. (2009). Collaborative Learning in Automotive Ecosystems. In *Digital Ecosystems and Technologies, 2009. DEST '09. 3rd IEEE International Conference on*, S. 235 –240.

Weichhart, G., Stary, C., und Oppl, S. (2006). Modelling of Complex Supply Networks. In *Enabling Technologies: Infrastructure for Collaborative Enterprises, 2006. WETICE '06. 15th IEEE International Workshops on*, S. 265 –268.

Weichhart, G. und Wachholder, D. (2014). On the Interoperability Contributions of S-BPM. In *Proceedings of S-BPM ONE 2014*, LNBIP - Lecture Notes in Business Information Processing. Springer Berlin / Heidelberg.

Wieden, W. (2012). Wissensaufbereitung und Organisation. Arbeitsunterlagen "Professional MBA Aufbaustudium Ängewandtes Wissensmanagement".

Williams, K. A. und Marek, E. A. (2000). Ausubel and Piaget: A Contemporary Investigation. Reports - research.

Währer, G. A., Schrefl, M., Pomberger, G., Roithmayr, F., und Stary, C. (2010a). Antrag des Fachbereichs Wirtschaftsinformatik der Johannes Kepler Universität Linz auf Akkreditierung der Studienrichtungen 'Bachelor Wirtschaftsinformatik' und 'Master Wirtschaftsinformatik'.

Währer, G. A., Schrefl, M., Pomberger, G., Roithmayr, F., und Stary, C. (2010b). Modulhandbuch Bachelor zum Antrag des Fachbereichs Wirtschaftsinformatik der Johannes Kepler Universität Linz auf Akkreditierung der Studienrichtung „Bachelor Wirtschaftsinformatik".

Yau, J., Lam, J., und Cheung, K. (2009). A Review of e-Learning Platforms in the Age of e-Learning 2.0. In Wang, F., Fong, J., Zhang, L., und Lee, V. S., Editoren, *Hybrid Learning and Education*, volume 5685 of *Lecture Notes in Computer Science*, S. 208–217. Springer Berlin Heidelberg.

Zardas, G. (2008). The Importance of Integrating Learning Theories and Pedagogical Principles in AHES (Adaptive Hypermedia Educational Systems). In *Advanced Learning Technologies, 2008. ICALT '08. Eighth IEEE International Conference on*, S. 884 –885.

Teil IX.

Anhang

A. ArchiMate — Notation

Die folgenden Tabellen sind der ArchiMate Version 2.0 Spezifikation entnommen (The Open Group 2009—2012):

Tabelle A.0.1.: ArchiMate Business Layer (The Open Group 2012)

Concept	Description	Notation	Concept	Description	Notation
Business Actor	An organizational entity that is capable of performing behavior.	Business actor	Business Interaction	A behavior element that describes the behavior of a business collaboration.	Business interaction
Business Role	The responsibility for performing specific behavior, to which an actor can be assigned.	Business role	Business Event	Something that happens (internally or externally) and influences behavior (business process, business function, business interaction).	Business event
Business Collaboration	An aggregate of two or more business roles that work together to perform collective behavior.	Business collaboration	Business Service	A service that fulfils a business need for a customer (internal or external to the organization).	Business service
Business Interface	A point of access where a business service is made available to the environment.	Business interface	Representation	A perceptible form of the information carried by a business object.	Representation
Location	A conceptual point or extent in space.	Location	Meaning	The knowledge or expertise present in a business object or its representation, given a particular context.	Meaning
Business Object	A passive element that has relevance from a business perspective.	Business object	Value	The relative worth, utility, or importance of a business service or product.	Value
Business Process	A behavior element that groups behavior based on an ordering of activities. It is intended to produce a defined set of products or business services.	Business process	Product	A coherent collection of services, accompanied by a contract/set of agreements, which is offered as a whole to (internal or external) customers.	Product
Business Function	A behavior element that groups behavior based on a chosen set of criteria (typically required business resources and/or competencies).	Business function	Contract	A formal or informal specification of agreement that specifies the rights and obligations associated with a product.	Contract

Tabelle A.0.2.: ArchiMate Software Layer (The Open Group 2012)

Concept	Definition	Notation
Application Component	A modular, deployable, and replaceable part of a software system that encapsulates its behavior and data and exposes these through a set of interfaces.	Application component
Application Collaboration	An aggregate of two or more application components that work together to perform collective behavior.	Application collaboration
Application Interface	A point of access where an application service is made available to a user or another application component.	Application interface
Data Object	A passive element suitable for automated processing.	Data object
Application Function	A behavior element that groups automated behavior that can be performed by an application component.	Application function
Application Interaction	A behavior element that describes the behavior of an application collaboration.	Application interaction
Application Service	A service that exposes automated behavior.	Application service

243

Tabelle A.0.3.: ArchiMate Technology Layer (The Open Group 2012)

Concept	Definition	Notation	Concept	Definition	Notation
Node	A computational resource upon which artifacts may be stored or deployed for execution.		System Software	A software environment for specific types of components and objects that are deployed on it in the form of artifacts.	
Device	A hardware resource upon which artifacts may be stored or deployed for execution.		Infrastructure Function	A behavior element that groups infrastructural behavior that can be performed by a node.	
Network	A communication medium between two or more devices.		Infrastructure Service	An externally visible unit of functionality, provided by one or more nodes, exposed through well-defined interfaces, and meaningful to the environment.	
Communication Path	A link between two or more nodes, through which these nodes can exchange data.		Artifact	A physical piece of data that is used or produced in a software development process, or by deployment and operation of a system.	
Infrastructure Interface	A point of access where infrastructure services offered by a node can be accessed by other nodes and application components.				

Tabelle A.0.4.: ArchiMate Relationships (The Open Group 2012)

		Notation
Structural Relationships		
Association	Association models a relationship between objects that is not covered by another, more specific relationship.	
Access	The access relationship models the access of behavioral concepts to business or data objects.	
Used by	The used by relationship models the use of services by processes, functions, or interactions and the access to interfaces by roles, components, or collaborations.	
Realization	The realization relationship links a logical entity with a more concrete entity that realizes it.	
Assignment	The assignment relationship links units of behavior with active elements (e.g., roles, components) that perform them, or roles with actors that fulfill them.	
Aggregation	The aggregation relationship indicates that an object groups a number of other objects.	
Composition	The composition relationship indicates that an object is composed of one or more other objects.	
Dynamic Relationships		Notation
Flow	The flow relationship describes the exchange or transfer of, for example, information or value between processes, function, interactions, and events.	
Triggering	The triggering relationship describes the temporal or causal relationships between processes, functions, interactions, and events.	
Other Relationships		Notation
Grouping	The grouping relationship indicates that objects, of the same type or different types, belong together based on some common characteristic.	
Junction	A junction is used to connect relationships of the same type.	
Specialization	The specialization relationship indicates that an object is a specialization of another object.	

245

B. Seminar *Anwendungen des Communications Engineering*

Das unten beschriebene Seminar, wurde bei der Evaluierung durch die Experten genutzt. Die Pensen wurden über mehrere Jahre für den Einsatz in dieser Lehrveranstaltung für Wirtschaftsinfromatiker im Bachelor Studium an der Johannes Kepler Universität Linz geschrieben.

B.1. Basis Informationen

Titel: Seminar Anwendungen des Communications Engineering

Untertitel: Die (online) Konstruktion einer Seminar Arbeit. Ein Blended Learning Semiar zum Thema Modellierung

Lehrveranstaltungsklasse: 2WAWCES

LVA-Nummer: 257.140 (2013S)

LVA-LeiterIn: Georg Weichhart

LVA-Sprache: DE

Zugeteilte Studierende: 30

B.2. Konzept des Seminars

Im Folgenden wird das Konzept des Seminars, wie auf der Homepage des Institutes Wirtschaftsinformatik — Communications Engineering beschrieben, wiedergegeben (http://www.ce.jku.at/). „Nymphaea" ist die an der Universität Linz genutzte Bezeichnung für Scholion 2.0.

B.2.1. Zusammenfassung:

Dieses Dokument beschreibt die Motivation und abgeleitete Vorgehensweise für das blended–learning Seminar. Im Rahmen dieses Seminars sollen Studierende Wissen zum Thema Modellierung explizieren und strukturieren. Wesentlich ist der online Bestandteil des Seminars und die damit verbundene online Kommunikation und Diskussion der einzelnen Teile, die zu einer Gesamtarbeit zusammengeführt werden sollen. Es gibt im Sinne des „Blended–learnings" auch Anwesenheitstermine und Präsentationen der Studierenden

B.2.2. Lehrziele gemäß Modulhandbuch:

„Die Studierenden beherrschen Konzepte und Methoden zur Gestaltung verteilter, interaktiver IT-Systeme im organisationalen Kontext. Sie können beim Entwurf von IT-Systemen zwischen organisatorischen, technischen und personalwirtschaftlichen Anforderungen unterscheiden und Verfahren und Methoden zur verteilten Informationsverarbeitung differenziert einsetzen. Die Studierenden besitzen neben analytischen Fähigkeiten auch die Fähigkeit, integrativ zu arbeiten und zu reflektieren. Die Studierenden sind in der Lage, Methoden und Werkzeuge zur Analyse und Konstruktion verteilter interaktiver Systeme zu hinterfragen und in neue Anwendungszusammenhänge einzubetten. Die Studierenden besitzen somit neben analytischen Fähigkeiten auch Fähigkeiten des Zusammenführens und Integrierens. Sie können die fachspezifischen Verfahren nicht nur kritisch reflektieren, sondern auch in der Praxis anwenden." (Wührer et al., 2010b, S. 60)

B.2.3. Motivation:

Neben Dokumenten wie z.B. Berichte an die Geschäftsführung, werden auch wissenschaftliche Arbeiten heutzutage überwiegend im Team erarbeitet. Ziel solcher Arbeiten ist es, die/den LeserIn über größtenteils komplexe Sachverhalte aufzuklären. Einerseits dienen solche Arbeiten dazu Außenstehenden Entscheidungsgrundlagen für etwaiges Handeln zu liefern (z.B. durch wissenschaftliche Arbeiten über die Klimaerwärmung werden Politiker zum Handeln aufgefordert), andererseits stellt eine Arbeit auch immer das persönliche mentale Modell der AutorInnen dar. LeserInnen werden, ausgehend von ihrem eigenen Erkenntnishintergrund, immer unterschiedliche Schlüsse ziehen (vgl. Hermeneutik von griech. hermeneuein: „ausdrücken", „interpretieren", „übersetzen"; bzw. hermeneutischer Zirkel (man kann sich einem Text nur aufgrund bereits bestehenden Hintergrundwissens spiralförmig annähern)). Lehrinhalt dieses Seminars ist, neben dem eigentlichen thematischen Inhalt und dem wissenschaftlichen Arbeiten, die Vermittlung von konzeptuellen Strukturen und der Erarbeitung dieser mittels online-Plattformen.

B.2.4. Spezifische Ziele des Seminars ACE:

Eigenständiges Vertiefen der Gebiete Enterprise Architecture, Enterprise Modelling, Business Process Modelling.

Einführung in die Ziele, Methoden und Technische Unterstützung (z.B. Werkzeuge, Technologien, Libraries, Frameworks, Algorithmen) zur Erstellung von solchen Systemen.

Kennenlernen der Vorgehensweise beim wissenschaftlichen Arbeiten.

Problem-based aktives eLearning zu erfahren, und die Fähigkeit fördern in einer Gruppe online integrativ zu arbeiten.

Erfahren was es heißt (gemeinsam) Wissen zu explizieren und zu strukturieren. (Welches Vorgehen ist notwendig, um mein Wissen einer größeren Gruppe mitzuteilen? Welches für mich selbstverständliche Wissen muss ich für andere explizit machen?). Damit auch Aneignung der Fähigkeit Gelerntes zu reflektieren.

Vermittlung der Bedeutung von strukturiertem Schreiben (und dem roten Faden).

B.2.5. Ablauf

1. Das Seminar wird online und face-to-face durchgeführt.

2. In der ersten Unterrichtseinheit wird die Vorgehensweise (wie hier dargestellt) besprochen. Es gibt eine Einführung in das online System, das für die Konstruktion der Seminararbeit verwendet wird (siehe unten). Außerdem gibt es Informationen zum Wissenschaftlichen Arbeiten. Es werden in dieser ersten Einheit Großgruppen gebildet, die je eines der Themen behandeln:

Business Process Modelling

Business Architectures

Business Modelling

Zusätzlich wird jede Großgruppe in 3 Kleingruppen geteilt (Ziele bzw. Anwendungen, Methoden, Technische Unterstützung (bzw. Werkzeuge, Technologien, Libraries, Frameworks, Algorithmen)).

3. Aufgabe 1: Individuelle Literaturrecherche:
Jede/r StudentIn beginnt eigenständig mit der Literatursuche und Auswahl von Literatur zum Thema seiner/ihrer Kleingruppe. Die einzelnen Schritte der Suche sind zu dokumentieren und die Auswahl ist zu begründen. Entsprechende (zur Verfügung gestellte) Analyse und Dokumentationsformen müssen verwendet werden (Siehe Anhang).

4. Die Dokumentation der Literaturrecherche (Aufgabe 1) ist von jeder/m KursteilnehmerIn an einem Stichtag abzugeben und wird bewertet (siehe unten).

5. Präsentation einer Gruppe über die Literaturrecherche und Literaturauswahl.

6. Die gefundene Literatur und die Dokumentation der Recherche, Auswahl wird innerhalb der Großgruppe zusammengeführt. Das heißt, alle Mitglieder der Großgruppe erstellen ein gemeinsames Dokument mit der Literaturrecherche und alle bekommen Zugriff auf alle Artikel zu einem Thema.

7. Aufgabe 2: Analyse und Ausarbeitung:
Je eine Kleingruppe wird die Literatur zu einer der folgenden Fragen analysieren und wissenschaftlich ausarbeiten. Die einzelnen Arbeiten stellen eine eigenständige Vertiefung des Themas durch die Kleingruppe dar.

Kleingruppe – Ziele: Was sind die Objectives von <Thema der Großgruppe>? Objectives sind begründete Ziele die erreicht werden, motiviert durch das Rational der Arbeit. Die Objectives ergeben sich aus dem Anwendungskontext, in dem die SW eingesetzt wird

Kleingruppe – Methoden: Was für Verfahren und Methoden werden von WissenschaftlerInnen benutzt um <Thema der Großgruppe> Modelle zu erstellen? und

Kleingruppe – Technologie: Welche technische Unterstützung (z.B. Tools, Technologien, Libraries, Frameworks, Algorithmen) werden von WissenschaftlerInnen für die Implementierung von <Thema der Großgruppe> benutzt?

8. Die Ausarbeitung der Objectives, Verfahren und Methoden, Werkzeuge und Hilfsmittel (Aufgabe 2) ist zu einem Stichtag abzugeben (siehe unten) und wird benotet. Eine Abgabe pro Kleingruppe.

9. Präsentation einer Kleingruppenarbeit.

10. Aufgabe 3: Zusammenführung zu einer geschlossen Arbeit:
Danach werden die einzelnen Teile kleingruppenübergreifend (innerhalb einer Großgruppe) verlinkt und es soll eine geschlossene Arbeit entstehen. Die Großgruppe muss
sich hier auf eine gemeinsame, konsistente Arbeit einigen. Verlinkt bedeutet hier sowohl die inhaltliche Verknüpfung (Herstellen des Zusammenhanges) von Objectives,
Verfahren / Methoden und Werkzeuge / Hilfsmittel als auch die technische Verlinkung
im Online System. Dieser letzte Schritt beinhaltet auch die Erstellung eines Abstracts,
das die gesamte Arbeit wiedergibt.

11. Aufgabe 4: Review einer Großgruppenarbeit.
Jede/r StudentIn wird eine andere Großgruppenarbeit lesen, analysieren und den Inhalt, die Struktur, und andere wesentliche Elemente dieser Arbeit als Concept Map
darstellen. Das Review der anderen Großgruppenarbeit ist Teil der Note.

12. Die gemeinsame Arbeit (Aufgabe 3) ist zu einem Stichtag (siehe unten) abzugeben
und wird benotet. Eine Abgabe pro Großgruppe.

13. In den letzten Unterrichtseinheiten werden die abgeschlossenen Arbeiten präsentiert. Außerdem wird auch Feedback zum Seminar eingebracht (Reflexion).

14. Jede(r) Studierende hat ein Teilergebnis zu präsentieren (entweder Literaturanalyse
oder Kleingruppenarbeit oder Großgruppenarbeit oder Review). Die Präsentation ist
typischerweise als Concept Map zu visualisieren.

15. Die Online-Arbeit in nymphaea ist integrativer Bestandteil des SE

B.2.6. Benotung:

Benotet werden die Einzelarbeiten und die Gesamtarbeit nach folgenden Dimensionen:

Qualität der Literaturrecherche und der Dokumentation dieser

Form der Referenzen: Literaturauswahl & Zitierweise

Nachvollziehbarkeit der Kleingruppen- & Großgruppenarbeit

Eigenständigkeit der Vertiefung

Qualität, Tiefe der Ausarbeitung

Qualität der Inhaltlichen Struktur (Abstract, Titel, Keywords, ...)

Lesbarkeit der einzelnen Teile und der Großgruppenarbeit (Roter Faden)

Online Aktivität

Präsentation der (Kleingruppen-/Großgruppen-) Arbeit, bzw. Literatursuche.

Qualität des Feedbacks, dass im eigenen Review einer anderen Großgruppenarbeit gegeben wird.

B.2.7. Werkzeuge:

Zur Literatursuche werden die Datenbanken die über die JKU Bibliothek zugänglich sind verwendet:

http://www.jku.at/UB/content/e997/. Insbesondere folgende:

http://han.ubl.jku.at/han/springerlinkdb

http://han.ubl.jku.at/han/csdl

http://han.ubl.jku.at/han/acmdigitallibraryPORTAL

http://han.ubl.jku.at/han/sciencedirectDB

http://han.ubl.jku.at/han/emx

Für die Literaturverwaltung wird es den Studierenden freigestellt ein Werkzeug zu wählen. Mögliche Tools sind: JabRef (ein Bibtex Editor), Zotero (ein Firefox Plugin).

Für die Online-Konstruktion der Seminararbeiten wird nymphaea (http://nymphaea.ce.jku.at) benutzt .

Für die Concept Maps kann das Werkzeug in nymphaea (http://nymphaea.ce.jku.at) benutzt werden, oder die CMap Tools (http://cmap.ihmc.us/download/) genutzt werden.

B.2.8. Referenzen:

Skriptum wissenschaftliches Arbeiten in nymphaea

Niedermair, Klaus, Recherchieren und Dokumentieren - Der richtige Umgang mit Literatur im Studium, Reihe: Studieren, aber richtig, 1. Auflage 2010, 208 S., UTB / UVK, ISBN: 978-3-8252-3356-3

Kruse, Otto, Lesen und Schreiben, Reihe: Studieren, aber richtig, 1. Auflage 2010, 184 S., UTB / UVK, ISBN: 978-3-8252-3355-6

B.3. Pensen im Seminar ACE

B.3.1. Pensum: Die (online) Konstruktion einer Seminar Arbeit.

Hinführung Neben Dokumenten wie z.b. Berichte an die Geschäftsführung, werden auch wissenschaftliche Arbeiten heutzutage überwiegend im Team erarbeitet. Ziel solcher Arbeiten ist es, die/den LeserIn über größtenteils komplexe Sachverhalte aufzuklären. Einerseits dienen solche Arbeiten dazu, außenstehenden Entscheidungsgrundlagen für etwaiges Handeln zu liefern (z.b. durch wissenschaftliche Arbeiten über die Klimaerwärmung werden PolitikerInnen zum Handeln aufgefordert), andererseits stellt eine Arbeit auch immer das persönliche mentale Modell der AutorInnen dar. LeserInnen werden, ausgehend von ihrem eigenen Erkenntnishintergrund, immer unterschiedliche Schlüsse ziehen (vgl. Hermeneutik von griech. hermeneuein: „ausdrücken", „interpretieren", „übersetzen"; bzw. hermeneutischer Zirkel (man nähert sich einem Text nur Aufgrund bereits bestehenden Hintergrundwissens spiralförmig an)).

Thema Die zentrale Idee des SE–ACE ist es, wissenschaftliches (strukturiertes und nachvollziehbares) Schreiben in einer Großgruppe zu erfahren. Das inhaltliche Thema des SE ist Modellierung.

Problemstellung und Aufgaben Für das SE habe ich Arbeitspensen (Assignments) zur Verfügung gestellt. Diese sind eigenverantwortlich abzuarbeiten. Eigenverantwortlich heißt je nach Pensum, entweder jede StudentIn für sich, in einer Kleingruppe oder in einer Großgruppe. Eigenverantwortlich impliziert, dass auch in der Gruppe jede(r) StudentIn die Verantwortung für das Gesamtergebnis mitträgt. Folgende Pensen sind zu erfüllen:
- Individuelle Literaturrecherche
- Kleingruppenarbeit
- Großgruppenarbeit & Review einer anderen Großgruppenarbeit
-Präsentation mit Concept Maps
Zusätzlich wird auch die online Aktivität (Anzahl der erstellten Knoten, Forum Einträge) in nymphaea berücksichtigt.

Dokumentation Details zur Dokumentation sind in den jeweiligen Pensen zu finden. Hier ein grober Überblick: Ihr dokumentiert im Rahmen der Literaturrecherche die Suchstrategie und die Ergebnisse in den vorbereiteten Formularen. Außerdem stellt ihr die Artikel der Großgruppe mittels nymphaea zur Verfügung. Ihr erstellt die Kleingruppenarbeit in nymphaea. Die Arbeit ist in nymphaea (als "inhaltsknoten") abzugeben. Ihr kombiniert die Kleingruppenarbeit (d.h. alle Knoten) zu einer Großgruppenarbeit in nymphaea. Dazu ist es typischerweise notwendig, die Strukturen zu überarbeiten. Ihr stellt eure Präsentation in nymphaea zur Verfügung. Eure online Aktivitäten werden in nymphaea automatisiert dokumentiert. Jede(r) von euch wird ein Review einer anderen Großgruppenarbeit erstellen. In einem solchen Review ist eure eigene Meinung als konstruktives Feedback in Form einer Concept Map abzugeben.

Verständnis Wichtig zu verstehen ist, wie die einzelnen Schritte Literatur Suche und Analyse, Kleingruppenarbeit, Großgruppenarbeit zusammenhängen. Jeder Schritt wirft in jeder Gruppe andere Probleme auf, die von euch gelöst werden müssen. Versucht immer zu reflektieren und zu verstehen, was das Problem ist und wie man zu einer Lösung kommt.

(fachliche) Verweise und Referenzen Zur Literatursuche werden die Datenbanken die über die JKU Bibliothek zugänglich sind verwendet: http://www.jku.at/UB/content/e997/.

Skriptum wissenschaftliches Arbeiten in nymphaea

Niedermair, Klaus, Recherchieren und Dokumentieren - Der richtige Umgang mit Literatur im Studium, Reihe: Studieren, aber richtig, 1. Auflage 2010, 208 S., UTB / UVK, ISBN: 978-3-8252-3356-3

Kruse, Otto, Lesen und Schreiben, Reihe: Studieren, aber richtig, 1. Auflage 2010, 184 S., UTB / UVK, ISBN: 978-3-8252-3355-6

B.3.2. Pensum: Literatur Recherche: Suche, Analyse, Auswahl

Hinführung Wissenschaft ist die „systematische und nachvollziehbare Befriedigung von Neugier". Bereits die Literatur Recherche verlangt ein systematisches Vorgehen.

Thema Das Ergebnis der Literaturrecherche ist die Basis für eine wissenschaftliche Arbeit. Die Recherche setzt sich aus der Suche und der Analyse der Ergebnisse zusammen. Beides führt ihr im Rahmen dieses Pensums aus.

Beispiel für eine Suchstrategie:

science direct:
152,378 articles found for: multi agent system and me-
thod
3,070 articles found for: "multi agent system" and me-
thod
314 articles found for: TITLE-ABSTR-KEY(multi agent sys-
tem) and TITLE-ABSTR-KEY(method) (suche im titel, abs-
tract und den keywords)
115 articles found for: TITLE-ABSTR-KEY("multi agent
system") and TITLE-ABSTR-KEY(method)

springer:
49,273 Results: Search For (All words) > multi agent
system method
3,635 Results: Search For (All words) > "multi agent
system" method
584 Results: Search For (Boolean) > ab:(multi and agent
and system and method) (suche nur im abstract)
19 Results: Search For (Boolean) > ti:(multi and agent
and system and method) (suche nur im titel)

Die jeweils letzten Ergebnisse bringen sicher die Artikel zu Tage, die am Besten zum Fokus der Suche passen!

Man kann auch das Abstraktionsebene in der Suche ändern: "Business Process
Modelling" ist abstrakter als "Subject-oriented Business Process Modelling", da
letzteres ein konkreter Ansatz ist. Weiters kann man die Suche auch auf eine An-
wendung(sdomain) einschränken: BPM Tools in der Supply Chain.

Bezüglich der gefunden Literatur müsst ihr nach der Publikationsform unterscheiden um eine Idee über die Qualität zu bekommen:

- Lehrbücher
- Monographien
- Herausgeberwerke
- Zeitschriften
- Kongress-- und Tagungsberichte (Proceedings)
- Dissertationen/Habilitationen

Allgemeine Qualitätskriterien sind:

- Glaubwürdigkeit
- Genauigkeit
- Objektivität
- Aktualität

- Umfang
- Neuheit/Originalität
- Genauigkeit/Zuverlässigkeit
- Objektivität

Problemstellung und Aufgaben Jede(r) nutzt mindestens 3 Suchmaschinen. Die Suche muss mindestens 3 verschiedene Methoden oder Ziele/Anwendungen oder Werkzeuge je nach Kleingruppe zu Tage bringen. Pro Methode/Ziel/Werkzeug sollen mindestens 3 Literaturquellen genutzt werden.

Die ausgewählten Artikel werden der Großgruppe zur Verfügung gestellt (Mittels Literatur Auswahldokument).

Dokumentation In Formularen ist sowohl die Suchstrategie als auch das Suchergebnis zu dokumentieren. Die Formulare werden von mir zur Verfügung gestellt. Die Literaturrecherche ist abzugeben und ist Teil der Note.

```
Dokumentation der Literaturrecherche: Suchstrategie

Namen:

Matrikelnummern:

Thema:


| Suche Nr. | Datenbank + gewählte Teildatenbanken |
Suchbegriffe inklusive Bezeichnung und Verknüpfung | An-
zahl gefundener Einträge | Anmerkungen |

| 1 | INSPEC + alle Datenbanken | ,,user-modelling" (De-
scriptor) AND „hypermedia`` (Descriptor) | 246 | Relativ
Allgemein, genauere Eingrenzung sinnvoll|
```

Dokumentation der Literaturrecherche: Dokumentation der
Vorauswahl

Namen: Mustermann, Musterfrau
Matrikelnummern: 0123456, 0654321

Auswahl bezieht sich auf Suche Nr.: 1

Literaturart: Konferenzbeitrag, oder Journalbeitrag,
oder Technisches Dok., oder Diss,.....

Referenz: D. Archambault und D. Olivier, "How to make
games for visually impaired children," Proceedings of
the 2005 ACM SIGCHI International Conference on Advances
in computer entertainment technology, Valencia, Spain:
ACM, 2005, S. 450-453;

LINK.:http://portal.acm.org/citation.cfm?id=1178578

Abstract:
This paper discusses the principal constraints encounte-
red when adapting computer game so they work for visually impaired children. A game platform, the blindstation,
was developed to answer to the technical problem. It al-
lows to adapt existing content or create some new games.
It provides a set of Python functions to describe those
games in an way, independent from their representation.
The platform can then render the game in a multi-modal
way using the screen, keyboard, mouse and joystick, but
also using some specific devices like a Braille termi-
nal, 3D sound, a tactile board or a speech synthesiser.
The rendering is done according to an XML style sheet
which describes the available resources. It can be cust-
omised depending on the available devices but also on
the user's choices and disabilities....

Anmerkungen/Begründung der Auswahl:
Der Artikel dürfte einen guten Überblick über das Gebiet
geben. Eventuell für die allgemeine Einleitung inter-
essant (Titel, Referenzen (die auf diesen Artikel verweisen), Abstract, Verwendete Referenzen,... können die
Begründung unterstützten.)

Verständnis In welchen Teilen eines Artikels wird gesucht? Wie kann ich gezielt die
Anzahl der Ergebnisse erhöhen oder reduzieren? Was sind gute/schlechte Arti-

kel? Was ist ein gutes Abstraktionsniveau für die Suchbegriffe? Wie kann man das Abstraktionsniveau (in beide Richtungen) ändern um gute Literatur zu finden? Welche Begriffe werden in der Literatur verwendet?

(fachliche) Verweise und Referenzen Zur Literatursuche werden die Datenbanken, die über die JKU Bibliothek zugänglich sind, verwendet:
http://www.jku.at/UB/content/e997/. Insbesondere folgende:
http://han.ubl.jku.at/han/springerlinkdb
http://han.ubl.jku.at/han/csdl
http://han.ubl.jku.at/han/acmdigitallibraryPORTAL
http://han.ubl.jku.at/han/sciencedirectDB
http://han.ubl.jku.at/han/emx
Skriptum wissenschaftliches Arbeiten in nymphaea
Niedermair, Klaus, Recherchieren und Dokumentieren - Der richtige Umgang mit Literatur im Studium, Reihe: Studieren, aber richtig, 1. Auflage 2010, 208 S., UTB / UVK, ISBN: 978-3-8252-3356-3
Kruse, Otto, Lesen und Schreiben, Reihe: Studieren, aber richtig, 1. Auflage 2010, 184 S., UTB / UVK, ISBN: 978-3-8252-3355-6

B.3.3. Pensum: Präsentation mit Concept Maps

Hinführung Ausubel (vgl. Novak und Canas 2008) unterscheidet zwischen reproduktionsorientierten Lernstrategien - (Survace–level, rote–learning) und bedeutungsvollem Lernen (verständnisorientiere Lernstrategien - Deep-level, meaningfull learning). Ersteres ermöglicht eine Wiedergabe von (isolierten) Fakten. Bei zweiterem werden neu erlernte Konzepte mit bereits bekannten Konzepten in Beziehung gesetzt. Dabei verändert sich die individuelle, kognitive Struktur des Lerners, neue Konzepte werden in der bestehenden kognitiven Struktur assimiliert (Williams and Marek, 2000). Indikatoren für die Anwendung der zwei Lernstrategien sind die Nutzung folgender beispielhafter Lernmethoden:
Reproduktion: Merken, Analyse, Wiederholen
Verständnis: In Verbindungsetzten, Strukturieren, Kritisches Denken
Die Concept Map Methode wurde entwickelt um kognitive Strukturen zu visualisieren. Das heißt eine CMap visualisiert die vom Modellierer artikulierten wesentlichen Konzepte und die vom Modellierer gesehenen wesentlichen Zusammenhänge. Bei der Methode / beim Prozess des Concept Mapping werden damit (individuelle) Wissensbestände in einer expliziten Form strukturiert und expliziert.

Thema Ziel dieses Pensums ist: Explizierung des eigenen mentalen Modells (das

heißt der individuellen Wissensstruktur) mit Hilfe der Methode des Concept Mappings, und die Vermittlung/Präsentation des Ergebnisses.

Problemstellung und Aufgaben Jede(r) StudentIn hat eine Concept Map zu er-
stellen und zu präsentieren. Es ist ein Thema aus der Liste unten auszuwählen.
Nach jeder Abgabe kann beim folgenden Anwesenheitstermin die dem Status der
SE Arbeit entsprechende Concept Map präsentiert werden:
- Literatursuche und Analyse (Zusammenhänge zw. Stichworten, Suchstrategie /
Suchprozess, Literaturdatenbanken, Papers),
- Kleingruppenarbeit,
- Großgruppenarbeit und Individueller Lernprozess der während des Seminars
durchlaufen wurde (für diese finalen Präsentationen gibt es ein eigenes Pensum).
Jede(r) StudentIn hat eine Concept Map zu erstellen zu präsentieren und die Prä-
sentation ist Teil der Note.
Weiters wird von jeder/m StudentIn eine Concept Map zu einer "fremden" Groß-
gruppenarbeit erstellt. Das heißt eine SE Arbeit einer anderen Großgruppe wird
reviewed (also gelesen und die Struktur, der Inhalt kritisch hinterfragt) und als
Feedback wird eine Concept Map erstellt.
Die "Review" Concept Map ist von jeder/m StudentIn abzugeben und ist Teil der
Note.

Dokumentation Dokumentation Technisch:
Die Concept Map kann in Nymphaea (https://nymphaea.ce.jku.at) und hier mit
Links zu den Teilen und Konzepten modelliert werden, oder mit den CMap Tools
(cmap.ihmc.us). Erstellte Maps werden in Nymphaea als Bilder hochgeladen.
Für eine Modellierung der Concept Map in Nmyphaea: Ein Modul auswählen (im
Arbeitsbereich -> Bearbeiten Modus) und auf Modelle > Neu klicken (Knopfleiste oben). Es geht ein Java Applet auf in dem modelliert werden kann. Das Java Applet erfordert eine aktuelle Version von Firefox oder Chrome und java 1.6
oder neuer. Man kann im Applet Konzepte erzeugen, diese benennen und auch
in Beziehung setzen (auch diese Beziehungen sind benennbar). Weiters soll die
Möglichkeit genutzt werden die modellierten Konzepte mit dem Inhalt zu verlinken: Ein Konzept auswählen und den "Link" Knopf drücken (Dokument mit Kette).
"Ressourcen durchsuchen" drücken; Im neu erscheinenden Dialog den Knoten
auswählen und doppelklicken. Dann im kleinen Dialog "URL setzten" drücken.
OK. (Wenn das nicht geht müssen die links zu den Knoten extern in einem File
gespreichert werden und dann im "kleinen" Dialog eingefügt werden. Nicht ver-
gessen "Save" zu drücken (Wenn dann die neue Map noch nicht im Browser er-
scheint, -> F5 bzw. Strg.-R bzw. refresch drücken).
Eure Concept Maps stellt ihr auch in nymphaea zur Verfügung.

Dokumentation Methodisch:
Der Prozess der Erstellung einer (einfachen) Concept Map läuft gemäß der Theorie von Cañas und Novak in folgenden Schritten ab (Cañas et al., 2005; Novak
and Cañas, 2008):

1. Das Thema oder die Fokusfrage wird festgelegt.
2. Die wichtigsten und allgemeinsten Konzepte zum Thema werden identifiziert.
3. Diese Konzepte werden vom Allgemeinsten zum Speziellsten sortiert und graphisch angeordnet.
4. Initiale Verbindungen werden zwischen den Konzepten gezogen.
5. Den Verbindungen werden verbindende Phrasen ("Linking Phrases") zugewiesen, und somit wird die Einheit Konzept-Phrase-Konzept zu einer Aussage.
6. Es werden Verbindungen zwischen den Teilgebieten in der Concept Map erstellt ("cross-links").
7. Die Concept Map wird überprüft und gegebenenfalls verbessert.

Verständnis Wissensstruktur zum jeweiligen Thema. Herausforderung bei der Wis-
sensexplizierung.

Treffen Abhängig davon was präsentiert wird.

(fachliche) Verweise und Referenzen Novak, J. D. & A. J. Cañas, The Theory Underlying Concept Maps and How to Construct and Use Them, Technical Report
IHMC CmapTools 2006-01 Rev 01-2008, Florida, Institute for Human and Machine Cognition, 2008,
available at:
http://cmap.ihmc.us/Publications/ResearchPapers/
TheoryUnderlyingConceptMaps.pdf
Ausubel, D. P., Novak, J. D., & Hanesian, H. (1978). Educational psychology: A
cognitive view (2nd ed.). New York: Holt, Rinehart and Winston.

B.3.4. Pensum: Kleingruppenarbeit

Hinführung Wissenschaft ist die „systematische und nachvollziehbare Befriedigung
von Neugier". Warum wissenschaftliches Schreiben? Wie machen WissenschaftlerInnen ihre Arbeit lesbar und nachvollziehbar? Wie zitiere ich richtig?

Thema Ziel dieses Pensums ist es:
* Die Fähigkeit fördern, in einer Gruppe online integrativ zu arbeiten.
* Erfahren was es heißt (gemeinsam) Wissen zu explizieren. (Welches Vorgehen
ist notwendig, um mein Wissen einer größeren Gruppe mitzuteilen? Welches für

mich selbstverständliche Wissen muss ich für andere explizit machen?).
* Vermittlung der Bedeutung von strukturiertem Schreiben.
* Wichtig ist die selbständige vertiefende Einarbeitung in das Gebiet der Modellierung. Einführung in die Ziele/Anwendungen, Methoden und Werkzeuge (bzw. Technologien, Libraries, Frameworks, Algorithmen) zur Erstellung von solchen Systemen.
* Wie wird richtig zitiert?

Problemstellung und Aufgaben Je eine Kleingruppe wird die Literatur zu einer der folgenden Fragen analysieren und wissenschaftlich ausarbeiten:
* Was sind die Objectives von Business Process Modelling/Enterprise Architectures/Enterprise Modelling? - Objectives sind begründete Ziele die mit den Modellen erreicht werden, motiviert durch das Rational der Arbeit, bzw. ergeben sich die Objectives aus dem Anwendungskontext indem die Modelle eingesetzt werden.
* Was für Verfahren und Methoden werden von Wissenschaftlern benutzt um Modelle zu erstellen?
* Welche Technologie (bzw. Werkzeuge, Libraries, technische Frameworks, Algorithmen) werden von Wissenschaftlern für die Implementierung von Modellen benutzt? Welche Technologie werden genutzt um Modelle zu erstellen/anzuwenden?
Besonderen Wert lege ich auf eine richtige Zitierweise!
Die Kleingruppenarbeit ist abzugeben und ist Teil der Note. Einzelne Studierende präsentieren die Kleingruppenarbeiten (als Concept Map).

Dokumentation Ihr erstellt die Kleingruppenarbeiten in nymphaea. Wenn ihr die Kleingruppenarbeit präsentiert stellt ihr auch eure Präsentation in nymphaea zur Verfügung.

Verständnis Wie ist wissenschaftliche Literatur strukturiert? Was sind gute Artikel? Wie erstelle ich ein Dokument gemäß dieser Struktur? Wie fasse ich das Wissen aus der zitierten Literatur zusammen? Wie zitiere ich richtig? Wann habe ich das Ziel der selbständigen Vertiefung in das Thema der Kleingruppenarbeit erreicht?

Treffen Abgabe der Kleingruppenarbeit
Feedback - Georg
Kleingruppen Arbeit: Präsentation von Studierenden

(fachliche) Verweise und Referenzen Skriptum wissenschaftliches Arbeiten in nymphaea
Niedermair, Klaus, Recherchieren und Dokumentieren - Der richtige Umgang mit Literatur im Studium, Reihe: Studieren, aber richtig, 1. Auflage 2010, 208 S., UTB

/ UVK, ISBN: 978-3-8252-3356-3

Kruse, Otto, Lesen und Schreiben, Reihe: Studieren, aber richtig, 1. Auflage 2010, 184 S., UTB / UVK, ISBN: 978-3-8252-3355-6

B.3.5. Pensum: Großgruppenarbeit & Review mit Concept Maps

Hinführung Neben Dokumenten wie z.b. Berichte an die Geschäftsführung, werden auch wissenschaftliche Arbeiten heutzutage überwiegend im Team erarbeitet. Ziel solcher Arbeiten ist es, die/den LeserIn über größtenteils komplexe Sachverhalte aufzuklären. Nun gibt es in großen und mittelständischen Unternehmen meist mehrere Standorte. Das heißt die Dokumente werden von mehreren Abteilungen / Gruppen verfasst. Die einzelnen Teile der Abteilungen/Gruppen müssen miteinander verschränkt, und in ein schlüssiges und lesbares Dokument zusammengefasst werden.

Thema a) Systematische und nachvollziehbare Strukturierung einer Arbeit. Erstellen eines roten Fadens. Verlinkung der einzelnen Teile.

b) Erstellen einer Conzept Map über das Dokument als Review und Inhaltliches Feedback zu einer ANDEREN Arbeit geben.

Problemstellung und Aufgaben *a) Systematische und nachvollziehbare Strukturierung einer Arbeit.*

Erstellen eines roten Fadens. Verlinkung der einzelnen Kleingruppen-Teile. Verlinkung bedeutet hier sowohl die inhaltliche Verknüpfung (Herstellen des Zusammenhanges) von Objectives (Anwendungskontext), Verfahren / Methoden und Werkzeuge / Hilfsmittel als auch die technische Verlinkung im Online System. Verantwortlich für die Großgruppenarbeit ist die Großgruppe.

Konzeptuelle Struktur:

Objectives (Rationale, Ziele): Der englische Begriff Objective meint *begründete* Ziele. Motiviert wird die Arbeit aus einem größeren Kontext heraus. Das Rational stellt fest dass es ein (großes) Problem gibt, dass gelöst werden will und beantwortet die Frage "Warum wird eine Arbeit gemacht?" Daraus werden (2-3) Ziele der Arbeit im engeren Sinn abgeleitet, um das Problem zu lösen oder eine Erleichterung für eine (Ziel-) Gruppe zu erreichen.

Verfahren, Methoden: Verfahren sind Herangehensweisen, z.B. das Wasserfall Model in der SW-Entwicklung. Methoden sind konkrete Vorgehensweisen, z.B. SW Design mit UML.

Werkzeuge/Hilfsmittel: Die Methoden können durch Werkzeuge und Hilfsmitte unterstützt werden, z.B. ArgoUML. In diese Gruppen gehören auch Frameworks z.B.

Eclipse RCP.

Kapitelstruktur einer Wissenschaftlichen Arbeit

Titel, Stichworte (oder Schlagworte): Der Titel soll den Inhalt der Arbeit wiedergeben. In den meisten Arbeiten werden 5-10 Stichworte angegeben. Stichworte sind frei wählbar, sind aber typischerweise aus der Domäne in der geschrieben wird. Manche Verlage haben einen Schlagwortkatalog aus dem Worte ausgewählt werden müssen. Titel und Stichworte/Schlagworte sind essenziell für die Suche in den Literaturdatenbanken der Verlage. Das heißt Arbeiten werden in erster Linie über den Titel und die Stichworte gesucht und auch ausgewählt zum lesen.

Abstract: Gibt den Inhalt der Arbeit höchst komprimiert wieder (rund 120 Wörter). Dient als weitere Entscheidungsgrundlage für den Leser, ob die Arbeit überhaupt weiter gelesen werden soll.

Introduction: Beschreibt den Kontext, in dem die Arbeit entstanden ist und auch das Rationale und die Ziele.

State of the Art: In der Wissenschaft dienen andere Arbeiten als Basis a) um Doppel-Entwicklungen zu vermeiden bzw. b) als Entscheidungsgrundlage für die eigne Arbeit. Hier wird diskutiert was andere getan haben, bzw. sich die Arbeit der anderen von der eigenen unterscheidet.

Forschungsarbeit: Die eigentliche Arbeit wird in mehreren Kapiteln beschrieben. Hier werden die verwendeten Verfahren, Methoden und Tools beschrieben.

Conclusion and further work: Hier wird rekapituliert was gelernt wurde und wie es weiter gehen soll, um die Ziele zu erfüllen bzw. das im Rationale beschriebene Problem zu "lösen".

References: Eine Liste mit der verwendeten Literatur.

b) Jede(r) StudentIn reviewed einer anderen Großgruppenarbeit - die Zuteilung macht Georg. Das Review Feedback an diese andere Großgruppe wird als Concept Map dargestellt. Die Concept Map kann in Nymphaea (https://nymphaea.ce.jku.at) und hier mit Links zu den Teilen und Konzepten modelliert werden, oder mit den CMap Tools (cmap.ihmc.us) -> Siehe Pensum zum Thema Concept Mapping und Präsentation

Dokumentation Nehmt die Kleingruppenarbeiten und kopiert sie in ein eigenes Modul. Damit bleiben die original Kleingruppenarbeiten erhalten. Im neuen Modul müsst ihr nun die Kleingruppenarbeiten miteinander in Beziehung setzten (verlinken) bzw. allgemeine Teile wie Abstract, Einleitung,... Referenzen schreiben. Siehe Kapitelstruktur & Konzeptuelle Struktur im Teil Aufgaben.

Alle Referenzen sind in einem einheitlichen Format zu machen.

Review einer anderen Großgruppenarbeit in nymphaea. Das Review Feedback an die andere Großgruppe ist als Concept Map dazustellen

Verständnis Wie hängen Anwendungskontext, Ziele, Methoden und Werkzeuge/APIs zusammen? Wie werden diese Zusammenhänge von anderen Großgruppen (nachvollziehbar) beschrieben?

(fachliche) Verweise und Referenzen Skriptum wissenschaftliches Arbeiten in nymphaea

Niedermair, Klaus, Recherchieren und Dokumentieren - Der richtige Umgang mit Literatur im Studium, Reihe: Studieren, aber richtig, 1. Auflage 2010, 208 S., UTB / UVK, ISBN: 978-3-8252-3356-3

Kruse, Otto, Lesen und Schreiben, Reihe: Studieren, aber richtig, 1. Auflage 2010, 184 S., UTB / UVK, ISBN: 978-3-8252-3355-6

B.3.6. Pensum zu den finalen Präsentationen

Hinführung Reflexion über und für das Lernen ist ein wichtiger Prozess. Sich der eigenen Lernprozesse bewusst zu sein, diese im persönlichen Wissenskontext einzuordnen und dies zu dokumentieren bedeutet, Verantwortung für das eigene Lernen zu übernehemen.

Reflexion (aus dem lat. re-flectere) bedeutet soviel wie zurückbeugen, also eine andere Position einzunehmen und Dinge aus einem anderen Blickwinkel zu betrachten.

Der amerikanische Philosoph und Pädagoge John Dewey (1859–1952) geht vom Prinzip des forschenden Lernens (inquiry) aus, das nicht nur den praktischen Handlungsprozess (sachbezogene Interaktion), sondern auch die soziale Kommunikation mit einbezieht. Dewey geht davon aus, dass es zu Anfang eine primäre Lernhandlung gibt, die von verschiedenen Dimensionen beeinflusst wird. Wenn es während der primären Lernhandlung zu Blockaden kommt (d.h. wenn diese primäre Lernhandlung durch äußere oder innerer Umstände zum Stillstand kommen), dann kann/muss durch Reflexion über die Ursachen der Blockade ein zweiter Lernprozess (auf einer Meta-Ebene) eingezogen werden. Die Lernaktivität als solche reflektiert und im Sinne der vorwärts schauenden (Lern-) Handlung positiv unterstützt. (Hilzensauer 2008)

Thema Reflexion über die systematische und nachvollziehbare Strukturierung der Großgruppenarbeit und Präsentation dieser Reflexion.

Problemstellung und Aufgaben Für die Reflexion gibt es drei alternative Möglichkeiten. Jede(r) die/der noch nicht präsentiert hat, wählt eine der Möglichkeiten aus:

a) Anwendung der Arbeit: Erstelle einen (hypothetischen) Fall in dem ein Unternehmen sich ein Ziele setzt, dass mit dem Inhalt der Ziel-Kleingruppenarbeit korrespondiert. Beantworte schlüssig folgende Frage: Welche Methode eignet sich am besten für das Unternehmen, und welches Werkzeug soll es dabei nutzten?

b) Struktur der Arbeit: Erstelle eine Concept Map in der die gesamte Großgruppenarbeit und die Zusammenhänge dargestellt sind.

c) Erkannte Struktur der Arbeit: Nutze die Review Concept Maps und aggregiere diese sinnvoll.

-> Siehe Pensum zum Thema Concept Mapping und Präsentation

Dokumentation

wenn a) Gehe durch die Arbeit in nymphaea, lege eine neue Folie an, markiere die relevanten Textstellen, nutzte das Textannotierungstool für Kommentare und verlinke gemäß deiner Argumentationsline. Füge alles in einer Concept Map zusammen und präsentiere diese.

wenn b) Erstelle eine Concept Map über eure gesamte Arbeit und präsentiere diese. Das Ergebnis ist ähnlich den Concept Maps der Kleingruppenarbeiten.

wenn c) Nutzte die Concept Maps der anderen die eure Grpßgruppenarbeit reviewed haben. Füge die wesentlichen Teile zusammen um zu zeigen, welchen roten Faden die Anderen gesehen haben.

Verständnis Reflexion der Arbeit der Großgruppe.

(fachliche) Verweise und Referenzen Hilzensauer, Wolfgang, Theoretische Zugänge und Methoden zur Reflexion des Lernens. Ein Diskussionsbeitrag, bildungsforschung, 2008, 5. Jg, 2. Ausgabe,
http://bildungsforschung.org/index.php/bildungsforschung/article/view/77

C. Curriculum Vitae und Liste mit ausgewählten Publikationen

C.1. Georg Weichhart

Abbildung C.1.1.: Selfie Georg Weichhart

Dr. Georg Weichhart ist verheiratet, hat zwei Kinder und lebt in Linz. Zur Zeit (2013,2014) ist er im Rahmen des EU — Forschungsprojektes IANES (Marie Curie Industry and Academia Partnerships & Pathways (IAPP); Grant Agreement No. 286083; www.ianes.eu) als Forscher bei der Firma Metasonic AG (Pfaffenhofen, www.metasonic.de) angestellt. Zusätzlich lehrt er als externer Lektor und Forscher am Institut für Wirtschaftsinformatik — Communications Engineering der Johannes Kepler Universität Linz (www.ce.jku.at).

Am Institut für Wirtschaftsinformatik — Communications Engineering war er für die Web–basierte Lernplattform Scholion 2.0 (auch nymphaea genannt: http://nymphaea.-

ce.jku.at) verantwortlich. Sein momentanes Forschungsgebiet ist E–Learning, organisationales Lernen, „organisational interoperability" in dynamischen Systemen und komplexe, adaptive, Systeme (siehe auch Publikationen). Als Lehrender war und ist er zuständig für die Planung und Durchführung von Übungen und Seminaren zu Themen wie „Design und Implementierung von Distributed Enterprise Architectures", „Workflows und Geschäftsprozessmodellierung", „Software Agenten" „Organisationales Lernen" und „E–Learning".

Zuvor war er sechs Jahre lang bei der Profactor Produktionsforschungs GmbH in Steyr tätig. Hier nahm er in der Gruppe *Multi-Agenten-Systeme* verschiedene Rollen als technischer Leiter, Forscher und Softwarearchitekt wahr. Er arbeitete aktiv in mehreren internationalen EU—Forschungsprojekten; (unter anderen die folgenden europäischen Forschungs Projekte (Specific Targeted Research Project - STREP): SUddEN - SMEs Undertaking Design of Dynamic Ecosystem Networks, CrossWork - Crossorganisational Workflow Formation and Enactment, AgentCities.net).

Vor Profactor war er bei der Fabasoft AG (Linz) im „Kernel" Software–Entwicklungsteam tätig und wirkte, neben anderen Komponenten, bei der web–basierten Electronic Customer Relationship Management (eCRM) Komponente mit.

Er hat seinen Magister 1998 an der Universität Wien erlangt. Im Rahmen des Studium wurde ein Auslandsaufenthalt in Lund/Schweden absolviert. Studienschwerpunkte des Diplomstudiums waren Informations- & Expertensysteme; Künstliche Intelligenz (Multi Agenten Systeme); Organisationslehre und Organisationsforschung. Weiters absolvierte er einen Professional Master of Business Administration (pMBA) Lehrgang zum Thema „Angewandtes Wissensmanagement" (wissensmanagement.ce.jku.at).

Georg Weichhart hat zahlreiche Artikel auf internationalen Konferenzen und in internationalen Journals veröffentlicht. Darüber hat er bei internationalen Konferenzen und Journals in verschiedenen Rollen (Co-Chair, Reviewer, Programmkomiteemitglied) mitgewirkt. Exemplarisch:

European Conference on Artificial Intelligence

German Conference on Multiagent Systems Technologies

International IFIP Working Conference on Enterprise Interoperability

International Federation of Automatic Control (IFAC) World Congress

International Workshop on Enterprise Integration, Interoperability and Networking

IFAC Journal: Control Engineering Practice

International Journal of Cooperative Information Systems

Computers In Industry Journal

Er ist aktives Mitglied bei mehreren internationalen Organisationen. Exemplarisch:

IFIP Work Group 5.8 Enterprise Interoperability

IFAC Technical Committee 5.3 Enterprise Integration and Networking

C.2. Ausgewählte Veröffentlichungen

Georg Weichhart (2014): Requirements for Supporting Enterprise Interoperability in Dyna- mic Environments. In Mertins, K., Bénaben, F., Poler, R., und Bourrières, J., Editoren, Enterprise Interoperability VI, Proceedings of the I-ESA Conferences. Springer Berlin / Heidelberg.

Georg Weichhart, Dominik Wachholder (2014): On the Interoperability Contributions of S- BPM. In Proceedings of S-BPM ONE 2014, LNBIP - Lecture Notes in Business In- formation Processing. Springer Berlin / Heidelberg.

Georg Weichhart, Johanna Pirker, Christian Gütl, Chris Stary (2014): 3D Progressive Education Environment for S-BPM. In S-BPM ONE - Scientific Research - Proceedings of the 6th International Conference 2014, CCIS - Communication in Computer and Information Science. Springer Berlin / Heidelberg.

Georg Weichhart (2013a): The Learning Environment as a Chaotic and Complex Adaptive System, systems. connecting matter, life, culture and technology, 1(1): 36–53, URL http://www.systems-journal.eu/article/view/130/138

Georg Weichhart (2013b): Supporting Interoperability for Chaotic and Complex Adaptive Enterprise Systems.In Demey, Y. T. und Panetto, H., Editoren, On the Move to Mea- ningful Internet Systems: OTM 2013 Workshops, volume 8186 of Lecture Notes in Computer Science, S. 86–92. Springer Berlin / Heidelberg.

Georg Weichhart (2012d): S-BPM Education on the Dalton Plan: An E-Learning Approach. In Oppl, S. und Fleischmann, A., Editoren, S-BPM ONE - Education and Industrial Developments, volume 284 of Communications in Computer and Information Science, 181–193. Springer, Berlin Heidelberg.

Chris Stary und Georg Weichhart (2012): An e-Learning Approach To Informed Problem Solving. Knowledge Management & E-Learning: An International Journal (KM&EL), 4(2):195–216. Special Issue on Supporting, Managing, & Sustaining Creativity and Cognition through Technology. URL http://www.kmel-journal.org/ojs/index.php/online-publication/article/view/184.

Georg Weichhart (2012c): Constructing a new Role for Teachers. In 21st European Meetings on Cybernetics and Systems Research (EMCSR), book of abstracts, 417–421. URL http://www.emcsr.net /wp-content/uploads/2012/Book_of_Abstracts_EMCSR_2012.pdf.

Georg Weichhart (2012a): Applied e-Learning Systems Research - An empirical, qualita- tive method for modelling e-Learning environments. In 21st European Meetings on Cybernetics and Systems Research (EMCSR), book of abstracts, 24–27. URL http://www.emcsr.net /wp-content/uploads/2012/Book_of_Abstracts_EMCSR_2012.pdf.

Georg Weichhart (2012b): Bridging the Gap between qualitative, empirical work and Soft- ware design. In Cañas, A. J., Novak, J. D., und Vanhear, J., Editoren, Concept Maps: Theory, Methodology, Technology. Proc. of the Fifth Int. Conference on Concept Map- ping, Msida, Malta. University of Malta.

Georg Weichhart, Thomas Feiner und Chris Stary (2010): Implementing organisational interoperability — The SUddEN approach. Computers in Industry, 61(2):152 – 160., Elsevier.

Iain Duncan Stalker, Martin Carpenter, Nikolay Mehandjiev, Ali Owrak und Georg Weichhart (2010): Domain Knowledge Integration. In Jain, Lakhmi and Wu, Xindong and Mehandjiev, Nikolay and Grefen, Paul (Herausgeber): Dynamic Business Process Formation for Instant Virtual Enterprises. Springer,151-167

Paul Grefen, Rik Eshuis, Nikolay Mehandjiev, Giorgos Kouvas und Georg Weichhart (2009): Internet-Based Support for Process-Oriented Instant Virtual Enterprises. IEEE Internet Computing, Nov/Dec.,IEEE Computer Society, 30–38

Georg Weichhart und Chris Stary (2009): Collaborative Learning in Automotive Ecosystems. Proceedings of IEEE International Conference on Digital Ecosystems and Technologies (IEEE DEST09), Istanbul, Turkey, pp 6

Georg Weichhart (2008): Software Agents. In Christa Sommerer, Laurent Mignonneau, Dorothèe King (hg.): Interface Cultures. Artistic Aspects of Interaction, transcript Verlag, Bielefeld, 2008, ISBN 978-3-89942-884-1 (invited book-chapter)

Georg Weichhart (2007): Requirements for a Complex Adaptive Systems Oriented Framework for Enterprise Modelling and Integration, Proceedings of I*PROMS Virtual Conference, Internet

Georg Weichhart (2006): Agent Technologies for Production Systems. In SAISIA Workshop Proceedings, Karlsruhe Feb. 9+10 2006 (invited paper)

Georg Weichhart, Chris Stary and Stefan Oppl (2006): Modelling of Complex Supply Networks (Shortpaper), PINCET Workshop, WETICE Conference

Nikolay Mehandjiev, Paul Grefen, Iain Duncan Stalker, Rik Eshuis, Kurt Fessl und Georg Weichhart (2006): Designing a Modular Infrastructure for Exploratory Integration of Interoperability Approaches. In Proceedings of I-ESA 2006

Georg Weichhart, Alexander Hämmerle, Kurt Fessl (2002): Service–Oriented Concept Of A Holonic Enterprise — Enabling Adaptive Networks Along The Value Chain. In Proceedings of 5th IEEE / IFIP int. conference on Information technology for Balanced Automation Systems in manufacturing and services (BASYS)